바리스타
커피관리론

Preface

커피를 사랑한 사람들의 명언으로 머리말을 대신하고자 한다.

"We would take something old and tired and common,
and weave a sense of romance and community around it.
We would rediscover the mystique and charm that had
swirled around coffee throughout the centuries."

- Howard Schutz . Honorary Chairman of Starbucks

"우리는 오래되었으며 지긋지긋하고 평범한 무엇을 선택할 것이다.
그리고 그것을 낭만과 지역공동체로 꿰어낼 것이다.
우리는 오랜 세월 커피와 함께 소용돌이쳤던 신비와 매력을 재발견할 것이다."

- 호워드 슐츠 . 스타벅스 명예회장

사람의 정신력은 바로 그가 마신 커피의 양에 비례한다.

- 제임스 매킨토시(영국의 평론가, 정치가)

커피는 우리를 진지하고, 엄숙하고, 철학적으로 만든다.

- 조나단 스위프트(영국의 풍자작가, 성직자, 정치평론가)

커피는 영양을 위해 사거나 마시지 않는다.
우리는 커피를 중량으로 사며 잔으로 값을 지불하지만
그 가치는 양이 아닌, 맛과 향기로만 매길 수 있다.
커피의 가치는 소비자에게 즐거움과 만족을 주는 데 있으며,
그것은 맛과 향기, 생리적 심리적 효능으로 이루어진다.

- 마이클 시베츠(커피 과학자)

이해력을 높이고 싶다면 커피를 마셔라. 커피는 지적인 음료다.

- 시드니 스미스(영화배우)

커피가 없었다면 나는 아마 분별 있는 사람이 못됐을 것이다.

- 데이비드 레터맨(MC, 영화배우)

내게 커피를 주시오. 아니면 죽음을 주시오.

- 패트릭 헨리(미국의 정치가, 독립 운동가)

성공한 모든 여성 뒤에는 많은 양의 커피가 있다.

- 스테파니 파이로(미국의 코미디 작가)

나는 인류가 많은 일을 해냈다고 믿는다. 인간의 지능이 높아서가 아니라
커피를 만들 수 있는 손가락을 가지고 있기 때문에.

- 플래시 로젠버그(미국의 사진작가, 작가, 영화 제작자)

커피가 나오는 자리에는 우아함과 화려함,
그리고 우호적인 분위기와 행복이 있다.

- 셰이크 아브드 알 카디르, 『커피예찬』중

내 커피 잔 속에 위안이 있다.

- 빌리 조엘(싱어송라이터)

모카의 순한 미립자가 피를 자극한다.
하지만 지나친 열을 발생시키지는 않는다.
사고를 담당하는 기관이 그것에 동조하고,
일은 쉬워지며, 식욕을 잃지 않음으로써 신체를 보한다.

- 찰스 드 모리스 테레랑(프랑스의 정치가, 외교관)

커피는 이 세상에 있는 모든 종교를 합친 것보다 더 강하며,
어쩌면 인간의 영혼 그 자체보다도 강할 것이다.

- 마크 헬프린(미국의 소설가)

그것은 아주 짙은, 그래서 아주 강한 블랙커피를 받아 든 것과 꼭 마찬가지다.
아마도 당신은 블랙 커피에 크림을 타서 연하고 약하게 만들겠지만
만약 크림을 너무 많이 넣으면 커피를 마신 것 같지도 않을 것이다.
강했던 것이 약해지고, 정신을 번쩍 나게 만들었던 것이 이젠 잠을 재우는 것이 될 것이다.

- 말콤 엑스 (미국의 흑인해방운동 지도자)

커피는 시간을 주지만 물리적인
시간이 아니라 본연의 자신이 될수
있는 기회를 준다는 의미이다.
그러므로 한 잔 더 마시기를

- 거트루드 스타인 미국의 시인, 소설가)

커피숍과 거리에 있는 동안 나는 내 몸이 타오르는 것처럼 느꼈다.
한 20분쯤 되었을 것이다. 나는 아주 행복하여 축복을 받은 듯 했고,
다른 사람들도 축복해 줄 수 있을 듯 했다.

- 윌리엄 버틀러 예이츠(아일랜드의 시인, 극작가)

커피는 악마와 같이 검고
지옥과 같이 뜨겁고 천사와 같이
순수하고 키스처럼 달콤하다.

- 탈레랑 페리고르(프랑스의 정치가, 외교가)

내가 좋아하는 것은 향기다.
집 근처에서 커피콩을 볶을때면
나는 서둘러 창문을 열어 그 향기를
모두 빨아드린다.

- 장자크 루소(프랑스의 사상가, 소설가)

그대여 어지러운 머릿속을 정리해줄
차 한 잔을 준다면 내가 당신의 사정을 더 잘 알텐데

- 찰스 디킨스(영국 작가)

까다로운 입술로 그 검은 액체를 맛보자.
소화 기관은 기쁨에 들떠 자기 차례를 기다린다.

- 교황 레오 12세

악마의 음료라고 불리워지는 이 음료는 어떤 음료보다도 맛있는 음료다.

- 교황 클레멘트 8세

사실, 거의 모든 커다란 위기때
우리의 심장이 근본적으로 필요로 하는 것은
따뜻한 한잔의 커피인 것 같다.

- 알렉산더 대왕

[출처] [커피 이야기] 커피와 삶, 커피에 관련된 명언 | 작성자 펠리니

저자밀동

coffee BACKGROUND

Contents

1. 커피의 이해 ··· 2
2. 커피의 재배와 수확 ··· 8
3. 커피의 품종 ··· 26
4. Coffee Bean ··· 32
5. 생두의 선별과 분류 ··· 36
6. 커피의 가공 ··· 44
7. Roasting(로스팅) ··· 48
8. Blending(블렌딩) ··· 72
9. 원두 품질평가 ··· 80
10. Grinding & Brewing ··· 88
11. Coffee Machine의 이해 ··· 92
12. Espresso ··· 108
13. 여러 가지 커피 추출 방식 ··· 122
14. Coffee Variation Menu ··· 134
15. 커피와 건강 ··· 146
16. 바리스타 직무이해 ··· 150

부록 1 커피 바리스타 자격시험 안내 ··· 154
부록 2 바리스타 자격시험 출제예상문제 ··· 158

바리스타 커피관리론
Management of Coffee

01 커피의 이해

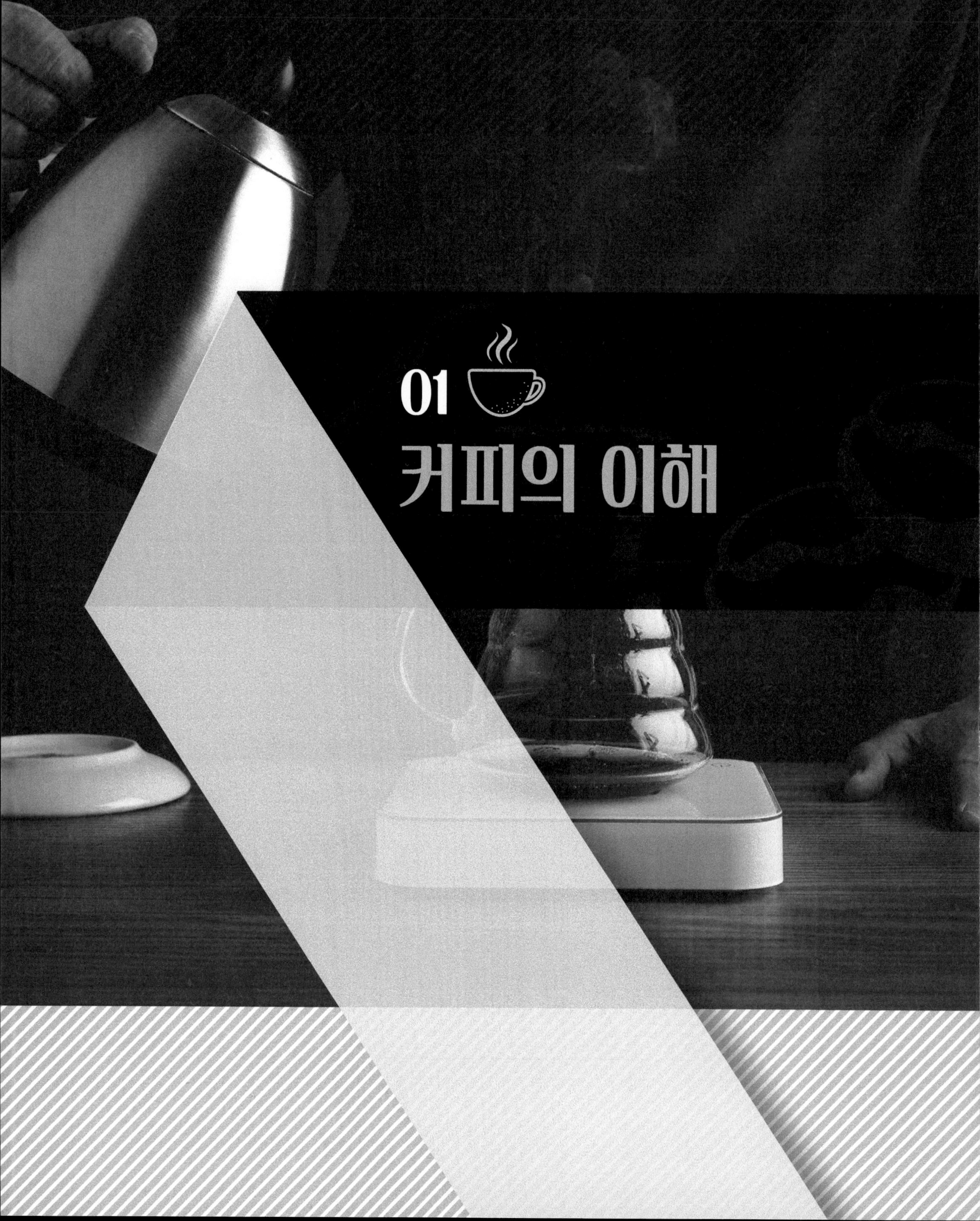

1. Coffee의 기원

커피의 경작은 AD575년부터 시작되었을 것이라고 한다.

가장 오래된 기록은 10세기의 아라비아 내과의사 라제스(Razes)에 의한 것 "커피는 소화나 강심. 이뇨에 효과가 있다"라고 하는 기록이 있다.

커피는 약 3세기 정도에 에티오피아에서 우연히 발견되었으며, 중동지역에서는 고대 이후 모든 사회계층에서 커피가 소비되었다.

커피의 기원에 대한 설은 크게 세 가지로 마호메트 발견설, 에티오피아 발견설, 오마르 발견설이 있다.

1 Coffee의 또 다른 기원

1) 에디오피아 기원설

커피의 시원지를 두고 아프리카의 에티오피아와 서남아시아의 에맨이 꽤 오랫동안 경합을 벌였다. 하지만 DNA 추적결과 커피나무가 처음 자라기 시작한 곳은 에티오피아인 것으로 판명이 났다.

대신 예멘은 인류가 최초로 커피를 경작한 곳이라는 명예를 갖게 되었다.

2) 칼디의 전설

AD6세기경 홍해에 가까운 수도원 근처의 언덕에서 양들을 돌보고 있던 양치기 칼디는 어느날 그의 양들이 흥분해서 날뛰는 것을 보고 원인을 찾던 중 그 곳에서 자라는 덤불의 열매가 그 원인임을 알게 되었다.

이 사실을 들은 승려는 그 열매를 수도원으로 가져가 끓여 먹은 후 밤에 장시간 기도를 할 때도 잠이 오지 않는 것을 알게 되었다. 그 뒤로 커피는 여러 사원으로 퍼져 나가게 되었다.

3) 오마르의 전설

어느날 허기져 있던 오마는 숲 속에서 작은 새 한 마리가 즐겁게 노는 것을 보고 그 근처로 갔다가 하얀 꽃과 빨간 열매가 열린 나무를 발견하였다.

그 후 메카로 순례를 갔다가 전염병으로 고생하는 순례자들을 가져간 열매로 치료를 하게 되고, 이로 인해 면죄를 받아 고향으로 돌아가게 되었다.

4) 마호메트 발견설

머피의 전설 중 가장 오래된 것은 커피가 마호메트(Muhammad)에 의해 알려 다는 것으로, 그가 병상에서 알라신에게 기도 할 때 천사 가브리엘(코란을 전해준 천사)이 검은색의 음료(as Black as the Kaaba of Mecca)를 가져다 주었는데, 그것을 마신 후 40명의 남자와 말안장에서 떨어뜨리고 40명의 여인과 사랑을 나눌 수 있는 힘이 생겼다고 한다.

2. Coffee의 역사

1 한국 Coffee의 역사

한국에 커피가 처음 들어온 것은 구한말 아관파천을 전후한 시기인 것으로 보인다.

러시아와 일본이 한국의 이권을 찬탈하려 각축을 벌이던 때에 커피가 전해졌다는 것이다.

러시아인이 전했다고 하는 이도 있고 일본인이 전했다고 하는 사람도 있다.

문헌에 의하면 "한국에서 최초로 커피를 마신 사람은 고종황제로 1896년 아관파천으로 러시아 공사관에 머물면서 커피를 마셨다."고 되어있다.

1) 최초의 다방

한국 최초의 다방이라고 할 수 있는 것은 러시아 공사 베베르(Karl Ivanovich Veber)의 미인계전략으로 한국 사교계에 침투한 손탁이란 여자가 러시아 공사관 앞에서 경영하였던 정동구락부이다. 이곳에서는 당구장과 다방을 겸한 곳으로 각종 다류와 양식을 선보였다고 한다.

이후 1920년대부터 명동, 충무로, 종로 등지에 커피점들이 생겨나면서 소수의 사람들에게 알려졌고, 그 뒤 8·15해방과 6·25전쟁을 거치면서 미군부대에서 원두커피와 인스턴트 커피들이 공급되어 대중들이 즐기는 기호음료가 되었다.

2) 최초의 근대식 다방

한국 최초의 근대식 다방은 일본인 나까무라가 서울에 문을 연 "다방 나까무라"이다.

일본식 다방(깃샤텐)은 한일합방 직후에 명동에 다수 문을 열었으나 일부 고위층만이 드나들던 곳으로 일반인들은 출입할 엄두로 낼 수 없었다.

이 당시에 커피를 처음 마셔본 사람들은 이를 이상한 서양의 국물이라 하여 "양탕국"이라고 이름붙였다.

2 서양 Coffee의 역사

서양지역의 커피역사는 약 3세기 정도이다.

커피경작은 서기 575년부터 시작되었다고 추정되며, 커피에 관한 초기의 문헌은 10세기의 아라비아 내과의사 라제스(Razes)가 기록한 문헌이다.

에티오피아에서 11세기 때 아라비아의 예멘으로 전파되어 처음 재배가 시작되었으며, 18세기 때 브라질은 아프리카 노예를 이용하여 대규모 농장에서 커피재배를 시작하였다.

1) 에티오피아

원산지 에티오피아에서는 농부들이 자생하는 커피열매를 끓여서 죽이나 약으로 먹었다.

9세기 무렵 아라비아반도로 전해져 처음 재배되었으며 나중에는 이집트, 시리아, 터키에 전해졌다. 이곳에서는 커피열매를 끓여 그 물을 마시거나 열매의 즙을 발효해서 카와라는 알코올 음료를 만들어 마셨다. 이 음료는 13세기 이전까지는 성직자만 마실 수 있었으나 그 이후부터 일반대중들에게도 보급되었다.

2) 유럽

유럽에는 12세기 십자군전쟁 때 처음 들어왔으나 이교도의 음료라하여 배척하였다. 그러나 밀무역으로 이탈리아에 들어온 뒤 교황으로부터 그리스도교의 음료로 공인받게 되었고 곧 유럽 전역으로 퍼져나갔다.

3) 모카

15세기에 이르러 수요가 늘자 아라비아의 상인들은 이를 독점하기 위하여 수출항구를 모카로 한정하고 다른 지역으로의 반출을 엄격하게 제한하였다.

그러나 16세기부터 인도에서 밀반출한 커피를 재배하기 시작하였고, 17세기 말에는 네덜란드가 인도에서 커피 묘목을 들여와 유럽에 전하였다.

3. 커피의 어원

1 Kaffa

커피의 어원에 대한 여러 가지 주장 중 신뢰가 가는 것은 카파(Kaffa)이다.
카파는 아랍어로 힘을 의미하며 이디오피아의 커피나무가 야생하는 곳의 지명이다.
(아랍어 Kahwa : 기운을 돋우는 것)

2 Quahw

시(詩)에서 와인을 일컫던 Quahweh라는 아라비아 말에서 나왔따는 것으로, 와인이 금지되어 있던 이슬람교도들 사이에서 커피로 바뀌었다는 것이다.

3 Bun

이디오피아인들은 커피를 Bun, 커피 추출액을 Bunchung으로 부르는데 이말이 독일에서는 Bohn, 영국의 Bean의 어원이 되었다.

4 Mocha

커피는 또한 Mocha라고 불리는데 이 이름은 홍해의 커피를 운반하던 모카항에서 유래된 것이다.

바리스타 커피관리론
Management of Coffee

02 커피의 재배와 수확

1. 커피의 식물학적 분류

1 린네의 분류

1753년 식물학자 린네(Linnaeus)는 커피나무를 꼭두서니(Runiaceae)과 Coffea속에 다년생 상록 쌍떡잎식물로 분류했다.

2 식물학적 분류

커피는 꼭두서니과(Rubiaceae) 코페아속(Coffea)으로 분류, 코페아속의 모든 식물이 씨앗에 카페인을 함유하고 있지는 않으며, 카페인을 함유하고 있다 하더라도 상업적으로 중요한 것은 극히 드물다. 적도를 중심으로 아열대지방에서 자연적으로 자라는 커피의 종은 60여종 정도이다.

2. 커피의 주요 생산지

1 특징

① 북위 25도 ~ 남위 25도
② 열대 or 아열대 기후
③ 풍부하지만 뜨겁지 않은 햇빛
④ 적당한 강우량
⑤ 배수가 잘되는 화산지대 토양

2 생산지

① 아프리카 - 라이베리아, 탄자니아, 우간다, 에티오피아
② 중남미 - 멕시코, 브라질, 콜롬비아, 엘살바도르, 베네수엘라, 코스타리카, 페루
③ 아시아·태평양 - 아라비아, 인도, 인도네시아, 베트남, 하와이, 파푸아뉴기니
④ 서인도제도 - 쿠바, 자메이카, 하이나, 도미니카

3. 원두의 산지별 종류 및 특성

1 중앙아메리카

대체로 신맛이 좋고, 바디는 강하지 않은 편이며 향이 좋다.

1) 자메이카(Jamaica)

영국의 식민지 시절이었던 1725년에 니콜라스 라웨즈 경이 마르티니크 섬으로부터 커피나무를 들여와 커피를 경작하기 시작하였다. 재배 조건이 우수한 자메이카는 9년 후에 40톤의 커피를 수출하게 되고, 1768년까지 커피 산업이 크게 발전하면서 서서히 그 경작지를 블루 산맥(Blue Mts.)으로 확대시켜 나갔다. 그리고 세계의 커피 시장은 블루 마운틴에서 생산된 자메이카 커피의 품질을 높이 평가하게 되었고, 이 커피를'커피의 황제'라고 부르기 시작하였다.

블루 마운틴 커피의 부드럽고도 조화로운 커피 맛의 원천에 대해 블루 산맥의 독특한 기후 조건을 살펴보지 않을 수 없다. 블루 산맥 고지대는 연중 짙은 안개가 덮여 있다. 이 짙은 안개는 강렬한 햇빛이 커피나무에 직접 내리쬐지 못하게 하는 일종의 차단막 역할을 하면서 커피나무의 성장을 더디게 조절하게 된다. 그 결과 블루 마운틴 커피는 같은 고도의 타 지역보다 높은 밀도의 커피로 생산될 수 있는 것이다.1962년 영국으로부터 독립한 자메이카 정부는 커피 산업이야말로 자메이카의 대표 산업임을 강조하면서 자메이카 커피를 발전시키려고 했지만 미약한 자본력의 한계가 있었다. 1969년 일본 자본이 투자되면서 일본인 특유의 생산 관리 기법이 도입되고, 이러한 엄격한 관리하에 블루 마운틴 커피는 다시 살아나게 된다. 생산량과 품질의 엄격한 관리, 전체 생산량의 90%를 일본이 수입하는 독점 구매 정책,

높은 가격으로 수입한 커피를 더 높은 가격으로 재수출하는 가격 정책과 상품의 희소화 정책 등으로 자메이카 블루 마운틴은 커피의 황제 자리에 성공적으로 재등극하게 된다. 오늘날에도 자메이카 블루 마운틴의 80%는 일본으로 수출되고 있고, 나머지 20%의 커피를 전 세계가 나누어 먹고 있다.어쩌면 우리는 자메이카 블루 마운틴 커피의 맛과 향보다 이름 있는 상품의 희소 가치에 더 끌리고 있다고 볼 수 있다. 실제로 오늘날 자메이카 블루 마운틴 커피에 대한 의구심은 크게 증가하고 있으며, 카리브해의 다른 커피들과 맛과 향이 크게 차이가 없다는 평가까지 받고 있다. 그럼에도 불구하고 자메이카 블루 마운틴은 여전히 세계 최고의 커피이다. 자메이카 블루 마운틴 커피는 오직 블루 마운틴 지역에서 생산되고, 자메이카 정부의 공인 가공 공장에서 가공되고, 품질 보증서가 들어 있는 것만이 진짜로 인정된다.

자메이카 커피는 주로 네 가지로 분류된다. 블루 마운틴은 해발 1,100m 이상에서 생산된'자메이카 블루 마운틴, 해발 1,100m 이하에서 생산된'하이 마운틴, 저지대 커피로서 중 · 저급의'프라임 워시드'그리고 저지대 생산 커피인'프라임 베리'가 있다.

일찍이 일본에서 투자를 해 대부분의 커피가 일본으로 수출되기 때문에 우리나라에서 구입하기는 참으로 어려운 상황이다. 따라서 백화점이나 유명 브랜드에서 판매하는 자메이카 블루 마운틴은 향만 조금 섞인 커피이거나 원재료가 5% 미만인 커피일 확률이 높고 가격으로 거래된다. 블루 마운틴은 대표적인 연질의 원두로서 열의 흡수와 통과가 용이한 특징을 가진다. 블루 마운틴은 강하게 로스팅하면 향미가 줄어들고 맛의 균형이 깨지기 때문에 로스팅의 적절한 포인트는 중배전인 '하이'에서 '시티'정도가 적당하다. 약한 불로 느긋하게 로스팅하는 것이 권장되는 원두이다. 또 블루 마운틴은 블렌딩이 필요 없을 정도로 맛과 향에서 조화로운 원두로 알려져 있다. 신맛과 쓴맛이 균형을 이루고, 향이 부드럽고 풍부하다.

'Blue Mountain' 상표는 포트란드, 성 토마스, 성 앤드류스 고지대에서 재배한 커피콩에만 사용한다. 낮은 지대의 콩은'High Mountain Supereme'와'Prime Washed Jamaica'로 분류한다. 매우 부드러우면서 향기가 풍부하며, 상큼한 맛과 초콜릿 향이 있다.

2) 멕시코(Mexico)

1790년경부터 커피의 경작을 시작하였으며, 화산 지대가 형성되어 있는 남부 지방에서만 커피가 생산되고 있다. 북부 지역은 커피존을 벗어나 있기 때문이다. 멕시코 커피는 한동안 중앙아메리카 저급 커피의 대명사였다. 커피의 포장 봉투에'우리는 멕시코 커피를 사용하지 않습니다.'라는 문구들이 적힐 정도였다. 오늘날에도 눈에 띄는 최고급 커피는 '멕시코 아라비카'라고 부르는'멕시칸'이다. 커피 구매자들에게 멕시코 커피는 매력 있는 커피로 무엇보다도 가격이 품질에 비해 저렴하다. 세계 4위의 커피 생산국이면서도 가격은 지난날의 저급 커피 이미지를 벗어나지 못하고 있어 유기 농법이나 그늘 경작법으로 커피의 품질 향상에 박차를 가하고 있다.

최상급 커피는 1,600m 이상 고지대에서 재배하는 'Estricmente Altura' 등급이며, Gustepee, Prussia, Liquidambar, Santa Cruz 등의 농장 이름을 붙여서 품질을 구분한다. 1,000 ~ 1,600 m에서 재배한 고급 커피에는'Altura' 등급을 붙인다.

3) 엘사바도르(El Salvador)

1900년대에 들어서면서 커피 산업이 본격적으로 육성되기 시작하였으며, 오늘날에는 전 국토의 약 12%가 커피 농장으로 조성되어 있다. 엘살바도르 커피는 주로 미국과 독일로 수출되었다. 아직 그 경작법이나 가공법이 세련되지 못하고, 정부 차원의 커피 경작 교육이 제대로 이루어지지 않아 지역마다 그 맛과 향에서 많은 차이를 보이고 있다. 그래도 천혜의 자연 조건으로 엘살바도르의 커피는 중급 이상의 마일드 커피로 평가되고 있으며, 생두는 모두 습식 가공으로 처리되고 대부분의 커피는 그늘 경작법으로 생산되고 있다.

유명 커피는 '엘살바도르 SHG'와 '파카마라','피필(Pipil)'등이 있다. SHG등급은 1,200m 이상의 고지대에서 생산되고, Salvador Pacamara는 교배종으로 맛이 부드럽다.

4) 과테말라(Guatemala)

1750년경에 커피가 도입되었으나, 본격적인 커피 생산은 19세기 초에 시작되었다. 과테말라 커피 중 대부분은 시에라마드레 산맥의 고원 지대에서 생산되고 있다. 이 산맥의 태평양 연안 경사면 지역에는 무려 33개나 되는 화산이 있다. 바로 이러한 화산들로 인해 고급 스모크 커피가 생산될 수 있는 것이며, 이 스모크 커피의 대명사는 단연'안티구와(Antiqua)' 커피이다. 안티구와 커피는 쏘는 듯한 스모크 향과 깊고 풍부한맛 살며시 느껴지는 초콜릿 맛이 일품인 과테말라의 대표 커피이다.

과테말라에서는 다른 나라에 비해 전형적인 커피 품종인 타이피카종, 버번종이 주로 경작되고 있다. 상당 부분 그늘에서 경작되는 그늘 경작법안 셰이드 그로운(shade grown)을 사용하고 있는데, 대형 농장과 소규모 농장들 모두 이 그늘 경작법인 많이 사용하고 있다. 향기가 풍부하고 상큼하며, 호두향이 특징인 고급 커피이다. 다양한 기후를 가진 나라로 Antigua, Coban, Huehuetenango 등이 유명한 생산지이다. 최고급 커피는 1,600m 이상의 지역에서 재배한 SHB 등급으로 세계적으로 명성이 높다.

5) 코스타리카(Costa Rica)

코스타리카 커피는 1779년 쿠바로부터 이식되면서 경작되기 시작하였다. 로부스타 커피의 경작을 불법 행위로 규정하는 등 엄격하지만 효율적인 커피 산업 정책으로도 유명하다.

연간 10만 톤의 커피를 생산하고 있으며, 특히 태평양 연안 산지의 커피가 우수한 평가를 받고 있다. 코스타리카 커피를 대표하는 것은 단연'타라주(Tarrazu)'이다.

유기 농법으로 경작되어 생두의 크기는 크지 않으나 그 맛과 향은 최고급으로 평가된다. 타라주 중에서도'라미니타'농장의 커피가 최상급으로 알려져 있다. 신맛, 감칠맛, 와인맛이 특징이며, 완벽한 맛과 향이 조화를 이루는 커피이다. 코스타리카는 열대 우림 지역으로 활화산이 여기저기 있는 고지대 활화산이라는 지형 조건으로도 그 품질이 좋다는 것을 알 수 있다.

6) 온두라스(Honduras)

우수한 자연적인 경작 조건을 갖추고 있음에도 불구하고 열악한 산업 정책과 인프라 구조로 인하여 커피 산업을 제대로 발전시키지 못하고 있다.

커피 산업 지원 정책이나 가공 시설, 운송 시설 등이 거의 없어서 제법 괜찮은 고급 커피가 생산되고 있음에도 불구하고 제대로 대접받지 못하고 있는 실정이다. 부드러운 신맛과 달콤한 캐러멜향이 곁들어진 쓴맛이 조화를 이룬다는 높은 평가에도 불구하고 마케팅 전략의 미비와 열악한 인프라 구조로 인하여 품질에 상응하는 가격을 못 받고 있다. 유명 커피로는'온두라스 SHG'와 '온두라스 HG'가 있다.

7) 니카라과(Nicaragua)

니카라과 커피는 생산량은 많지 않으나 고급으로 평가되는 커피이다. 진한맛과 깨끗한 향, 조화로운 맛으로 고전적인 커피 맛이라고도 표현된다. 그러나 니카라과 커피의 특징은 다른 중앙아메리카의 많은 고원 지대 커피와는 달리 날카로운 신맛이 거의 없다는 데 있다. 아쉬운 점은 실제 커피 시장에서는 이러한 높은 품질이 인정되면서도 가격은 이에 못 미친다는 것이다.

8) 파나마(Panama)

파나마 커피의 상당량은 SHB급의 고급 마일드 커피이다. 무게는 가벼우나 달콤하고 알맞은 신맛, 균형 잡힌 깊고 풍부한 맛과 향을 가진 고급 커피로 평가되고 있으나 생산량은 그리 많지 않다. 파나마 커피 중에서도 진짜 고급 커피는'보케테(Boquete)'커피인데, 소규모 농가들에서 생산되는 티피카 품종이다. 파나마는 아라비카 커피만을 생산하며 생두의 가공은 거의 습식법으로 이루어지고 있다. 저지대의 커피도 제법 생산되는데, 이는 거의 다 미국 시장에서 판매되고 있다.

9) 페루(Peru)

페루는 안데스 산맥이 전 국토의 대부분을 차지하고 있는 산악 국가로, 아라비카 커피만을 생산하며 남아메리카 유기농 커피의 리더로 빠르게 부상하고 있는 나라이다. 아직은 불순물과 결점두들이 섞여 있는 커피를 생산하고 있어 어떤 커피들은 거칠다는 평도 받고 있으나, 산뜻하면서도 깊이 있는 맛과 향이 있다는 것이 일반적인 평가이다.

2 남아메리카

오래전부터 많은 커피를 생산해 오고 있고, 지금도 커피의 물량을 결정짓는 역할을 하는 곳이다.

1) 브라질(Brazil)

커피 하면 연상되는 나라로 한때는 전 세계 커피 생산량의 절반 가량을 차지하였다.

브라질의 본격적인 커피 생산은 포르투갈로부터 독립한 1822년부터이며 1845년에는 세계 커피의 45% 정도까지를 생산하였다. 1950년대까지 전 세계 커피의 40%를 충당하였으며, 오늘날에도 20 ~ 30% 정도의 점유율을 차지하고 있는 세계 최대의 커피 생산국이다. 1727년 팔레타에 의하여 프랑스 기아나로부터 늦게 전파 되었으나, 대량 재배로 세계 커피의 상당량을 생산하고 있다. 생산량에 치우친 생산 증대, 즉 대량 생산 정책으로 다른 나라의 아라비카에 비해 중·저급 커피로 평가되고 있다. 브라질 커피의 대부분은 상파울로 산토스 항구로 집결되어 수출된다. 그래서 브라질 커피를 흔히 '산토스'라고 부르고 있다. 브라질의 유명 커피로는 'Brazil Santos NY2', 'Brazil Santos bourbon NY2'가 있다.

티피카와 버본 품종이 섞인 아라비카와 로부스타를 함께 생산하며 한 번 수확하여 자연건조한다. 향기와 상큼한 맛은 약하나 중후하고 달콤하여 다른 커피와 잘 조화를 이루며, 특히 에스프레소 커피의 기본 콩으로 적합하다. 펄프 가공한 커피는 수세가공 커피보다 달콤하면서 자연 가공 커피의 중후함을 가지고 있다. 수출 커피는 결점수에 따라 NY2, 4, 6, 8 등급으로 구분한다.

브라질 커피 중 마르고지프 커피는 보통의 커피나무에서 매우 큰 열매를 딸 수 있도록 개량한 품종인데, 신맛과 향기가 강하다. 이 품종은 과테말라와 멕시코 등지에서 재배되며, 미디엄 로스트로 볶아 사용하면 가장 이상적이다. 가장 좋은 것은 배합용이나 인스턴트 커피를 만드는 데 이용된다.

2) 콜롬비아(Colombia)

세계 2위의 생산국이며 1799년부터 커피를 경작하여 1900년을 기점으로 브라질 다음으로 최대 커피 생산국으로 부상하였다. 브라질이 생산량에 중점을 둔 반면, 콜롬비아의 경우 품질에 중점을 두어 최고의 커피를 생산함에 자부심 또한 대단하다. 커피 품질을 평가하자면 세계 최고의 커피를 생산하는 나라이다. 대부분 안데스산맥의 해발 1,400m 이상의 고지대에서 경작하는데, 아라비카 커피만 생산한다. 주로 티피카, 버본, 카투라 품종이 섞여 있다. FNC(콜롬비아커피생산자조합)의 효율적 생산 관리로 품질이 안정되고 수프레모와 엑셀소의 상품급만 수출한다.

콜롬비아 커피는 스트레이트로 마셔도 좋다. 향기가 풍부하고, 상큼하고, 달콤하고, 부드러우며 배합하기에 매우 좋은 커피일 뿐만 아니라, 감미가 있는 부드러운 커피이다.

콜롬비아의 경우 대형 농장이 별로 없으며,'카페테로'라고 불리는 농부들의 중소규모 자영 농장에서 생산된다. 오히려 이러한 중소 자영 농장에서 생산되기 때문에 품질 관리가 철저히 이루어져 세계 최고의 품질을 생산해 낼 수 있는 것이다. 메델린, 마르메니아, 마니잘레스, 보고타, 부카라만가 등이 주요 생산지이다.

3 아시아

강한 바디감, 깊은 향 그리고 부드러운 질감을 가지고 있다.

1) 하와이(Hawaii)

하와이는 세계적인 최고급 커피의 하나인 '코나(Kona)'커피의 생산지로, 태평양 연안 기슭에 자리한 소규모 농장들에서 세계의 유명 커피인 코나가 생산되고 있다. 코나는 철저하게 손으로 한알 한알 수확하여 습식 가공으로 생산하는 티피카 품종의 커피이다. 규칙적인 비와 배수가 잘 되는 화산재 토양 그리고 적절한 기온 덕분에 비교적 낮은 고도에서 경작됨에도 불구하고 고지대에서와 같은 고급 품질의 커피가 생산되고 있다. 단맛과 신맛 그리고 산뜻하고도 조화로운 맛과 향을 가진 부드러운 커피로 평가받고 있다. 진하며 깊고 풍부한 맛의 커피를 즐기는 사람들에게는 오히려 너무 부드러워 가벼운 커피라는 느낌을 주기도 한다. 그래도 '카우아이 이스테이트'라고 하는 카우아이 커피는 신맛이 적으면서 바디가 짙은 커피로 알려져 있고, 몰로카이 섬에서는'마루아니 이스테이트'와'몰로카이무레스키너'라는 커피가 알려져 있다.

하와이에는 코나 커피만 있는 것이 아니라 카우아이, 몰로카이, 오아후, 마우이 섬에서도 커피가 생산되고 있는데, 이들 커피는 아직 코나의 명성에는 미치지 못하고, 하와이 코나 지역에서 재배한 커피에만 'Kona'이름을 붙인다. 등급은 크기와 결점에 따라 Kona Extra Fancy, Kona Fancy, Prime으로 분류한다. 매우 부드러우면 서도 상큼하고 향기가 풍부하다.

2) 인도(India)

인도는 1585년에 이슬람의 순례자인 바바부탄이 메카로부터 커피 씨앗을 몰래 가져와서 커피 경작이 시작된 오래된 커피 역사를 가진 나라이다. 그러나 커피가 본격적인 경제 작물로 생산되고 수출된 것은 1840년 이후부터이다. 현재 인도는 아라비카 커피와 로부스타 커피가 모두 생산되고 있지만, 전체 커피 생산량의 약 60% 정도를 로부스타가 차지하고 있다.

인도의 아라비카는 깊으면서도 부드럽고 달콤한 맛, 낮은 산도와 향신료나 초콜릿 맛이 있다고 평가되며, 이러한 짙은 바디와 달콤함으로 에스프레소 커피의 블렌딩에 많이 사용되고 있다.

생두의 가공법에는 습식법과 건식법이 모두 사용된다. 습식법으로 가공된 아라비카 커피를 '플렌테이션 아라비카', 습식법으로 가공된 로부스타 커피를'파치먼트로부스타'라고 부른다. 인도는 고급 로부스타가 생산되는 것으로도 유명한데, 습식법으로 가공된 로부스타 '카피 로얄'이 유명하다. 현재 인도 커피 중 가장 유명한 것은 몬순 커피인 '몬수니드 말라바르' 일 것이다.

약 3~4개월 동안 몬순 바람에 건조시킨 커피로서, 노르스름한 색을 띠고 있으며 신맛이 줄어들고 무게도 가벼워진 커피이다. 'Plantation A' 또는 'Monsoon AA'가 최고급 등급이며, 'Malabar'는 자연 건조 아라비카로 수주 간 해풍을 쏘여'몬순'처리한 커피이다. 독특한 몬순 향기와 중후함이 특징이다.

3) 인도네시아(Indonesia)

인도네시아는 아시아 최고의 커피 생산국으로, 커피 산업은 1696년 네덜란드 인에 의해 커피나무가 이식되면서 시작되어 1706년에는 자바 커피가 유럽으로 수출되기 시작하였다.

1977년 이후부터 병충해에 강한 로부스타가 경작되면서 오늘날 인도네시아 커피의 90% 이상은 로부스타이다. 질 좋은 아라비카는 5 ~ 8%정도에 머물고 있지만, 이 소량의 커피가 세계적인 고급 커피로 평가받고 있다. 인도네시아 커피의 생산지는 자바, 수마트라, 술라웨시, 발리, 티모르와 같이 섬 단위로 구분되고 있다.

자바

다른 지역의 커피에 비해 보다 철저한 습식 가공법으로 생두를 가공하며, 유명한 '모카 자바'브랜드를 탄생시킨 자바 커피의 생산지이다. 옅은 신맛과 짙은 바디, 초콜릿의 달콤함과 흙냄새 등이 어우러진 조금은 거칠고도 쓴 듯한 고급 커피로 유명하다.

수마트라

야생의 이미지를 풍기며 원시의 낭만을 느끼게 하는 커피로 매끈하고도 통통한 원두의 모양과 함께 짙은 바디, 깊은 맛과 향으로 특히 유럽 사람들이 좋아하는 고급커피이다. 유명 커피로는 '만델링(Mandheling)', '린통(Lintong)', '가요 마운틴(Gayo mountain)', '코피 루왁(Kopi luwak)' 등이 있다.

술라웨시

이곳의 커피도 역시 고급 커피이며, 토라자(toraja) 지방에서 주로 생산된다고 하여 '술라 웨시 토라자'라는 이름으로 불린다. 과거 '셀레베스 칼로시(celebes kalasi)'라고 불렀지만, 이는 네덜란드 식민지 시대의 명칭이며 현재는 더 이상 사 용되지 않는다. 진한 향과 감칠맛, 초콜릿 맛이 조화를 이루고 있다고 평가된다.

4) 파푸아뉴기니(Papua New Guinea)

가장 큰 섬인 뉴기니 섬에는 빌헬름 산이 있고, 이 산을 중심으로 한 고원 지대에서 파푸아뉴기니 커피가 생산되고 있다. 아라비카 커피와 로부스타 커피가 모두 생산 되고 있으며, 연평균 약 7만 톤 정도의 커피가 생산된다. 파푸아뉴기니 커피는 대부분 북아메리카에서 소비되고 있으며, 아직은 고급 커피의 반열에 오르지 못하고 있다. 인접한 인도네시아의 커피와는 달리 부드럽고 달콤한 맛과 향을 지닌 깔끔한 커피로 알려져 있다. 하겐 산을 중심으로 한 서부 하이랜드 지역의 '시그리'커피와 동부 하이랜드 지역의 '아로나'커피가 유명하다.

4 아프리카(Africa)

커피가 발견된 곳이자 커피 재배의 중심지로, 대체로 신맛이 좋고 매우 향기롭지만 바디가 약하다.

1) 에티오피아(Ethiopia)

커피의 고향 에티오피아는 커피가 처음 발견된 곳이며, 지금도 전국 곳곳에서 야생의 커피를 흔히 만날 수 있는 커피의 나라이다. 커피는 에티오피아 사람들의 생활이며, 수출의 절반 이상을 차지하는 주요 수출품으로서 나라 경제의 근간이다. 그러나 열악한 사회 간접 자본, 낙후된 경작법과 가공 처리시설 등으로 인하여 커피 산업 인구에 비해 그 생산량은 상대적으로 적은 편이다. 거의 대부분의 커피가 전통적인 유기 농법과 그늘 경작법으로 재배되고 있다. 고유한 본래의 아라비카 품종만이 생산되고 있으며, 몇몇 고급 수출용 커피를 제외하고는 거의 건식법으로 생두를 가공하고 있다.

연간 26만 톤의 커피를 생산, 이중 약 90% 정도의 커피가 '가든 커피'라고 불리는 소규모 커피 농가에서 생산되며 총 생산량의 절반 가까운 양이 내수용으로 소비된다.에티오피아는 천혜의 커피 재배 조건을 갖추고 있으면서도 열악한 경제 사정으로 인해 효율적인 커피 생산을 하지 못하고 있는 형편이다. 에티오피아 정부도 커피 산업의 진흥 정책을 통한 양과 질의 향상에 크게 노력하고 있다.

하라

'에티오피아의 축복'이라고 불리는 에티오피아를 대표하는 정통 커피로, 전통적인 건식법으로 생산된다. 거친 듯 깊고 중후한 향미와 단맛, 상쾌한 흙냄새 등이 어우러진 최고의 커피 중 하나로 평가되고 있다. 예멘의 모카 커피와 함께 세계 최고급 커피 중 보기 드문 건식 가공 커피이다.

이르가체프

하라의 커피가 다소 투박하고 거친 반면 이르카체프는 에티오피아 커피 중에서 가장 세련되고 매끄러우며 깔끔한 최고급 커피이다. 습식법 가공 처리를 거치며 건식으로 가공된 하라 커피에 비해 투박하고 거친 듯한 향미가 부드럽게 바뀌고 과실의 상쾌한 신맛과 초콜릿의 달콤함, 꽃과 와인에 비유되는 향미와 깊은 맛을 가졌다고 평가된다.

시다모, 짐마, 리무

이곳의 커피들 또한 습식 가공으로 생산된 에티오피아를 대표하는 고급 커피이다. 산지에 따라 조금씩 차이가 있으나 모두 하라, 이르카체프의 커피와 아주 비슷하다고 평가되는 커피들이다. 이중에서도 특히 시다모는 부드럽고 상쾌하며, 리무는 중후한 맛이 있다고 한다. 짐마와 시다모의 커피는 그 크기가 다른 커피에 비해 더 작은 것으로 알려져 있다.

2) 케냐(Kenya)

1893년 에티오피아를 통해 커피를 도입한 케냐는 1963년 말 영국으로부터 독립을 쟁취한 후 커피를 주요 수출 품목으로 육성하면서 빠르게 커피 산업 구조를 구축 하였다. 미래 지향적인 정확하고도 치밀한 연구 개발과 마케팅 전략, 농가 지원 정책과 기술 교육을 통하여 오늘날 세계 최고의 가장 신뢰받는 커피 생산국의 자리를 확고히 하게 되었다.

케냐는 광활한 고원 지대, 적절한 토양과 강수량, 기온 등 고급 커피를 생산할 수 있는 자연환경이 이미 주어져 있었으며, 이러한 자연환경을 최대한 활용하고자 하는 의지와 목표가 있었다. 수십만의 커피 농장을 육성하여 그 농가들을 단위 협동 조합으로 구성하고, 별도의 대형 커피 농장도 조성하였다. 단순히AA, AB 등의 등급에 의해 가격이 정해지고 팔리는 것이 아니라, 전국의 모든 커피는 수도인 나이로 바로 집결되고, 이곳에서 LOT별로 경매를 통한 판매가 된다.

그늘 경작법은 거의 사용되고 있지 않으나 농약이나 제초제, 화학 비료 등도 거의 사용되지 않고 있으며, 습식 가공법으로 아라비카 커피만을 생산한다. 케냐의 커피는 강하면서도 상큼한 맛이다. 짙은 향미와 강한 신맛, 과실의 달콤함, 와인과 딸기의 향미를 가진 커피라고 평가된다. 부드럽고 신맛이 없는 커피를 즐기는 사람들에게는 오히려 그리 만족스럽지 못할 수 있을 정도로 그 맛이 깊고 강렬하며 거칠다.

3) 예멘(Yeman)

세계 최초로 커피를 경작한 나라로 한때 최대의 커피 무역항이었던 모카가 있는데, 모카항을 통해 수출되었던 모든 커피를'모카'라고 불렀다. 아라비카 커피는 예멘의 커피에서 유래되었으며, 에티오피아에서 발견된 커피를 전 세계로 전파시킨 나라이다.

예멘에서 자연 건조된 커피 열매를 씨앗을 발라낸 후 통째로 가루로 빻아 그 가루를 뜨거운 물에 넣어 홍차와 같이 열은 색깔의 커피를 주로 마신다. 우리가 마시는 생두를 로스팅하고 그것을 분쇄하여 추출한 커피를 마시기도 하나, 이런 커피는 주로 아침에만 마신다.

예멘 커피는 에티오피아의 하라 커피보다 한층 더 강한 맛의 커피로 세계에서 개성이 가장 뚜렷한 커피로 알려져 있다. 생두 모양도 작고 불규칙하며 한마디로 제각기 못생긴 형태이다. 생두 가공 수준도 세련되지 못해 생두를 로스팅해 놓으면 원두의 색깔도 제각각이다. 그런데 이렇게 못난 커피가 맛은 일품이다. 예멘의 커피는 상당한 고지대 커피이다. 당연히 생두의 밀도는 높고 깊고 풍부한 맛과 향이 있다. 또 커피 품종은 전통적인 티피카와 버본뿐만 아니라 각 지역마다 수많은 개량 변종도 있으며, 이러한 변종 커피 중에서 유명한 것으로'마타리','이스마일리'가 있다.

마타리

수도 사나의 바로 서쪽에 위치한 베니 마타오 지방에서 생산되는 커피로 예멘 최고의 커피다.

이스마일리

초콜릿과 과일의 향미가 두드러지면서도 마타리보다 부드러운 커피로 평가된다.

히라지

신맛과 과실 맛이 강하면서 마타리보다 부드럽고 가벼운 맛을 지녔다고 평가된다.

사나니

다른 커피들에 비해 약하고 부드러우나 균형 잡힌 맛과 향이 있다고 평가된다.

4) 탄자니아(Tanzania)

1964년 독립 국가로 출발한 탄자니아는 아직 어려운 경제 상황에서 벗어나지 못하고 있는 나라이다. 1893년부터 경작을 시작하였던 커피 산업도 아직 후진성을 면하지 못하고 있다. 생산량이 좀처럼 늘지 않고 품질 개선도 잘 되지 않고 있다. 천혜의 자연 조건을 갖추고 있으면서도 경작 방법을 제대로 알지 못하는 농부들은 토양의 성질을 모른 채 아무 곳에나 커피나무를 심는다. 그러나 그런 중에서도 '탄자니아 킬리만자로'는 세계 명품 커피의 자리를 유지하고 있었다.

탄자니아에서는 최고급의 아라비카부터 로부스타 커피까지 경작되고 있다. 대부분의 커피는 탄자니아 인들의 식량인 바나나나무와 함께 경작되어 자연스러운 그늘 경작이 이루어지고 있다. 어떻게 보면 커피나무는 적지 않은 현금을 만질 수 있는 환금 작물로서 , 식량 농사에 끼워져서 재배되고 있는 모습이다.

탄자니아를 대표하는 킬리만자로 커피는 깔끔하면서도 기품 있고, 섬세하면서도 거칠며, 풍부한 맛과 향, 날카로운 신맛을 지닌 아프리카다운 커피로 "케냐AA와 구별하기 힘들다." 라고도 하며, 에티오피아의 수세 건조 커피를 떠올리게 하는 맛이라고도 한다. 상큼한 맛과 과실 향기가 특징으로 맛이 부드럽다. 크기가 가장 큰 규격을 AA로 표기한다.(북탄자니아 산의 경우 일본과 한국에서는 Kilimanzaro라고도 부른다.)

5) 우간다(Uganda)

중앙아프리카의 우간다는 로부스타 커피의 생산으로 유명한 나라이다. 그러나 많은 양은 아니지만 소규모의 시골 농가에서 생산되는 고급 아라비카 커피가 있어 세계의 커피 애호가들을 즐겁게 해 주는 나라이기도 하다.

케냐와의 접경 지역인 엘곤 산 지역에서'부기수'라는 고급 커피가 생산되는데, 와인과 과실의 맛, 깊은 향미를 지닌 아프리카의 전형적인 커피로서 케냐 커피와 비슷하나 조금 더 거친 느낌이라는 평가를 받는다.

6) 짐바브웨(Zimbabwe)

1890년대부터 커피를 생산하였으나 본격적인 상업적 커피의 생산은 1960년대 후반부터 케냐의 커피 산업을 모델로 하여 시작되었다. 짐바브웨는 아라비카 커피만 을 습식 가공으로 생산하고 있으며, 주요 산지는 모잠비크(Mozambique) 국경 지역인 치팡가(Chipinge)와 무타레(Mutare) 지역이고, 주요 커피로는 '치팡가','라루시에','스말딜'등이 있다.

미국 시장에서는 짐바브웨 AA급의 고급 커피가 'Code 53'이라는 이름으로 유통되고 있다. 강한 신맛과 상큼한 과실의 맛, 조화롭고 깊은 맛으로 미국 시장에서 가짜 짐바브웨 커피가 있을 정도로 높은 평가를 받고 있으나, 아직은 케냐 커피의 그늘에 가려져 제대로 대접받지 못하고 있다.

7) 잠비아(Zambia)

잠비아는 1980년에 독립한 나라로서, 짐바브웨와 같이 케냐의 커피 산업을 모델로 하여 커피 산업을 육성하고 있는 나라이다.

주로 대형 커피 농장에서 아라비카 커피를 습식 가공으로 생산하고 있으며, 커피의 맛은 케냐 커피와 비슷하지만 전반적으로 부드럽다는 평을 받고 있으며, 유명 커피로는 '테라노바', '카핑가' 등이 있다.

4. 커피의 재배조건

1 기온

① 연평균 15~24℃ / 주간 22℃ 미만, 야간 18℃ 이상
② 일교차 19℃ 미만
③ 25℃ 이상 광합성 위축 vs, 30℃ 이상 엽록소 파괴 → 잎이 시듦
④ 4℃ 이하 : 잎이 뒤틀리고 반점이 생김

2 강우량

① 아라비카 : 연 1,400~2,000mm / 로부스타 : 2,000~2,500mm
② 과도한 강유량 → 토양 침식, 건조시 장애 발생

3 습도

① 아라비카 : 60% / 로부스타 70~75%

② 85% 이상은 좋지 않음

4 토양

① 화산성 토양의 충적토가 적당(암반층, 지하수층 위)
② 표토(top soil)는 2m 이상되는 것이 좋음
③ 약산성(pH 5~6), 다공질, 점토(Clay), 70% 이하, 모래 20~30% 이하
④ 적합한 토양
- 유기질이 풍부한 화산암이나 화산재, 염기성 암석, 충적토 침전물로 구성된 토양
- 표토층이 깊고 투과성이 좋고 약산성이며 다공질인 토양
- 현무암성 토양
- 무기질이 풍부하고 침식이 잘 안되며, 물과 영양분 저장능력이 뛰어난 토양

⑤ 부적합한 토양
- 점토가 너무 많이 포함된 토양
- 물 저장 능력이 안 좋은 모래나 암석 또는 홍토(紅土)화된 토양
- 하수면이 높은 지역
- 범람(Flood)이 자주 발생하는 토양
- 화강암성 토양
- 물이 너무 잘 빠지거나 잘 안 빠지는 토양

5 햇볕

① 적당한 일조량(2,200~2,400 시간/연)

6 지형과 고도

① 평지, 약경사
② 고도가 높을수록 밀도가 높고, 진한 청록색을 띠며, 풍부한 향과 신맛이 좋아진다.

7 바람

① Shade Tree or Wind-break

5. 커피의 재배와 생산

1 커피나무

1) 커피나무

- 아라비카 4~6m / 로부스타 8~12m 까지 자란다.

2) 꽃

- 2년 후 커피나무가 1,5~2m 되었을 때 핀다.
- Jasmin향이 나며, 꽃잎은 아라비카종 5장, 로부스타종 5~7장, 리베리카종 7~9장 핀다.

3) 뿌리

- 총 길이 20~25km이고, 땅 속 3m까지 뻗는다.

4) 잎

- 긴 타원형이고, 가장자리는 파도모양이다.

아라비카 나무잎

로부스타 나무잎

새 잎(브론즈 색)

5) 열매

- 심어진 후 2~4년이 지나면 달콤한 냄새와 함께 흰 꽃을 피우는데 꽃이 떨어지면 2~3일 후 빨갛게 익은 열매가 열린다.
- 아라비카 12~18mm, 꽃핀 후 6~9개월 / 로부스타 8~16mm, 9~11개월

체리(Cherry)와 파치먼트

체리의 세로 단면

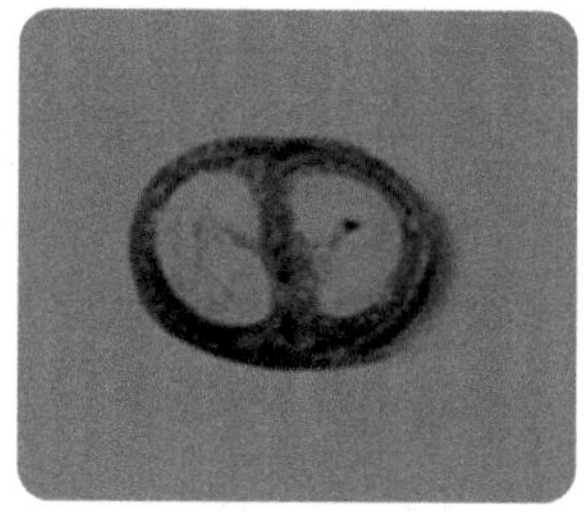
체리의 가로 단면

6) 생두

체리(Cherry) 속의 두 개의 씨앗을 생두라고 하며 커피나무는 심은지 10~15년 동안 수확이 가능하다.

2 수확

1) 수확기

- 수확기는 지리학적인 위치에 따라 달라지지만 한 해에 한 번의 수확을하는 것이 일반적이다.
- 우기와 건지의 구별이 뚜렷할 경우 북반구에서는 9~3월까지, 남반구에서는 4~5월까지가 주된 수확기이다.
- 적도 부근의 나라는 일년 내내 수확이 가능하다.
- 콜롬비아나 케냐 같이 우리과 건기의 구별이 뚜렷하지 않은 나라에서는 일년에 두 번의 개화기가 있어 수확기도 두 번이다.

2) 열애의 수확

- 평균적으로 한 일꾼이 하루에 50kg에서 100kg의 체리를 수확하는데 이 중 원두는

20%를 차지하므로 하루 약 10~20kg의 원두를 수확하는 셈이다.

- 높은 곳에 달려 제 때 수확되지 못한 열매는 가지에 달린 상태에서 숙성된다.
- 이러한 열매만을 모아 가공처리한 커피는 일본에서 완숙커피라고 불리는데 땅에 떨어져 썩거나 새, 벌레가 먹어버려 정상적인 열매는 그 양이 매우 적다. 감미와 향이 뛰어나 고가에 팔린다.

3 재배

- 최적의 수확량을 얻을 수 있는 나무모양을 유지하기 위해 3~5m 정도로 관리하며 콜롬비아는 2m 정도로 재배한다.
- 아라비카종은 3~4년 만에 꽃이 피고 5년생부터 정상 수확이 가능하며, 로부스타종은 2년 만에 상당량의 수확이 가능하다.
- 커피는 나무의 열매종자로 식물학상 분류는 천초과(꼭두서니과)에 속하는 상록관목이다.
- 1733년 스웨덴의 박물학자인 린네에 의해 분류된 커피의 품종은 16개로 상업적으로 현재 재배되고 있는 커피 품종은 3가지로 3대 원종이라고 한다.
- 현재 상업적 가치가 없는 리베리카는 거의 사멸되었다.
- 아라비카를 마일드(Mild)와 브라질(Brazil)로 구분 로부스타와 함께 3대 원종으로 분류된다.
- 아라비카와 로부스타는 재배조건, 외관 및 향미에 있어서 다소 차이가 있다.
- 커피 원두의 품종은 크게 아라비카종과 로부스타종의 두 종류로 분류한다. 커피 원두의 생산지에 따라 그 특성을 확인하고 특성별 특징을 선택하여 그에 맞게 블렌딩할 수 있고 비율도 조절하여 맛을 평가할 수 있는데, 각각의 특성과 분류 방법을 먼저 제시한다.

03 커피의 품종

구분	아라비카		로부스타
	마일드	브라질	
색깔과 모양	청록색or연녹색 크고 긴 타원형	노란색or연녹색 마일드종보다 작고 원형	연갈색or황갈색 작고 원형
향미 특성	향기 풍부 중간 정도의 중후 좋은 신맛과 단맛	중후하고 잘 조화된 맛 향기와 신맛이 약함	향기가 약함 맛이 거칠고 쓰다. 신맛이 매우 약함
재배지 특성	해발고도 600~2,000m의 높고 서늘한 곳	800m 이하의 평탄하고 온난한 지역	800m 이하의 평탄하고 온난한 지역
쓰임새	스트레이트 커피	블렌드 커피	인스턴트
주요 생산국	콜롬비아, 하와이, 케냐, 탄자니아, 멕시코, 과테말라, 에티오피아	브라질	인도네시아, 인도, 베트남, 필리핀, 우간다, 아이보리코스트

1. 아라비카 종(Coffee Arabica : Arablan Coffee)

1 아라비카 종의 특징

① 원산지 : 에티오피아
② 해발 500~1,000m 정도의 고지대에서 자란다.
③ 기온 15~25℃에서 잘 자라며, 병충해에 약한 반면 미각적으로 우수하다.(단맛, 신맛, 감칠맛)
④ 성장속도는 느리지만 향미가 풍부하고 카페인 함유량이 적다.
⑤ 전세계 산출량의 약 70%를 차지한다.
⑥ 열매수확까지 3~5년, 연간 1~2회 수확한다.
⑦ 고랑이 깊으며 활처럼 굽은 모양이다.
⑧ 주로 원두커피점에서 사용한다.

2 아라비카종 생산국

브라질, 콜롬비아, 멕시코, 과테말라, 에티오피아, 하와이, 인도

3 아라비카종의 주요 품종(Original Varieties)

1) 티피카(typica)

아라비카 커피의 대표적 품종으로, 18세기 유럽 식물원에서 육종되어 전파되었다. 커피콩은 장방향의 둥근 모양으로, 품질이 우수하나 수확량이 적다. 향미의 특성은 꽃향기가 나며, 상큼하고 달콤하면서 뒷맛이 깨끗하다.

2) 버본(bourbon)

에티오피아의 자연 교배종으로, 18세기 버본 섬에 전파된 후 중 남미 대륙에 퍼졌다.

상큼한 맛, 와인 맛과 달콤한 뒷맛이 특징이다. 고지대에서 재배한 커피콩은 꽃향기가 나며, 모양은 typica 종보다 작고 둥글다.

3) 카투라(caturra)

브라질에서 발견된 후 중남미로 퍼졌다. bourbon의 변종으로, 품질이 좋고 수확량도 많다. 향미 특성은 상큼한 맛이 뚜렷하고 고지대에서 재배한 커피콩은 감귤과 레몬 향기가 있으나, bourbon이나 typica 같이 달콤한 맛은 부족하다.

4) 카투아이(catuai)

catuai종은 mundo novo와 caturra 사이의 교배종으로, 강우에 잘 견디고 뚜렷한 향미 특성이 없으나, 천연 유기질 시비를 하면 향미가 좋아진다.

5) 문도노보(mundo novo)

typica종과 bourbon종의 자연 교배종으로, 수확량이 많고 병충해에 강하다. 향미는 좋지 않으며 달콤한 맛이 부족하고 쓴맛이 약간 있다.

6) 마라고지페(maragogype)

브라질 maragogype라는 곳에서 발견된 typica종의 변종으로, 열매가 매우 크다. 향미 특성은 달콤하고 상큼한 맛이 있으나 매우 약하다.

7) 카티모르(catimor)

아라비카-로부스타 변종과 caturra종의 교배종이다. 병에 강하고 수확량이 많으며, 향미 특성은 약간 떫고 신맛이 있다.

8) 게이샤(geisha)

파나마의 커핑 경연 대회에서 커피 패널들은 geisha의 깨끗하고 레몬맛이 나는 향미에 놀라 주저하지 않고 90점 이상의 specialty grade를 주었다. 에티오피아에서 유래되어 파나마에서 육종되고 재배되었으며, 파나마 geisha는 꽃향기, 상큼한 맛, 깨끗한 뒷맛 그리고 적당한 중후함을 가지고 있다.

9) SL28

가뭄에 강하고 커피품질이 우수하지만 녹병이나 잎마름병 등 질병에는 취약하다. 추출률이 매우 좋은 편이고 고산지대로 올라갈수록 품질과 추출률이 좋아지는 특징이 있다. 재배면적당 식재수량이 적어 생산성은 떨어진다. 그러나 한 번 식재되면 80년 동안 커피를 생산하는 장점이 있다. 총 42개의 SL품종이 개발되어 그중 가장 우수한 28이 보급되었다. 케냐, 말라위, 우간다, 짐바브웨에서 주로 생산한다. 유전적으로는 버본(bourbon)종과 가장 가깝다.

10) 에이브름(heirloom)

일반적으로 알고 있는 에티오피아의 에이블름(Heirloom)은 전통적으로 내려오는 품종으로 토종이라고 번역할 수 있다. 부드러운 신맛과 꽃향기와 과일향이 나서 풍미가 좋다.

예가체프 지역과 시다모 지역 등 에디오피아의 커피산지에서는 거의 재배되고 있다.

2. 로부스타 종(Coffee Robusta : WIld Congo Coffee)

1 로부스타 종의 특징

① 원산지 : 콩고

② 평지와 해발 600m 사이의 저지대에서 재배

③ 병충해에도 강하다.

④ 빠른 성장률의 정글 식물로 자극적이고 거친 향을 낸다.(쓴맛이 강하다.)

⑤ 전세계 산출량의 30% 점유중이다.
⑥ 1년이면 수확 가능하고, 연간 3~5회 수확도 가능하다.
⑦ 일직선에 가까운 모양이다.
⑧ 경제적인 이점으로 인스턴트 커피에 주로 이용된다.

2 아라비카종 생산국

인도네시아, 우간다, 콩고, 카나, 필리핀 등

3. 아라비카종과 로부스타종의 차이

표 3-1_ 아라비카 커피와 로부스타 커피의 비교

구 분	아라비카	로부스타
재배 환경 기온	15~24℃	24~30℃
재배 환경 표고	1,000~2,000m	0~700m
재배 환경 강우	2,000~3,000mm	3,000~4,000mm
재배 환경 병충해	약하다	강하다
숙성 기간	9개월	10~11개월
숙성한 열매	나무에서 떨어짐	나무에 달려 있음
수확량(kg, per, ha)	1,500~3,000	2,400~4,000
커피콩의 모양	크고 평범함	작고 둥글
카페인 함량	적다(0.8~1.4%)	많다(1.7~4.0%)
품질의 특성	향기 풍부(Aromatic)	중후함(Body)
맛의 특징	상큼한 맛(Acidy)	쓴맛(Bitter)

4. 라이베리아 종(Coffee Liberia : Liberian Coffee)

1 라이베리아 종의 특징

① 원산지 : 라이베리아

② 뿌리가 깊어 저온이나 병충해에도 강하다.

③ 100~200m 저지대에서도 환경적응력 우수하지만 향기와 맛이 별로 좋지 않다.

④ 거의 산출량이 없다.

2 아라비카종 생산국

라이베리아, 수리남

04 Coffee Bean

1. 커피콩(Green Bean)의 구조

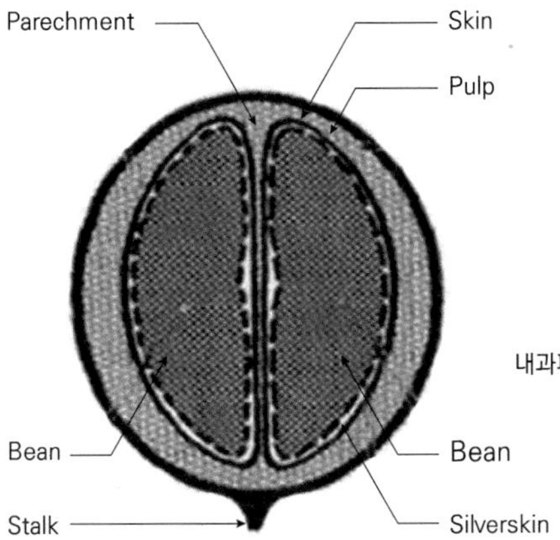

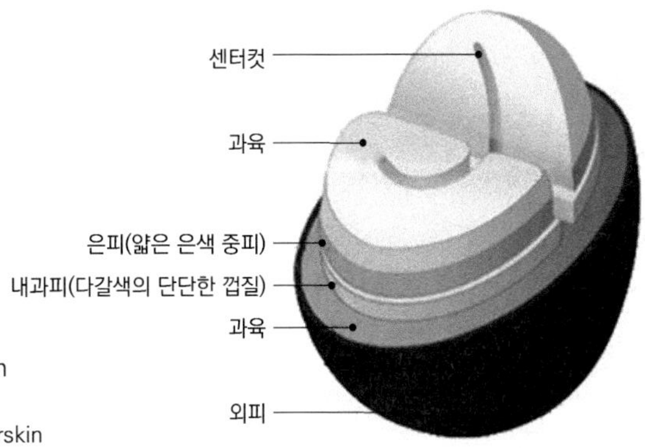

미성숙 체리

익은 체리

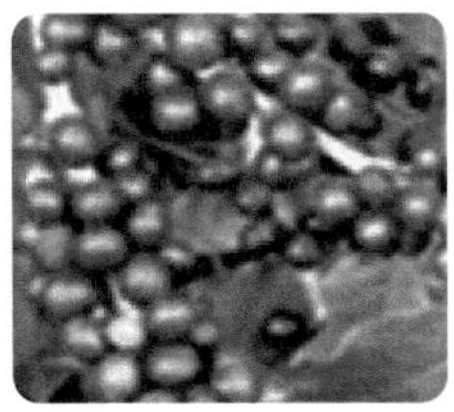
과성숙 체리

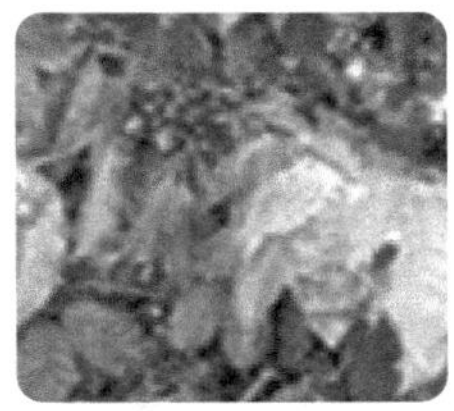
마른 체리

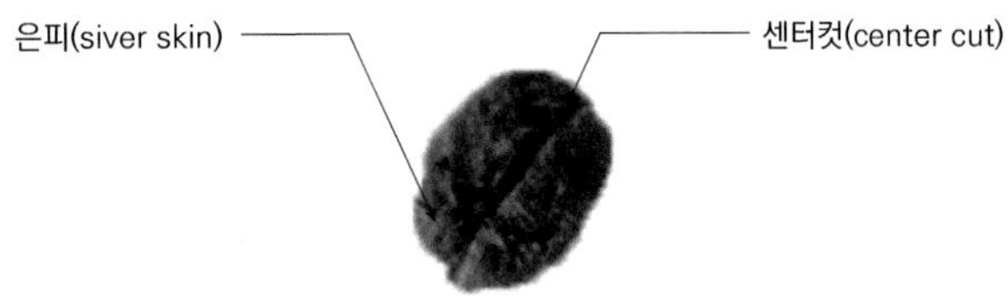

생두(green bean)

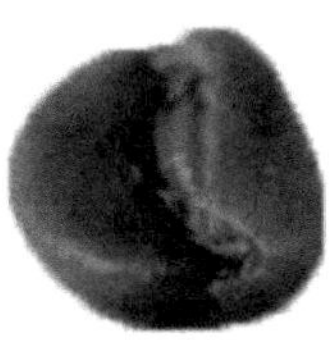
일반 콩(flat bean)

피베리(peaberry)

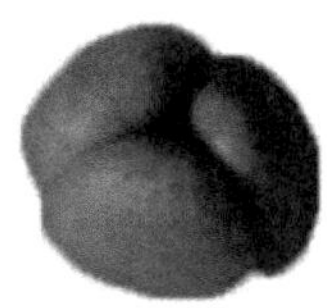
트라이앵글러 빈(triangular bean)

1 커피콩(Green Bean)의 주요 용어

1) 커피 체리(Coffee Cherry)

과피와 과육을 제거하지 않은 붉은 색 커피 열매

2) 커피 공(Green Bean/生)

커피 열매의 과육을 제거한 후 건조한 커피의 씨
일반적으로 두 개의 씨가 들어 있다.

3) 피베리(Peaberry)

커피 열매 속의 씨가 하나로 성숙한 작은 커피 콩

4) 수세 가공(Washed/Wet)

커피 열매의 과육을 물로 씻어 가공하는 방법

5) 자연 가공(Unwashed/Dry)

커피 열매를 물을 쓰지 않고 건조 가공하는 방법

6) 은피와 내피(銀皮/內皮)

커피 열매 속의 커피 씨를 싸고 있는 바깥쪽 은색막을 은피(Silver Skin), 안쪽의 다갈색 막을 내피(Parchment)라고 한다.

7) 결점두(Defects)

정상적이 않은 커피 콩
검은 콩, 미숙 콩, 변질 콩, 쪼개진 콩, 곰팡이 콩과 콩 껍질, 돌, 줄기, 흙 등 이물질

8) 하드 빈(Hard Bean)

맛이 거친 하급 커피 콩

9) 소프트 빈(Soft Bean)

맛이 부드러운 상급 커피 콩

10) 볶은 등커피(Roasted Beans)

볶은 후 분쇄하지 않은 형태의 커피

11) 분쇄 커피(Roast and Ground Coffee)

볶은 후 분쇄한 커피

12) 원두 커피(Regulat Coffee)

볶은 커피의 별칭, 인스턴트 커피와 구별

13) 스페셜티 커피(Specialty Coffee)

독특한 향미 특성이 있는 고급커피로 특별한 규격에 맞는 생두, 볶은 커피, 추출한 커피를 모두 포함한다.

05 생두의 선별과 분류

1. 생두의 분류

1 크기에 따른 분류

1) 생두의 등급을 분류하는 방법

생두의 등급을 분류하는 방법에는 크기가 일정할수록 좋은 생두라는 관점과 크기가 클수록 좋은 생두의 품질을 가진다는 관점이 있다. 전통적으로 생두의 크기가 클수록 우수한 품질을 가진다는 관점으로 생두가 여러 층의 스크린을 통과할 수 있도록 장치를 하고 이를 흔들어서 생두의 크기가 얼마나 큰 곳에 집중적으로 모이는지를 통해 크기를 확인한다.

2) 크기에 의한 분류법

생두의 분류법 중 하나인 크기에 의한 분류는 생산국가에서 생두의 품질을 구별하고 로스팅에서 일정한 볶음도를 유지할 수 있는 방식이다. 이를 통해 생산국가를 분류함으로써 원산지 분포도와 함께 크기를 정리해서 생두리스트를 작성하는 데 도움이 된다. 또한 일정한 크기를 가진 블랜딩(blending)을 만드는 데 도움이 되어 상품성이 높은 블랜딩 원두를 만들 수 있다.

3) 크기의 일정성

생두의 크기가 일정할수록 로스팅에서 열전달이 고르게 된다는 점에서 크기의 일정성은 중요한 요소이다. 국제규격(ISO)의 스크린 사이즈에 따라 커피의 크기를 결정하고 또 일정한 크기로 선별해서 규격을 부여한다.

2. 생두의 스크린 사이즈

Screen No.	크기	명칭
20	8mm	very large bean
19	7.5mm	extra large bean
18	7mm	large bean
17	6.75mm	bold bean
16	6.5mm	good bean
15	6mm	medium bean
14	5.5mm	small bean
13	5mm	peaberry
크기계산	**스크린의 지름크기 = 스크린 No / 64*25.4**	

1 형태에 따른 분류

생두의 형태는 같은 품종이더라도 생산되는 지역이나 매년 변하는 기후환경에 따라 모양이 약간씩 다르다. 따라서 품종보다 여기서는 '3.1 육안으로 생두에서 결점두를 찾아낼 수 있다. 3.5 생두의 모양을 보고 원산지의 수확시기를 확인할 수 있다.'는 강의 내용과 함께 병행할 수 있다. 현대적으로는 생두 생산자가 정확한 정보를 제공하고 있으므로 중요도가 떨어지고 있다.

2 밀도와 무게에 따른 분류

1) 생두의 무게와 밀도

생두의 무게는 밀도를 의미하는 것으로 생두가 포함하고 있는 수분율과 크기에 의해 결정된다. 생두의 밀도는 로스팅을 진행하면서 시간과 열량의 공급 차이를 가져오므로 로스터가 생두를 분류할 때 중요한 기준이 된다.

2) 밀도에 영향을 주는 수분의 함수량

밀도에 영향을 주는 수분의 함수량은 생두가 생산된 연도나 보관 상태에 따라 함수량에 차이가 생기게 되므로 생두의 분류에 의미를 부여하게 된다. 즉, 생두의 무게는 밀도를 의미하는 것으로 생두가 포함하고 있는 수분율과 크기에 의해 결정된다. 밀도에 영향을 주는 수분의 함수량은 생두가 생산된 연도나 보관 상태에 따라 함수량에 차이가 생기게 되므로 생두의 분류에 의미를 부여하게 된다.

3) 밀도측정기의 원리

따라서 밀도(P) = 질량(M) / 부피(V)이다. 부피가 일정하고 무게가 무겁다면 밀도가 높다는 뜻이다. 이러한 원리로 밀도측정기에 생두 1kg를 넣어서 그 부피가 큰지 작은지를 판단한다. 생두를 취급하는 곳에서는 주로 밀도측정을 위해 기계를 사용한다. 생두의 경우에는 함유하고 있는 수분이 밀도에 영향을 주는 원리 때문에 약한 전류를 흘려보내 밀도를 측정한다.

3. 생두의 가공처리

1 가공처리방법에 따른 생두 분류

커피의 가공방법은 전통적으로는 풀워시드(full washed)와 내추럴(natural)방식으로 분류되고 있다. 이후 세미워시드(semi washed)와 펄프드내추럴(pulped natural)로 세분화되었다. 최근 들어 펄프드내추럴방법을 중미에서는 허니드(Honeyed) 방법이라고 부르면서 점액질의 정도에 따라 그리고 건조하는 속도에 따라 컬러가 달라지는 것을 표현한 단어들도 많아지고 있다. 대표적인 블랙허니(black honeyed), 레드허니(red honeyed), 앨로우허니(yellow honeyed), 화이트허니(white honeyed)가 대표적인 단어들이다. 2015년 이후부터는 발효과정에서 공기와의 접촉을 최소화하고 단맛을 증가시키는 에나로빅(anarobic)과 카본메설레이션(carbon maceration)을 이용하는 방법에 이르기까지 가공방식은 생두의 품질을 결정하는 중요한 요인으로 자리 잡고 있다.

1) 네추럴(Natural)

커피를 수확해서 과육을 제거하지 않고 그대로 건조하는 방식이다. 전통적으로 사용한 방법으로 주로 수확기에 비가 오지 않고 맑은 날이 지속되어야 가능한 가공법이다. 브라질에서 많이 사용되며 기계를 이용해 수확해 건조하다보니 품질이 일정하지 않고 체리의 성숙도가 다른 경우가 많다.

- 과거에는 저품질의 커피를 의미했다.
- 현대에는 고품질의 커피를 생산할 때도 사용하며, cherry dry 라고 부른다.
- 유리온실과 그린하우스가 보급되면서 계속 발전하고 있다.
- 이 방식은 수확방식이면서 가공법이고 건조법을 모두 포함한다.

2) 워시드(washed)

습기가 많은 지역에서 체리 상태로 건조할 경우 체리가 부패하게 된다. 따라서 체리가 부패하는 것을 방지하기 위해 외과피, 과육, 점액질을 제거하고 건조하는 방식으로 각각의 농장마다 발효시간과 온도 등을 달리해 고유의 발효법(fermentation)을 보유했다. 이것이 농장별로 품질의 차이를 보이는 이유이다.

- 고품질의 커피를 생산하는 방식을 의미한다.
- 콜롬비아와 중미에서 발전을 이루었으며 마일드커피로 불리기도 했다.
- 발효에 사용된 박테리아가 그린커피까지 침투하지 않도록 물로 씻어내는 작업이 많다고 해서 붙여진 이름이다.
- 물로 씻어내는 과정에서 파치먼트 상태의 커피 중 미성숙한 생두가 떠오르면서 제거할 수 있게 되므로 퀘이커가 없다는 장점 때문에 로스팅 품질이 좋다.

3) 세미워시드(semi-washed)

워시드 방식(발효=fermentation)으로 점액질을 제거하고 버려지는 물과 발효에 사용된 박테리아가 하천을 오염시켜 생태계를 파괴하는 문제가 발생하면서 자연환경을 보호하기 위한 하나의 방법으로 점액질을 발효가 아닌 기계를 이용해 제거하는 방식이다. 기계를 이용하고 발효과정을 거치지 않기 때문에 비슷한 지역에서는 비슷한 품질을 가지게 되었다.

- 농장마다의 개성이 사라지는 문제점이 발생, 이 문제를 해결하기 위해 발효과정을 거친 후 박테리아를 씻어낸 물을 정화하는 과정이 발전하기 시작했다.
- 발효과정에 필요한 시간이 없어서 건조기간이 단축되었다.

4) 펄프드 네추럴(pulped-natural)

브라질에서 발전한 방식으로 외과피와 과육을 제거하고 점액질 상태로 건조하는 방식이다. 중남미에서 온실건조가 가능해지면서 당도가 높으면서 부패되지 않게 건조가 가능하게 되면서 허니가공(honey process)법이라는 이름으로 사용한다.

- 블랙허니 - 점액질을 그대로 유지하면서 3주 정도 천천히 건조
- 레드허니 - 점액질을 그대로 유지하면서 1주 정도로 빠르게 건조
- 앨로우허니 - 점액질을 20~50%를 제거하고 건조
- 화이트허니 - 점액질을 90%를 제거하고 건조

허니가공법에 의한 맛과 향의 차이는 레드와 블랙에서 차이가 많은 편이다. 두 가공법 모두chocolate, fruity를 기본으로 레드허니는 crispy, zesty가 특징이며, 블랙허니는 spicy, sweetness, clean, complex aroma, mouthfeel 등이 좋다. 그러나 블랙허니는 지나치게 오래 건조하면 woody, simple해지는 단점이 있다.

2 생두의 건조방식에 따른 색상구분

생두는 가공처리 후 건조하는 방식에 따라 태양광에 건조하는 방식과 기계로 건조하는 방식으로 나누어진다. 태양광에 건조하는 방식은 건조대의 종류에 따라 아프리칸 베드(african seed bed), 시멘트바닥, 콘크리트바닥 그리고 이 3가지가 온실에서 건조되면서 간접적인 건조가 이루어졌느냐에 따라 구별한다. 여기에서 구별해야 할 점은 가공법 중 내추럴방식(natural) 방식은 가공방식이면서 건조방식이라는 것이다. 즉, 풀워시드나 세미워시드 그리고 펄프드 네추럴이 체리과육을 제거하는 가공과정을 거친 이후에 건조되는 방식이라면 네추럴은 체리를 수확해 그대로 말리는 방식이다. 이는 건조가 끝난 이후에 건조된 체리를 제거하는 방식에 해당되어 색상이 풀워시드나 세미워시드와는 다른 컬러를 가지게 된다. 또 허니드가공의 경우 블랙, 레드, 앨러우, 화이트로 구별하는 것도 건조된 파치먼트 상태의 커피를 기준으로 하므로 파치먼트가 제거된 상태의 생두가 되면 구별하는 것이 어려워지게 된다.

결론적으로 네추럴가공건조를 거친 생두이거나 허니드가공 후 건조를 거친 생두는 녹색의 컬러가 아닌 노란색 또는 아이보리 그리고 붉은색을 띠게 되는 경우가 많다. 반면 풀워시드나 세미워시드는 녹색에 가까운 색을 보이게 되어 그린커피(green coffee)로 부르게 된다.

3 생두의 색상에 따라 수분함량

수분함량은 생두의 현재 상태를 측정하는 기준이 된다. 너무 메마르거나 수분이 과한 상태가 되면 품질이 저하된다. 생두의 대부분을 수입하는 한국에서는 수입되는 생두의 수분율을 측정해 현재 생두 상태를 파악한다. 생두의 수분을 측정하는 도구는 곡물의 수분을 측정하는 방식을 그대로 사용하고 있으며, 특별히 커피전용으로 만들어지는 제품은 생두의 수분율뿐

만 아니라 볶아진 원두의 수분까지 측정 가능하도록 설계되어 있다.

생두의 색상은 수분함량에 따라 빛의 투과율이 달라지면서 색상 역시 바뀌게 된다. 보통 진한 녹색에 가까울수록 수분율이 높고 흰색에 가까울수록 수분율이 낮다고 평가한다. 하지만 수분측정계를 이용해 정확히 측정하는 것이 좋다.

특히, 수분은 생두의 무게에 영향을 미치는 요인으로 무게를 측정해 로스팅하는 현실적인 문제에서 볼 때 부피와 질량의 관계에서 밀도를 나타내게 되고 로스팅의 시간과 온도에 영향을 미치게 된다. 즉, 로스팅 프로파일에 영향을 주게 되는 요인이므로 생두의 수분율을 적정하게 유지하기 위한 저장 공간은 중요하다. 보통 워시드 방식으로 가공된 커피는 은피가 제거되어 컬러를 눈으로 확인하기 쉽다. 이 방식을 이용해 수분의 함수량을 컬러를 통해 구별하기도 한다. 즉, 수분의 함량이 많은 생두일수록 블루, 블루그린, 그린 순으로 컬러가 정해지게 된다는 점을 이용해 수분 함량이 낮아질수록 펄그린, 아이보리, 흰색에 가까워지는 현상을 이용해 생두의 색상으로 수분함량을 구별하면서 수확된 시기가 얼마나 오래되었는지 그리고 보관 상태는 얼마나 좋았는지를 파악하기도 한다. 현대에는 생두의 수분함량은 색상이 아닌 밀도측정기를 이용하는 것이 일반적이다.

4 육안으로 생두의 은피를 확인

생두의 은피(sliver skin)는 가공과 건조방식에 의해 선명하게 육안으로 확인이 가능한 생두도 있고 어려운 생두도 있다. 또 건조 후 파치먼트를 제거하는 과정을 거치면서 은피를 제거하는 과정을 거치기도 하는데 이를 폴리싱(polishing) 과정이라고 한다. 만약 폴리싱 과정을 거쳐 은피를 제거한 커피의 경우에는 은피를 확인할 수 없다. 보통 자마이카의 블루마운틴이나 하와이의 코나의 경우에는 폴리싱 과정을 거친다. 또한 은피는 일반적으로 생두의 성숙도에 따라 잘 익은 상태가 되면 얇아져 생두의 녹색을 그대로 표현하지만 미성숙된 상태의 경우에는 두꺼워 녹색을 더 갈색에 가깝게 표현한다. 따라서 육안으로 은피의 존재여부가 구별하기 어려워질수록 품질이 높을 확률이 높다.

이를 확인하는 방법으로는 몇 알의 생두를 따뜻한 온수에 넣어보면 '얇은 막' 상태로 존재 여부를 확인할 수 있다. 하지만 단순히 생두에 은피의 여부를 확인하는 방법으로 사용할 뿐 일부러 물에 넣지는 않는다.

1) 폴리쉬드 커피(polished coffee)

일반적으로 생두는 은피 즉 실버스킨(sliver skin)을 제거하지 않고 수출된다. 그러나 워시드 처리된 생두는 상대적으로 실버스킨이 네추럴처리된 생두에 비해 적다. 일부 고급커피를 생산하는 자메이카나 하와이언 코나의 경우에는 은피를 제거하는 폴리싱(polishing) 과정을 거쳐 상대적으로 품질이 우수한 생두를 만들기도 한다.

5 생두의 냄새를 맡아 상태를 확인할 수 있다.

생두는 수확, 가공, 건조, 운송, 보관의 상태에 따라 생두 외의 향에 오염될 수 있다. 생두의 향은 특유의 향이 포함되어 있고, 가공처리법과 건조법에 따라 향이 약간씩 다르다. 향을 통해 생두의 상태를 확인하는 과정은 생두 향기 외의 향기로 인해 생두가 오염되었는지 확인하는 과정의 하나이고 보관 상태가 좋은지를 판단하는 과정이다. 따라서 워시드가공된 커피는 신선한 풀향기와 약간 매운 향이 포함되어 있어야 한다. 체리드라이(내추럴)나 허니드가공을 거친 커피에서는 말린 과일이나 꽃향기 그리고 카라멜향이 나기도 한다.

따라서 생두는 독립적으로 가공, 건조, 운송, 보관되어야 한다. 발효과정의 향과 과육의 향이 다르기 때문에 향기로 생두의 가공법을 알 수 있다.

06 커피의 가공

가공 방식은 크게 건식법과 습식법으로 구별된다. 커피의 가공 과정은 방법에 따라 맛과 향 차이를 보이는데 커피 품질에 주요한 영향을 미친다. 보통은 건조한 지역 및 물이 부족한 지에서는 건식법 프로세스를, 건기와 우기가 있는 지역에서는 워시드 프로세스를 선호한다.

일부 예외가 있기는 하지만 습식법으로 처리된 원두는 마일드, 건식법으로 처리된 원두는 로부스타와 브라질이다.

1. 열매에서 커피콩이 되는 순서

1 자연건조법

익은 열매 → 자연 건조(나무에서) → 이물질을 제거 → 씨앗의 껍질과 내피를 분리 → 크기에 따라 분류 → 여러 기준으로 등급을 나눔 → 커피콩

2 물세척법

익은 열매 → 과피와 과육을 벗겨낸 후 발효시켜 물로 씻는다. → 자연 또는 열풍 건조 → 이물질을 제거 → 씨앗의 껍질과 내피를 분리 → 크기에 따라 분류 → 여러 기준으로 등급을 나눔 → 커피콩

2. 열매의 가공방식

1 건식가공법(Dry Process)

가장 간단하고 경제적이지만 전통적인 방법으로 커피 열매를 먼저 햇빛이나 기계로 건조한다. 이때 주의할 점은 커피 열매가 건조과정에서 습도가 약 11% 정도까지 건조가 되면 외

곽이 갈색으로 변하고 쉽게 부스러지기 때문에 발효되지 않도록 하는 것이다. 건조된 커피 열매의 외곽 3개 층을 기계로 동시에 제거한다. 이 방법의 경우 불량 원두나 이물질이 혼입할 가능성이 높으며 커피 맛은 열매 과육의 영향으로 좀 더 복잡성을 띤다.

2 반세척공법(Semi Washed Process)

외피 층을 1차적으로 기계로 제거하고 건조한다. 건조된 커피 열매의 펄프 층과 양피지 층을 기계로 제거하는데 이때 커피 열매는 기계 속에서 물에 젖게 된다.

3 습식가공법(Washed Process)

외피 층을 1차로 기계로 제거하고 외피가 제거된 커피 열매와 효소를 함께 물속에 담궈 자주 저어준다. 펄프 층은 당도가 매우 높은 과육으로 구성되어 있어 온도만 적당하면 발효가 진행되는데 효소는 발효를 가속시킨다. 발효가 진행되면 펄프 층은 제거가 용이한 상태로 변한다. 물로 발효된 펄프 층을 씻어낸다. 펄프를 제거하는 과정을 펄핑(Pulping)이라고 부른다. 펄핑이 완료된 열매를 습도 11% 수준까지 건조한다. 건조된 커피 열매의 양피지 층을 기계로 제거하고 최종적으로 불량을 선별한다. 이 방법의 경우 펄핑과정에서 많은 부분의 불량이나 이물질이 제거되기 때문에 드라이 프로세스 경우 보다 불량이나 이물질 혼입 율이 매우 적으며, 커피 열매 과육의 영향이 적어 맛이 깨끗하다.

4 건식가공법과 습식가공법의 차이

두 방식의 가장 큰 차이는 수용성 성분의 화학적 성분에 있다. 건식 가공 커피가 습식 가공 커피보다 고형 성분을 더 많이 함유하고 있다. 건식 가공 커피는 과육을 제거하지 않고 체리 상태에서 건조시키기 때문에 점액질에 존재하는 당 성분이 그린빈 속으로 이동하기 때문이다.

습식 커피는 발효와 세척 과정에서 고형성분 손실이 발생하므로 상대적으로 건식 커피가 바디가 강하고 단맛이 좋다. 동일한 생두를 가공했을 때도 가공방식에 의해 차이가 생긴다.

07 Roasting(로스팅)

원두를 이용해서 우리가 마시는 음료를 만들기 위해서는 배전(Roasting), 분쇄(Grinding), 추출(Brewing)을 거쳐야만 한다.

1. Coffee 배전

배전은 커피의 고유한 향미가 생성되는 유일한 공정으로 매우 중요하다.

(배전에 의해 600개 이상의 화학물질이 생성된다.)

① 배전은 시간과 온도에 의존하는 공정으로 배전에 의해 커피 원두는 물리적, 화학적 변화를 겪게 되고 구조 또한 변형된다.

(수분이 증발되고, 이상화탄소가 생성되어 방출되며, 여러 휘발성 향기 성분 등이 생성됨과 동시에 일부 손실도 일어난다.)

② 배전을 시작하면 초기에는 흡열반응이 일어나 원두 자체의 품온이 서서히 올라가고 수분의 증발이 일어난다.

(원두의 품온이 190℃ 정도에 도달하면 원두는 스스로 타기 시작하고 열을 방출하는 발열반응으로 바뀌며 온도는 급속히 증가한다. 이때부터 향기성분이 본격적으로 생성되기 시작하는 것이다.)

③ 원하는 정도의 배전이 되었을 때 반응을 신속히 종결시켜야 원하는 품질을 얻을 수 있는데 이를 위해서는 원두의 품온을 순간적으로 떨어뜨려야 한다.

(이때 주로 이용되는 것은 물을 골고루 뿌리는 방법이다.)

④ 보통 배전된 원두의 afid은 2% 내외이므로 물을 뿌려 식힌 경우 4% 정도의 수분함량을 갖게 된다.

⑤ 소형 배전기의 경우는 물을 뿌리는 과정이 생략되기도 한다. 원두의 품온을 신속히 떨어뜨리는 것은 향미의 보존에 커다란 영향을 미친다.

2. 로스팅의 이해

커피로스팅이란 커피 추출을 용이하게 할 수 있도록 생두에 열을 가하여 볶는 과정을 말한다. 이러한 물리화학적 반응을 통해 플레이버(flavor)가 형성된다. 커피는 식음료 문화에 해당하므로, 각 국가와 지역에 따라 로스팅 단계, 맛과 향에 대한 선호도가 달라진다. 농작물인 커피 생두는 품종, 토양, 고도, 강수량, 일조량, 수확 시기, 가공 방식에 따라 로스팅에 따른 열 변화가 다르게 일어난다. 그러므로 로스팅의 방법이나 단계는 일률적으로 적용될 수 없다. 로스팅은 늘 새로운 생두를 대하는 것처럼 신중하게 다루어야 한다.

1 열원의 종류

로스팅을 하는 경우 전도, 대류, 복사를 통해 생두에게 열을 전달한다. 로스팅기마다 이 세 가지 열전달 방식이 차지하는 비중은 다르게 나타난다. 이러한 열전달 방식은 로스팅 프로파일과 관련이 있으며 커피의 플레이버에 영향을 미치게 된다.

1) 전도열(conduction)

전도체(물체)를 통해서 열이 전달되는 방식이다. 로스팅에서는, 드럼 내 철판에 생두가 접촉할 때 열전달이 진행된다.

2) 대류열(convection)

기체나 액체와 같은 유체의 분자 운동으로 열이 전달되는 방식이다. 밀도차나 강제 순환에 의해 발생한다. 로스팅에서는 드럼의 회전, 배기의 흐름으로 뜨거운 기체가 생두 접촉시 열전달이 진행된다. 로스팅에서 가장 많은 비중을 차지하며 빠르고 균일하게 열전달이 된다.

3) 복사열(radiation)

매개체 없이 열이 전달되는 방식으로 뜨거운 물체에서 발생하는 일종의 열 파장이다. 로스팅에서는 가열된 생두나 드럼에서 발생하는 열에 해당한다.

3. 로스팅 공정과정

커피 원두를 로스팅하여 그 볶음 정도를 색, 맛에 따라 구별하고 그 특성에 따라 원두를 배합 블렌딩하여 메뉴에 활용하는 법을 제시한다.

1 단계별 로스팅

원두 로스팅 즉, 배전(볶음, roasting)이란 생두에 열을 가하여 속에 잠재되어 있는 독특한 맛과 향기를 발현시키는 과정이다. 원두를 이용해서 우리가 마시는 음료를 만들기 위해서는 세 가지 공정인 배전(roasting), 분쇄(grinding), 추출(brewing)을 꼭 거쳐야 한다. 이중 배전은 커피의 고유한 향미가 생성되는 유일한 공정으로, 배전에 의해 600개 이상의 화학 물질이 생성되기에 매우 중요하다.

배전은 시간과 온도에 의존하는 공정으로, 배전에 의해 커피 원두는 물리적, 화학적 변화를 겪게 되고 구조 또한 변형된다. 수분이 증발되고, 이산화탄소가 생성되어 방출되며, 여러 휘발성 향기 성분 등이 생성됨과 동시에 일부 손실도 일어난다. 또 부피가 약 2배까지 증가하고, 밀도는 반 이하로 감소하며, 조직이 다공성으로 바뀐다.

배전의 정도에 따라 비례적으로 감소하는 커피의 성분으로는 트리고넬린, 클로로겐산이 있는데, 이들의 함량을 측정하여 배전 정도를 파악하기도 한다. 배전은 열 전달 현상에 의한 것으로 결국은 전도, 대류, 복사에 의해 공급된 열이 커피 원두를 가열하여 일어나는 것이다.

로스팅은 커피의 핵심적인 향기(aroma), acidity, flavor, body, aftertaste가 조화롭게 생성는 과정으로, 생두 성분의 당, 단백질, 유기산, 무기물 등이 물리 화학적으로 상호 반응하여 일어나는데, 총 4단계의 과정을 거치게 된다.

'건조 - 갈변 반응 - 건열 분해 - 냉각'

1) 건조단계

건조 단계는 로스팅 과정의 첫 단계로, 생두가 가열된 공기나 전도열, 복사열 등으로 열을 흡수하여 생두가 가지고 있는 수분을 증발시켜 흡열 반응을 하는 단계를 말한다.

- 콩의 내부온도가 100℃에 도달할 때까지 일어난다.(1차 크랙 전)
- 콩의 색깔 : 밝은 녹색 → 황록색 → 옅은 노란색

- 향 : 풋내 → 빵 냄새와 같은 곡물향
- 수분 : 70~90%까지 소실

2) 갈변 반응

갈변 반응 단계는 생두가 170~200℃에 도달하게 되면 생두의 당 성분이 캐러멜 당으로 변하여 커피의 향기와 맛 성분들이 생성된다. 이때 로스팅이 계속 진행되면서 생두의 온도가 205℃로 상승하면 1차 팽창음(crack noise)이 나며 커피의 부피가 두 배로 팽창하고 색깔은 연한 갈색으로 변한다. 생두의 온도가 220℃로 상승하면 갈색으로 변하게 되고 중량은 약 13~16% 줄어들게 된다.

- 1차 크랙 : 수분이 기화하면서 압력 발생, 탄수화물 산화 → CO_2 발생
- 콩의 색 : 옅은 노란색 → 황갈색 → 갈색
- 연기 : 푸른색 → 회색
- 부피 : 50~80% 팽창, 은피 분리
- 세포 내 화합물은 열 분해를 통해 수용성 다당류 생성

3) 건열 분해

건열 분해 단계는 커피 온도가 225~230℃ 로 오르면 커피의 세포 내에서 공기 없이 화학작용이 일어나면서 열이 생성되어 외부로 발산하는 발열 반응이 일어난다.

이때 커피 색깔은 진한 갈색으로 변하고 2차 팽창(second crack)이 일어난다. 이 단계에서 커피의 향기, 중후함, 달콤함, 그리고 짙은 커피향과 달콤하고 쌉쌀한 맛도 생성된다. 이때 중량은 16~18% 감소하며 커피 표면에 기름이 배이기 시작하는 단계이다.

- 휴지기 : 1차 크랙과 2차 크랙 사이 / 발열반응 → 흡열반응
- 2차 크랙 : 세포 내 탈수와 지속적 압력이 결합하여 크랙 발생
- 콩의 목질 조직파괴에 의해 생성 → 다시 발열반응으로 바뀐다.
- 오일 발생, 오일이 연소하며 짙은 연기
- 콩의 색 : 갈색 → 진한 갈색
- 부피 : 생두에 비해 80~90%까지 팽창

4) 냉각 공정

냉각 공정 단계는 커피의 온도를 신속하게 낮추는 공정으로, 물을 분사하여 커피 온도를 낮추는 물 냉각 방법과 공기를 순환하여 온도를 낮추는 공기 냉각 방법이 있는데, 신속한 냉

각은 커피 품질을 높이는 데 필수적인 요소로 작용한다. 이는 냉각이 지연될 경우 향기가 감소되고 쉽게 산패하기 때문에 최소 6분 이내에 냉각하는 것이 가장 좋고 필요하다.

2 로스팅 단계의 결정

로스팅 단계는 경험치, 샘플, 컬러 타일(color tile)등을 사용하여 판단하거나, 수치를 보여 주는 색도계를 사용하는 방법이 있다. 아그트론(agtron)은 agtron사(社)에서 개발한 분광광도계이다. 원두나 분쇄된 커피 샘플을 트레이에 담아 기계에 넣으면 빛 반사를 이용하여 커피의 색상을 수치로 보여 주는 색도계이다. 숫자가 높을수록 로스팅 정도가 밝다(색도계는 아그트론 외에 국내외 다양한 제조사의 제품이 있다).

3 로스팅 단계

로스팅 단계별 변화 및 분류에 대한 표현은 표준화되어 있지 않고, 나라와 지역에 따라 다르다.

1) 라이트 로스팅(Light Roasting)

[향기와 맛이 잘 생성되지 않은 단계]

가장 연한 볶음도로 로스팅을 종료할 때 커피콩의 중심 온도가 195℃ 내외가 되며, 색도는 매우 연한 갈색(very light brown)을 나타내며 신맛(sour acidity)이 강하고 곡류 맛이 나며 볶은 콩의 표면은 건조하다. 감미로운 향기가 나지만 이 단계의 원두를 가지고 커피를 추출하면 쓴맛, 단맛, 깊은 맛은 거의 느낄 수 없다. 생두를 로스터에 투입해 생두가 열을 흡수하면서 수분이 빠져나가도록 하는 초기 단계로 이때 생두는 누런색으로 변한다.

2) 시나몬 로스팅(Cinnamon Roasting)

[향기가 약하며, 상큼한 맛이 강한 단계]

라이트 로스팅에서 조금 더 진행된 상태로 커피콩의 중심 온도가 205℃가 되며, 색도는 연한 갈색(light brown)을 나타낸다. 상큼한 맛(acidity)이 가장 강해지며, 품종 특성도 점점 뚜렷해진다. 뛰어난 신맛을 특징으로 갖는 원두이므로 그 신맛을 즐기고 싶다면 이 단계의 원두가 최적이다. 누런색이던 원두가 계피색을 띠게 된다. 커피 생두의 외피(silver skin)가 왕성하게 제거되기 시작하며 표면은 건조한 편이다.

3) 미디움 로스팅(Midium Roasting)

[상큼한 맛이 최고치이며, 아메리칸 커피에 가까운 단계]

로스팅 종료 시점에서 커피콩의 중심 온도가 205~215℃가 되며, 색도는 연한 중간 갈색(Moderately Light Brown)을 나타낸다. 이 단계를 아메리칸 로스트라고도 한다.

상큼한 신맛이 강하고 품종 특성도 가장 뚜렷하게 나타나는 단계이다. 신맛이 주역인 아메리카 커피는 이 단계의 원두가 최적이다. 향기와 중후함은 증가되며, 식사 중에 마시는 커피, 추출해서 마실 수 있는 기초 단계로, 원두는 담갈색을 띤다.

4) 하이 로스팅(High Roasting)

[상큼한 맛이 감소하며, 향기가 증가하고, 일본커피에 가까운 단계]

로스팅 종료 시 커피콩 내부 온도가 215~225℃가 되며, 색도는 더욱 진해져서 중간 갈색(Medium Brown)이 된다. 상큼한 신맛이 아직은 풍부하다고 할 수 있으나, 여기서부터 신맛이 엷어지고 단맛이 나기 시작한다. 품종 특성은 가장 약해지며, 향기와 중후함이 조금 더 강해지는 단계이다. 미국 서부 지역의 일반적인 볶음 단계라고 할 수 있다.

5) 시티 로스팅(City Roasting)

[향기와 맛이 균형을 이루며, 독일 커피에 가까운 단계]

로스팅이 종료될 때 커피콩의 내부 온도가 225~230℃가 되며, 색도는 더욱 진해져서 중간 짙은 갈색(Medium Dark Brown)을 나타낸다.

상큼한 맛은 약간 약해지며 향기와 중후함은 더 풍부해진다. 품종의 특성은 일부 남아 있는 단계이다. 진하게 볶은 커피 향기(Dark Roast Flavor)와 달콤하고 쌉쌀한 맛(Bittersweet)이 나타나기 시작하는 단계이다. 커피콩에 있는 당이 분해되어 캐러멜 맛을 나타내며, 상큼한 맛은 톡 쏘는 맛으로 변한다. 이 단계를 저먼 로스트라고도 한다. 균형 잡힌 강한 느낌을 주고 맛과 향이 대체로 표준이며 풍부한 갈색을 띠고 있다

6) 풀 시티 로스팅(Full-city Roasting)

[향기가 최고치이며, 중후함이 증가하는 단계]

로스팅 종료 시 커피콩의 중심 온도가 230~235℃가 되며, 색도는 약간 짙은 갈색(moderately dark brown)이 된다. 상큼한 맛과 품종의 특징은 느끼기 어려우나, 향기와 중후함은 가장 풍부해진다. 신맛은 거의 없어지고 쓴맛과 진한 맛이 커피 맛의 정점에 올라서는 단계로 아이스커피 용도로 사용할 수 있다. 커피 표면은 약간의 지방이 배어 나오는 단계이다(ool-sweating). 크림을 가미하여 마시는 유럽 스타일, 에스프레소 커피용의 표준이다.

7) 프렌치 로스팅(French Roasting)

[중후함이 최고치이며, 우유 커피에 적합한 단계]

로스팅이 종료될 때 커피콩의 내부 온도가 235~240℃가 되며, 짙은 갈색(Dark Brown)이 된다. 향기가 약해지며 달콤하고 쌉쌀한(Bittersweet) 맛이 최고로 강하게 된다. 시음한 맛과 품종 특성은 쏘는 맛에 가려 느끼기 힘들다. 쓴맛, 진한 맛 중에 중후한 맛이 강조된다. 지방이 표면에 보이기 시작하는 단계로, 원두는 검은 갈색이 된다.

8) 이탈리안 로스팅(Italian Roasting)

[쓴 맛이 강하며, 에스프레소 커피용으로 적합한 단계]

로스팅이 종료될 때 커피콩의 내부 온도가 240~245℃가 되며, 진한 흑갈색(Very Dark Brown)을 나타낸다. 향기, 중후함 그리고 달콤하고 쌉쌀한 맛도 약해지고 쓴맛과 진한 맛이 최대치에 달한다. 원두에 따라서는 타는 냄새가 나는 경우도 있다.

진하게 볶은 커피향(Dark Roast Flavor)이 강해서 우유를 첨가하는 에스프레소 음료에 주로 사용한다. 예전에는 이 로스팅이 에스프레소용으로 많이 선호되었으나 점차 줄어드는 경향을 보이고 있다.

표 7-1_ 로스팅 단계 분류표

로스팅 단계(일본식)	로스팅 단계(미국식)	아그트론(Agtron)	색상(Color)
Light	Extremely Light	90~95	
Cinamon	Very Light	80~90	
Medium	Light	70~80	
High	Medium Light	60~70	
City	Medium	50~60	
Fullcity	Medium Dark	40~50	
French	Dark	30~40	
Italian	Very Dark	20~30	

4 로스팅 단계별 향미의 변화

표 7-2_ 로스팅 단계

단계	옐로우 단계			1차 크랙		2차 크랙			
컬러									
일본식 분류		라이트	시나몬	미디엄	하이	시티	풀시티	프렌치	이탈리안
분류	흡열 반응			발열 반응					

1차 크랙 이후 2차 크랙 직전까지의 로스팅은 하이 로스팅(medium light) 단계에 해당되며 풍부한 신맛과 단맛이 있다. 2차 크랙이 시작되는 몇 초 지난 시점은 신맛과 단맛, 쓴맛이 밸런스를 이루는 씨티(medium) 단계에 해당한다. 2차 크랙이 한창 진행되는 시점은 커피 표면에 오일이 보이며 신맛은 약해지고 진한 단맛과 쓴맛이 있는 풀시티(medium dark) 단계이다.

1) 상큼한 맛

시나몬 로스트에서 최고이며, 이후 점점 약해진다.

2) 커피 향기

점차 증가되어 풀시티에서 최대이며, 이후 점점 약해진다.

3) 중후한 감

점차 증가되어 풀시티/프렌치에서 최대이며, 이후 점점 약해진다.

4) 강한 로스팅 향

풀시티에서 시작하며, 점점 증가한다.

4. 커피의 관능평가

1 커피 맛의 용어

1) 쓴맛(Bitter)

나쁜 속성으로 로부스타종과 오래 추출할 때, 오래 가열할 때 많이 나타난다.

2) 상큼한 맛(Acid)

좋은 속성으로 콜롬비아, 케냐 등 아라비카 커피에서 풍부하게 느껴진다.

3) 단 맛(Mellow)

좋은 속성으로 코스타리카, 코나 커피 등에서 많이 느껴진다.

4) 감칠 맛(Umami)

좋은 속성으로 에티오피아, 블루마운틴 커피 등에서 많이 느껴진다.

5) 떫은 맛(Astrigent)

나쁜 속성으로 덜 볶아진 콩, 오래 추출한 커피 등에서 많이 나타난다.

6) 거친 맛(Harsh)

나쁜 속성으로 로부스타 커피, 오래 추출한 커피에서 많이 나타난다.

7) 뒷 맛(After Taste)

품종, 로스팅, 추출 기술에 따라서 달라진다.

2 커피 향기의 용어

1) 꽃 향(Floral)

좋은 속성으로 에티오피아, 탄자니아, 케냐 등에서 많이 느껴진다.

2) 과실 향(Fruity)

좋은 속성으로 탄자니아, 케냐, 에티오피아 등에서 많이 느껴진다.

3) 고소한 향(Nutty)

좋은 속성으로 케냐, 탄자니아 등에서 많이 느껴진다.

4) 풀 냄새(Grassy)

나쁜 속성으로 미숙 커피, 덜 볶아진 원두에서 느껴지는 냄새이다.

5) 흙 냄새(Earthy)

나쁜 속성으로 로부스타종의 독특한 냄새이다.

6) 탄 냄새(Burnt)

나쁜 속성으로 너무 과도하게 볶은 커피에서 나는 냄새이다.

7) 중후함(Body)

입안에서 느껴지는 풍부한 감이며 스마트라 만델링, 브라질 커피에서 많이 느껴진다.

8) 산패 냄새(State)

커피가 산화되어 나는 불쾌한 냄새로 진행될수록 쓴맛이 강해진다.

5. 로스팅 후 생두의 변화

로스팅 후 커피 원두는 산소와 접촉하면 산소를 흡수하고 원두 내 이산화탄소를 포함한 가스를 방출하게 되는데, 이때 방출하고 남은 CO_2의 잔존량에 따라 원두의 신선도를 확인할 수 있다.

커피 생두는 로스팅을 통해 여러 가지 변화가 생기는데, 수분이 증발하면서 중량, 밀도, 질량 등이 감소하면서 휘발성 물질을 방출하게 된다. 즉, 생두에 열을 가하면 세포 조직이 파괴되면서 그 안에 있던 여러 가지 성분(지방, 당분, 카페인, 유기산 등)이 밖으로 방출하게 된다.

2 생두의 로스팅 시 변화

1) 색의 변화

생두를 투입하고 열을 가하면 색깔이 점차 변화하는 것을 발견할 수 있다. 처음에는 녹색인 콩이 노란색으로 바뀌고 1차 크랙이 다가오면 색깔이 계피색으로 바뀌게 되고, 크랙이 발생하면서 옅은 갈색으로 바뀌고 점차 열을 가하면 갈색에서 짙은 갈색으로 바뀌며 최종적으로 검은색으로 바뀐다. 이러한 색의 변화로 로스팅의 변화와 원두가 가지고 있는 CO_2의 양이 다른 것도 알 수 있다.

2) 맛의 변화

콩 내부의 탄수화물이 분해됨에 따라 휘발성 산(volatile acid)이 생성된다. 이러한 산은 미디엄 로스트에서 절정을 이루며 로스팅이 진행되면 감소되어 신맛이 약해진다. 특히 커피의 떫은맛(stringency)과 바디에 영향을 주는 클로로겐산(chlorogenic acid)은 52로스팅 정도에 비례해서 감소하며, 반대로 로스팅 속도에 반비례해서 감소한다. 이러한 현상은 로스팅이 너무 빨리 진행되면 커피에서 떫은맛이 나는 이유를 설명해 준다.

너무 빠른 로스팅은 클로로겐산을 충분히 감소시키지 못하며, 신맛을 내는 다른 산(acetic, malic, citric)의 생성에도 적합하지 않다. 단맛은 캐러멜화가 진행되면서 증가하는데, 2차 크랙 이후 로스팅이 더 진행되면 초기의 열분해를 통해 생성된 전분과 당분이 탄화되어 커피에서 탄맛이 나게 된다.

즉 이러한 맛의 변화에 의해 각각 로스팅 정도에 따른 원두의 맛을 구분짓고 평가할 수 있다.

3) 향의 변화

생두를 투입하고 시간이 조금 지나면 수분이 증발하면서 특유의 냄새가 나기 시작하고, 시간이 3~4분 정도가 지나면 색깔이 점차 노란색(yellow)으로 바뀌면서 고소한 향이 나기 시작한다. 1분 이상 지속되어 이 단계가 끝날 때가 되면 고소한 향에 신향이 조금씩 같이 나기 시작하며 점차 신향이 강해진다. 신향은 1차 크랙 전에 최고조에 달하며 1차 크랙이 발생하면 신향과 생두 고유의 향이 같이 나게 된다. 2차 크랙이 발생하면 생두 고유의 향이 강하게 나며, 생두의 수분이 거의 없어 조직이 타면서 탄향이 강하게 나고 로스팅 2차 크랙의 정점을 지나게 되면 향기 성분의 증발로 인해 오히려 향이 약해진다.

4) 형태의 변화

생두를 투입하면 내부의 수분이 증발하면서 표면에 주름이 생기기 시작하며 콩의 크기는 계속 작아지게 되는데, 밀도가 강할수록 이러한 현상이 더 잘 일어나게 된다. 1차 크랙 이후 콩은 다공질 조직으로 바뀌며 부피가 팽창하는데 생두에 비해 50~60% 정도 커진다. 2차 크랙이 일어나면 색깔이 점점 진해지고 세포 조직은 더욱더 다공질로 바뀌어 부서지기 쉬운 상태가 되며, 생두 원래 크기보다 최대 100% 정도 커지다가 오일 분출 이후 로스팅이 계속 진행되면 조직은 파열되고 수분 함량은 1% 미만까지 감소한다.

5) 중량의 변화

생두는 열을 받으면 콩 내부의 수분이 증발하게 되며 이에 따라 중량도 줄어들게 된다. 로스팅 시간이 길어질수록 비례하여 줄어들게 되는데, 1차 크랙 시점에서 15~17% 정도 줄고, 2차 크랙 시점에서 18~23% 정도 줄게 된다. 로스팅에 따라 압축 강도는 감소하며 세포 내 성분은 유동화된다.

중량은 수분 증발에 의해 84~85%가 줄어들며 나머지는 탄산가스와 채프(chaff)에 의한 것인데 로스팅 전반은 주로 수분 증발, 후반은 주로 성분의 산화, 분해에 의한 것이다.

2 볶은 커피의 CO_2방출과 잔존량

로스팅 후에는 탄산가스, 즉 CO_2를 적절히 방출하는 작업이 꼭 필요하다. 볶은 커피는 로스팅과 저장 중에 2~5배의 가스(87% 탄산가스)를 방출하는데, 50%는 즉시 방출하고 50%는 볶은 콩의 조직 안에 남아 있으면서 서서히 방출된다. 탄산가스는 커피의 향기 성분이 산화되는 것을 억제하지만 포장을 팽창시키므로 일반적으로 볶은 통 커피는 8~24시간, 분쇄 커피는 1~8시간 가스를 방출 시킨 다음 포장을 한다. 가스를 방출하는 동안 부분적으로 일어나는 산화를 억제하기 위하여 볶은 커피의 저장 통을 질소가스로 채우기도 한다. 질소가스를 채움으로써 산패를 억제할 수 있기 때문에 이런 방법을 쓰기도 한다.

이렇듯 로스팅 후 커피는 50%의 CO_2를 방출하고 50%를 가지고 있다가 이를 서서히 방출하는데, 로스팅을 막 끝낸 커피의 경우 이를 추출하면 빠르게 추출이 되거나 드립으로 추출할 경우 부풀림이 심한 것을 볼 수 있다. 이는 커피 조직이 물을 만나 그 속에 고형 물질을 탄산가스와 함께 배출해 내기 때문이다.

3 가스 방출(degassing)

원두에서 혹은 분쇄한 상태로 가스를 방출시키는 공정을 다른 말로 '에이징' 또는 '숙성'이라고 한다. 숙성은 커피를 볶은 후 1~3일 정도 하며 로스팅 정도, 상태, 보관, 온도 등에 따라 다소 달라진다. 이러한 숙성으로 각기 메뉴나 추출 방법 또는 원두의 특성에 따라 그에 맞는 숙성도를 조절할 수 있다. 로스팅 후 보관의 안정성, 품질의 유지를 위해 숙성, 특수 밸브 부착, 탈 산소재(질소) 투입 포장 등을 이용한다.

표 7-3_ 커피 볶음도와 향미 특성

온도	185	205	215	225	230	235	240	245
팽창		-first crack		second crack				
볶음도	라이트	시나몬	미디움	하이	시티	풀시티	프렌치	이탈리아
향기	**	**	***	***	****	****	**	**
신맛	***	***	****	***	***	**	*	
달콤함	*	*	**	**	***	****	***	**
중후함	*	*	**	***	***	****	***	**
품종 특성	*	*	****	****	**	*		
자극적인				*	**	***	****	***

(비고: 매우 약함, 약함, - 풍부함, 매우 풍부함)

표 7-4_ 배전 정도에 따른 맛과 형태

배전 강도		배전 명칭	맛	색상 및 농도
약배전	최약배전	라이트 로스트 light roast	신맛이 강하다.	황갈색
약배전		시나몬 로스트 cinnamon roast	계피색	
약강배전		미디엄 로스트 medium roast	신맛과 단맛이 있다.	밤색, 아메리칸 로스트
중배전	중약배전	하이 로스트 high roast		
중중배전		시티 로스트 city roast	표준적인 맛	뉴욕 로스트
강배전	중강배전	풀 시티 로스트 full city roast		아이스커피용
강배전		프렌치 로스트 french roast	쓴맛이 강하고, 진하며 독특한 맛	유럽 스타일 카페오레, 비엔나
최강배전		이탈리안 로스트 italian roast	쓴맛이 강하다.	에스프레소용

6. 로스팅에 따른 물리적, 화학적 변화

1 로스팅 방법

로스팅 진행의 중요한 에너지의 변수는 온도와 시간이다. 로스팅의 진행 속도에 따라 내부의 수분 증발이나 부피 팽창의 정도가 달라지게 된다. 생두의 품질 또는 구현하려는 향미에 따라 고온 단시간 로스팅과 저온 장시간 로스팅 방식을 적용해 볼 수 있다.

1) 고온 단시간 로스팅(HTST, high temperature short time)

로스팅 온도가 높고 로스팅 시간이 짧은 로스팅으로, 일반적으로 최고 화력이나 고온 투입 방식을 사용한다. 빠른 열 전달로 화학반응도 빠르게 일어나고 내부 압력의 급격한 상승으로 상대적으로 부피 팽창이 크다. 산미와 바디가 증가하고 쓴맛은 감소하며, 추출수율이 증가하는특징이 있다.

2) 저온 장시간 로스팅(LTLT, low temperature long time)

로스팅 온도가 낮고 로스팅 시간이 긴 로스팅으로, 일반적으로 투입 온도를 낮추고 화력을 낮게 시작하는 방식이다. 느린 열 전달로 화학반응도 느리게 일어나고 내부 압력이 약하며 상대적으로 부피 팽창이 적다. 산미와 바디가 감소하고 쓴맛은 증가하며, 추출수율이 감소하는 징이 있다.

2 로스팅에 따른 물리적 변화

컬러와 부피 그리고 수분 함유량을 갖는 생두는 로스팅 과정을 통해 변화하게 된다. 로스팅 강도, 로스팅 기법에 따라 생두의 밀도, 품종, 수분 함량 등의 물리적 변화는 각기 다르게 나타난다.

1) 색상

그린에서 검은색으로 명도가 낮아진다.

2) 부피

생두를 기준으로 했을 때, 30~100% 정도 증가한다.

3) 수분의 증발

수분 함유량은 12% 내외에서 1% 내외로 낮아진다.4

4) 무게

수분 증발 및 CO_2, 휘발성 향미 성분의 방출로 인하여 무게가 감소한다.

3 로스팅에 따른 화학적 변화

생두는 물리적인 변화와 함께 화학적인 변화를 통해 맛과 향을 품게 된다.

- 수분함량 8~12% → 0.5~3.5%로 감소
- 커피콩의 당분, 단백질, 유기산 등이 갈변반응을 통해 가용성 성분으로 변화

- 가용성 성분 : 로스팅 전 약 26% 함유 → 로스팅 후 27~35%로 증가
- 가용성 당 : 10% → 11~19%로 증가하여 볶은 커피의 맛과 향기의 주성분이 됨
- 유기산 : 1% → 2.5%(ph6.0 → ph4.9) vs, 클로로제닉산은 약 50%까지 감소
- 휘발성 가스성분 : 2.0% 탄산가스 / 중량의 0.05%미만

5) 메일라드 반응(maillard reaction)

아미노산과 환원당 사이에서 일어나는 화학반응이다. 방향족 화합물 및 갈색의 중합체인 멜라노이딘(melanoidin)이 생성되는 비효소적 갈변반응으로 카라멜화보다 낮은 온도에서 이루어진다.

6) 카라멜화(caramelization)

160~200℃ 사이에 진행되며 5~10% 있는 자당(sucrose)의 열분해를 통해 발생한다.

7. 로스팅 시간에 따른 분류

1 Long Time Roasting

① 회전형 드럼 배전기를 사용하는 전형적인 배전 방식이 주로 여기 속하며, 약 12~15분의 시간이 소요된다.

② 열을 받는 시간이 길어 상대적으로 향기 성분의 손실이 크고 유기산도 많이 분해되어 신맛이 적은 특징을 갖게 된다.

2 Short Time Roasting

① 주로 열풍에 의한 가열방식이 해당되며, 2~4분 정도만에 배전이 완료된다.

② 열풍의 대류에 의해 배전이 되므로 Long Time Roasting에 비해 균일한 배전이 되고, 배전시간이 짧아 향기 성분의 손실도 적다. 그러나 유기산의 파괴가 적어 신맛이 강한 특

징이 있다.

③ 순간적으로 가열하는 방식이므로 내부의 가스 생성에 의한 압력도 커 가스의 방출 시 일어나는 부피 팽창도 크다. 부피 팽창 정도는 추출 수율에 영향을 미친다.

3 Intermediate Time Roasting

① 주로 열풍에 의한 가열방식이 Long Time과 Short Time의 중간적인 형태로 배전된 커피의 향미 또한 중간적이며, 보통 5~8분 정도가 배전에 소요된다.

② 배전의 정도에 따라 원두의 빛깔은 녹색에서 황색, 갈색을 거쳐 검정색을 띄게 되는데 정도가 심하면 심할수록 카페올과 커피오일이 원두의 표면으로 더 많이 베어나오게 된다. 심할 경우 기름을 발라놓은 것처럼 보이기도 하며, 이러한 현상은 Sweating이라고 말하는데 이는 원두가 땀을 흘리는 것 같아 보이기 때문에 붙여진 이름이다.

③ 배전이 끝난 이후 시간이 경과함에 따라 원두 내부의 이산화탄소 함량은 감소하게 되는데 이는 산소의 침투를 용이하게 하여 향미를 갖고 있는 오일 성분의 산화를 재촉시킨다.

8. 로스팅 기술의 발전

- 1670년대 네덜란드에서 작은 구멍이 뚫린 드럼통 형태의 로스터가 최초 발명되었다.
- 1860년 미국의 번스사와 독일의 에머리히사가 현재 사용하는 드럼형 로스터를 개발하였다.
- 드럼로스터는 직화식, 반열풍식, 열풍식으로 발전해왔다.
- 유동층 로스터, 원삼형 로스터, 연속식 로스터, 고밀도 로스터 등이 개발되었다.

9. 로스터기의 종류

1 구조에 따른 분류

1) 드럼(Drum) 방식 구조

원통형의 철제 드럼이 가로축 방향으로 회전하며 열원을 통해 직접 또는 간접적으로 가열하여, 가열된 공기나 열을 드럼 안으로 넣어 주어 로스팅하는 방식이다. 생두와 드럼 벽면의 직접적인 접촉으로 전도열이 전달되고 드럼을 통과하는 열풍으로 대류열이 전달된다. 싱글 드럽은 드럽이 한 겹의 철판으로 만들어진 것이고, 더블 드럼은 내부와 외부로 나뉘어 두 겹의 철판으로 만든 2중 구조로 돼 있다. 열전도가 적게 일어나 생두가 부분적으로 타거나 그슬릴 위험이 줄어든다.

2) 유동층 구조(Fluid Bed)

로스팅 챔버에 공기를 고속으로 불어 넣어 생두를 띄워 올려 회전시키며 로스팅하는 방식으로, 대류열을 대부분의 열원으로 사용한다. 로스팅이 끝나면 외부 공기를 불어넣는 방식으로 냉각시키거나, 별도의 냉각기를 사용하여 냉각시킨다. 유동층 로스터는 공간을 적게 차지하고 원두 표면이 탈 위험이 거의 없으나, 공기 흐름이 과다해 향미 손실이 있고 연료 효율성이 낮다.

3) 재순환 구조

로스팅에 사용되고 배출된 공기의 대부분을 재가열하여 드럼으로 다시 순환시키는 구조이다. 대류열이 대부분의 열로 사용된다. 열효율성이 좋고 외부에서 유입되는 공기가 없어 안정적이다.

2 드럼 로스터, 유동층 로스터 차이점

구분	저온 - 장시간 로스팅	고온 - 단시간 로스팅
로스터 종류	드럼 로스터	유동층 로스터
커피콩 온도	200~240℃	230~250℃

구분	저온 - 장시간 로스팅	고온 - 단시간 로스팅
시간	8~20분	1.5~3분
밀도	팽창이 적어서 밀도가 크다	팽창이 커서 밀도가 작다
향미	신맛이 약하고 뒷맛이 텁텁하고, 중후함이 강하며, 향기가 풍부하다.	신맛이 강하고, 뒷맛이 깨끗하며, 중후함과 향기가 부족하다.
가용성 성분	적게 추출	저온-장시간 로스팅보다 10~20% 더 추출
품질 조절	쉽다	어렵다
경제성	1반당 커피를 20% 더 써야한다.	1잔당 커피를 10~20% 덜 써도 된다.

3 열 전달방식에 따른 분류

1) 직화식

천공 드럼 아래에 연소 버너가 있어 생두가 들어 있는 드럼을 가열하여 로스팅하는 형식이다. 뜨거워진 드럼 표면과 내부 공기에 의해 로스팅이 된다. 강한 화력의 불꽃 끝이 드럼에 직접 닿을 수 있기 때문에 타기 쉽다. 따라서 다른 방식에 비해 화력 조절에 민감하다.

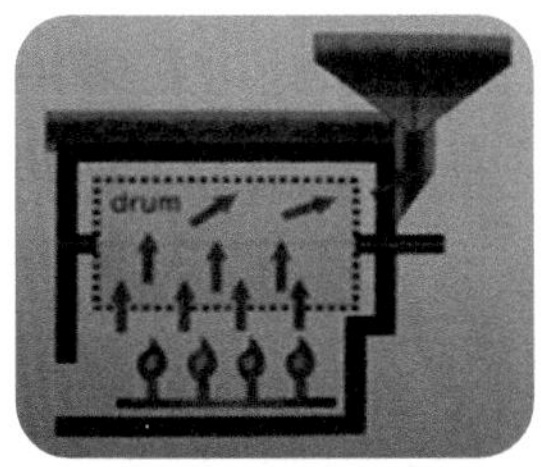

직화식

2) 반열풍식

드럼에 구멍이 려 있지 않은 상태에서 버너의 불꽃이 드럼을 가열하는 방식이다. 이때 동시에 뜨거워진 공기가 드럼의 뒷부분에서 내부로 들어가는 구조를 취한다. 현재 가장 많이 사용되고 있는 방식으로 열효율이 높아 균일한 로스팅이 가능하다.

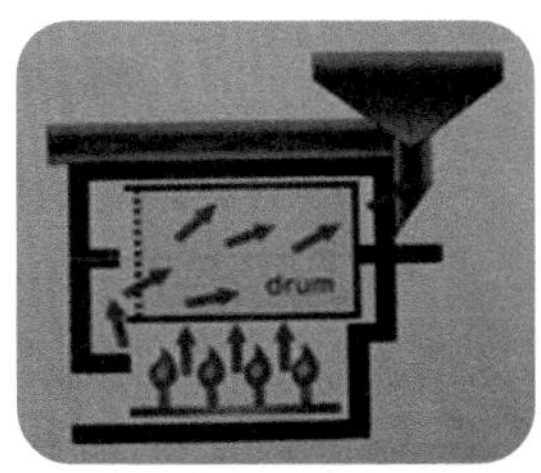

반열풍식

3) 열풍식

열원이 드럼에 직접 닿지 않는 상태에서 뜨거운 공기를 발생시켜, 드럼 내부로 전달하고 생두 사이를 순환시킴으로써 로스팅하는 방식이다. 로스팅 시간이 빠르고 균일하여 안정되게 로스팅을 할 수 있다. 드럼 방식이 아닌, 생두가 공중에 뜬 상태에서 가열된 열풍으로 로스팅하는 방식이다.

열풍식

10. 로스터기의 부분별 명칭 및 기능

1 호퍼(Hopper)

깔대기 모양으로 계량한 생두를 투입하는 곳이다.

2 호퍼 핸들(Hopper Handle)

드럼 내부로 생두를 투입하기 위한 호퍼 개폐장치이다

3 댐퍼(Damper)

로스팅 기계마다 차이가 있다. 수동으로 댐퍼를 조작하는 것도 있고, 배기 압력이 고정되어 있어서 자동으로 댐퍼를 조절하는 것도 있다.

1) 드럼 내의 공기의 흐름과 열량을 조절하는 기능

배기관에 장착되어 있는 댐퍼를 조작하여 드럼 내 유입되는 공기의 흐름과 열량을 조절하고 댐퍼를 열면 드럼 내 유입되는 열량은 배기관을 통해 밖으로 빠져나가게 된다.

2) 로스팅 중에 발생하는 은피와 연기를 배출시키는 기능

3) 로스팅 시 각 온도 구간에서 발생되는 향을 잡아 주거나 배출하는 기능

4 드럼(Drum)

드럼 교반의 회전수, 날개의 개수와 방향에 따라 교반의 효율성이 상이하게 다를 수 있다. 질은 주물, 스테인리스 등 다양한 소재가 사용된다.

5 드럼 도어(Drum Door)

로스팅된 원두를 배출한다

6 드럼 확인 창(View Window)

로스팅되고 있는 원두의 상태를 확인하는 창

7 샘플러(Sampler)

로스팅 과정 중 원두의 샘플을 확인하는 기구로 향, 컬러, 모양 등 상태를 확인할 수 있다.

8 냉각 트레이(Cooling Tray)

로스팅된 원두를 냉각시키는 장치. 원두가 교반되면서 송풍 공기에 의해 냉각된다. 로스팅이 끝난 후에 바로 냉각시키지 않으면 자체 온도에 의해 로스팅이 계속 진행된다.

9 은피 서랍(Collection Drawer)

드럼의 앞판과 내부 드럼 사이의 틈새에서 떨어지는 채프와 먼지가 쌓이는 곳이다. 커피가 드럼 내부에 없는 상태에서만 연다. 로스팅 시작 전에 청소하고 로스팅 후에도 청소한다.

10 가스 압력 게이지

공급되는 가스의 압력을 나타낸다. 가스 불 조절시 바늘이 계기에 표시되는 정도를 보고 가스 압력을 체크한다. 드럼에 제공되는 열량을 나타내는 수치로 로스팅 속도를 고려하여 화력을 조절한다. LNG(액화천연가스)의 경우 설치 지역과 주변의 가스 사용량에 따라 가스 압력이 일정하지 않을 수 있다.

11 컨트롤 박스

로스팅되고 있는 드럼 내부의 온도, 열풍 온도, 시간 등을 표시하는 장치가 있다

12 집진기(사이클론, Cyclone)

로스팅 과정 시 발생하는 실버스킨과 연기는 집진 장치로 분리되고, 실버스킨은 사이클론 밑으로 쌓인다.

08 Blending(블렌딩)

1. 블렌딩의 이해

1 블렌딩이란?

① 원두는 품종에 따라 각각 지니고 있는 맛과 향의 특성이 다르기 때문에 어떤 종류의 원두에 부족한 점을 다른 원두로 보강시켜 줌으로서 더욱 조화로운 맛과 향을 얻을 수 있다.

② 배합시 원두의 선택은 유통이나 가격에 무리가 없고 품질이 안정된 종류의 원두를 선택하여야 하며, 저품질의 재료를 사용해 가격 조정을 하려는 경우 양질의 커피를 만들어 낼 수 없다.

③ 배합비율은 정확한 계량을 통해 결정하여야 한다. 보통 두 종류에서 다섯 종류의 원두를 혼합하는데 너무 많은 종류의 배합은 특징이 없는 커피가 되므로 가급적 피하여야 한다.

2 블렌딩의 장점과 고려할 점

1) 블렌딩의 장점

- 맛과 향기가 풍부하다.
- 커피 품질을 일정하게 유지할 수 있다.
- '대체용 커피콩' 배합으로 비용이 절감된다.
- 명한 커피콩 이름을 활용한 마케팅 효과를 낼 수 있다.

2) 블렌딩을 정할 시 고려할 점

- 고객의 기호
- 커피콩의 공급여건
- 커피콩의 가격
- 커피콩의 품종별 특성
- 볶음 정도와 블렌딩 방법

3 블렌딩을 하는 이유

1) 새로운 맛과 향을 창조

단종커피에서 발견할 수 없었던 새로운 특성을 창조하는 블렌딩은 기법이 아니라 예술이라 할 수 있다.

2) 차별화된 커피를 만들기 위해

특정한 커피숍이나 커피 체인점만의 특징적인 커피를 개발함으로써 다른 숍이나 회사와 차별성을 부여해 고객의 재 구매를 유도하기 위해서이다.

3) 원가 절감을 위해서

상대적으로 가격이 저렴한 커피를 혼합하거나 ,고가의 커피를 성격이 유사한 커피로 대체할 수 있다.

4 블렌딩 방법

꼭 원산지만 다른 것이 아니라, 같은 커피라도 로스팅 정도가 다르거나 가공방법이 상이한 커피를 혼합하는 것도 가능하다.

1) 로스팅 정도가 서로 다른 커피 블렌딩

한 가지 생두를 로스팅 정도를 달리하여 블렌딩하는 방법이다. 로스팅 정도를 8단계로 분류했을 때 3단계 이상 차이가 나지 않는 것이 좋다.

2) 가공방법이 서로 다른 커피 블렌딩

커피는 가공방법에 따라 맛과 향이 서로 다를 수 있으므로 이를 이용하여 블렌딩하는 방법이다.

3) 품종이 서로 다른 커피의 블렌딩

품종이 서로 다른 커피를 조합하여 블렌딩하는 방법이다.

5 원두의 배합

1) Single Origin Coffee(단종 커피) = Straight Coffee

- 보통 10~15개의 나라에서 구입된다.
- 맛과 향이 차별화된다.
- Blue Mountain(자메이카), Kona(하와이)

2) Blended Coffee : 약 98%, 두 가지 이상의 커피를 섞은 것

3) 블렌딩 방식

- Blending After Roasting(단종 블렌딩)
- Blending Before Roasting(혼합 블렌딩)

2. 로스팅 전 블렌딩, 로스팅 후 블렌딩 차이

블렌딩 방식에는 크게 두 가지가 있다. 커피별로 로스팅을 한 후에 비율에 따라 블렌딩하는 방법과 생두 상태에서 혼합한 후 동시에 로스팅하는 방법이다. 방법에 따라 각각의 장단점이 있다.

1 로스팅 전 블렌딩

커피별로 각각 로스팅 한후 블렌딩하는 방식으로 커피의 특성을 최대한 발휘할 수 있다. 커피 특성에 차이가 많은 경우 적합한 방식이다

1) 장점

- 산지별 커피의 특징에 맞게 로스팅을 조절할 수 있다.
- 개성이 강한 커피 맛과 향 표현에 유리하다.
- 맛과 향의 단점을 찾아내어 보완하기가 쉽다.

2) 단점

- 항상 균일 한 맛을 내기가 어렵다. 혼합되는 원두 중 한 가지라도 로스팅 포인트의 차이가 생기면 커피 전체의 맛과 향이 변하기 때문이다.
- 각각 로스팅을 하므로 작업시간이 길다.
- 재고 관리의 어려움이 있다.
- 각 커피의 로스팅 포인트가 다를 경우 안정적인 맛과 향이 표현되는 시간에 차이가 생길 수 있다.

2 후블렌딩

생두 상태에서 미리 정해 놓은 블렌딩 비율대로 혼합한 후 동시에 로스팅을 하는 방식이다.

1) 장점

- 작업시간을 단축할 수 있다.
- 로스팅 과정에서 생성되는 산지별 커피의 향들이 조화를 이루어 안정적인 맛과 향을 느낄 수 있다.
- 재고 부담이 적다.
- 로스팅된 원두의 컬러가 동일하다.

2) 단점

- 로스팅 단계별로 단종 커피향을 체크하기가 어렵다.
- 투입온도와 화력 조절의 기준을 정하기가 까다롭다. 혼합되는 생두의 비율이 가장높은 것을 기준으로 하거나, 추구하는 커피의 맛과 향의 중심이 되는 생두를 기준으로 설정하면 된다.

구분	로스팅 레벨	특징
로스팅 전 블렌딩	하나의 로스팅 프로파일을 적용한다.	생산과정이 단순하고 생산비용도 낮지만 플레이버가 상대적으로 단조로운 느낌이 있다.
로스팅 후 블렌딩	라이트/미디움/다크 블렌딩시 사용되는 생두의 수만큼 다양한 로스팅 프로파일을 적용한다.	상대적으로 섬세한 플레이버를 표현할 수 있지만 생산과정이 복잡하고 생산 비용도 많다.

3. 주요 커피 산지별 특징

1 중남미 커피 특징

중남미 지역을 분류하면 몇 나라를 제외하고는 거의 유사한 커피의 맛과 향을 가지고 있다.

구분	신맛+아로마	바디감+단맛+플레이버	중성(대중적인 커피)
국가	과테말라 우에우에테낭고 코스타리카 타라주 콜롬비아 나리노 콜림비아	과테말라 안티구아 엘살바도르 온두라스 도미니카 콜롬비아 메데인 콜롬비아 후일라	브라질 멕시코 미카라과 파나마 에콰도르 페루 볼리비아

2 아시아 커피 특징

구분	신맛+아로마	바디감+단맛+플레이버	중성(대중적인 커피)
국가	인도네시아 토라자 칼로시 인도네시아 킨타마니 인도네시아 토바 인도네시아 가요마운틴	인토네시아 수마트라 만델링 파푸아유기니 마라와카	베트남 라오스

3 아프리카 커피 특징

중남미 커피가 산지별로 유사한 맛과 향을 가지고 있다면 아프리카 커피는 나라별 개성이 강한 특징을 가지고 있다.

에티오피아. 예멘에서 재배되는 모카커피는 신맛과 아로마가 뛰어난 커피로 분류된다. 다만 모카 커피 중 워시드 커피를 제외한 내추럴 커피는 로스팅 포인트를 중 볶음 또는 그이상의 포인트로 정하면 신맛과 아로마의 특징보다 바디감과 단맛이 향상되는 특징을 가지고 있다. 따라서 추구하는 블렌딩 커피의 맛을 기준으로 폭넓게 활용할 수 있다.

구분	신맛 + 아로마	바디감 + 단맛 + 플레이버	중성(대중적인 커피)
국가	에티오피아 모카 커피 예멘 모카 커피 탄자니아 르완다 브룬디	케냐 우간다	-

4 로부스타 커피 특징

① 로부스타 생두는 크레마를 높이기 위해 10-15% 정도 넣는 것이 적당하다 너무 과하게 블렌딩 시 거품이 지나치게 많아진다.

② 블렌딩 커피를 정한 다음 산지별 커피 분류표를 참고하면 보다 쉽게 블렌딩을 할 수 있다. 커피 분류표는 분류하는 사람에 따라 다르게 나타날 수 있다. 로스팅 포인트에 대한 개인적인 성향, 로스팅 방법 동일한 산지라도 품종의 차이 등에 따라 약간의 차이가 나타날 수 있는 것이다.

③ 커피를 선택하였다면 추구하는 맛과 향에 따라 로스팅 포인트를 정한다. 블렌딩 커피를 구성하는 산지별 커피는 로스팅 포인트의 변화에 따라 전혀 다른 맛과 향으로 나타난 46다. 그렇기 때문에 블렌딩 커피를 만드는 블렌더는 산지별 커피의 로스팅 포인트마다 맛과 향의 변화와 차이점을 충분히 알고 있어야 한다. 블렌딩은 로스팅 포인트별로 볶은 커피를 볶은 날짜부터 매일매일 살피고 맛과 향의 변 화를 꼼꼼히 체크하여 자료로 가지고 있어야한다. 이러한 과정을 통해 볶은 커피가 최 상의 맛과 향을 느낄 수 있는 날짜가 언제인지 알 수 있다. 더 나아가 산지별 커피의 베스트 로스팅 포인트까지 체크할 수 있다.

09 원두 품질평가

2. Specialty Coffee

1 블루마운틴 No.1

① 자메이카 블루마운틴 산의 2,000m가 넘는 고지대에서 생산된다.

② 향기가 풍부하고 조화로운 맛이다.

③ 'City Roast' or 'Full-city Roast'로 볶아야 향미가 최상이 된다.

2 콜롬비아 수프리모

① 해발고도 1,800m 이상 고지대에서 생산된다.

② Screen#17 이상이면 향기와 신맛이 풍부하다.

③ 산어거스틴 등이 명산지이다.

3 산투스 NY2 엘도라도

① 브라질의 알도파라나이바와 모자아나에서 생산된다.

② Screen#18/19의 커피 콩으로 신맛과 쓴맛이 조화롭다.

4 과테말라 SHB

① 안티구아의 해발고도 1,500m 이상 고지대에서 생산된다.

② 신맛과 향기가 풍부하고, 다른 종류와 섞었을 때 잘 조화된다.

5 코스타리카 SHB

① 코랄산의 1,500m인 고지대의 트레스리오스 농원에서 생산된다.

② 중후함과 신맛이 조화롭다.

6 마타리

① 예멘의 아라비카종 모카가 지닌 본래의 맛과 향기를 가지고 있다.

② 중후함과 강한 와인 향기를 지니고 있다.

7 에티오피안 워시드

① '아르가체페'가 대표적이다.

② 중후함과 초콜릿 향과 와인 향을 지니고 있다.

③ 다른 종류와 섞였을 때 향미가 잘 조화된다.

8 탄자니아 AA(킬리만자로)

① 킬리만자로 산의 고지대에서 생산된다.

② 향기와 신맛이 풍부하며, 중후함을 지니고 있다.

③ 'Full-city Roast'로 볶으면 향기가 가장 풍부해진다.

9 케냐 AA

① 향기와 신맛이 풍부하며, 품질이 균일하다.

② 'Full-city Roast'로 볶으면 쓴맛과 신맛이 조화롭다.

10 만델링 G1

① 인도네시아 수마트라섬의 토바산기슭에서 생산된다.

② 신맛은 약하지만 향기와 맛이 짙다.

11 토라자

① 인도네시아 술라웨시 섬에서 생산된다.

② 중후함을 지니고 있다.

12 코나 No.1

① 하와이에서 생산하는 코나 중 최고급이다.

② 중후함과 신맛이 조화로우며, 균일한 품질을 가지고 있다.

10 Grinding & Brewing

1. Coffee Grinding

1 분쇄 단계

이브릭 < 에스프레소 머신 < 모카 포트 < 사이폰 < 프렌치프레스

1) Espress

0.3mm 이하 : 에스프레소 추출기

2) Extra Fine

3) Fine

0.5mm : 사이폰식 추출기

4) Medium

0.5~1mm : 여과식 추출기

5) Coarse

1mm 이하 : 퍼클레터, 필터 프레스

2 기본 사항

① 파쇄(crushing)가 아닌 절삭(cutting)원리로 분쇄한다.
② 추출방법에 맞는 적당한 크기로 분쇄도가 고르도록 분쇄한다.
③ 커피는 한번만 갈아야 한다.
④ 손으로 만지지 말고 나무나 플라스틱 스푼을 사용해야 한다.
⑤ 커피 이외의 제품을 갈면 안된다.
⑥ 많은 양을 곱게 갈았을 때는 기계를 잠시 쉬어 주어야 한다.

3 분쇄 원리

① 고운 가루는 모레와 같아 물이 천천히 통과하게 되어 맛이 진하다.

② 굵고 거친 가루는 바위와 같아 물이 빠르게 통과하게 되어 맛이 연하다.

4 분쇄에 영향을 주는 요소

① 커피콩의 밀도 : 밀도가 클수록 분쇄속도가 느려진다.
② 볶음 정도 : 약하게 볶을수록 분쇄속도가 느려진다.
③ 수분함량 : 수분함량이 높을수록 분쇄속도가 느려진다.

2 Coffee Brewing

1 Brewing의 원리

- 침지 : 터키식 추출법, Boiling, 퍼컬레이터, 사이폰, 프레스 필터
- 여과 : 드립포트, 커피언(Coffee urn)

1) 침투

뜨거운 물이 커피 입자로 침투하여 가용성 성분을 녹인다.

2) 용해

커피 입자에서 녹은 가용성 성분이 밖으로 흘러나온다.

3) 분리

커피 입자에 남은 가용성 성분과 뜨거운 물의 가용성 성분의 농도가 같아진다.

2 Brewing시 고려할 점

1) 볶은 커피의 신선도

2) 물의 질

정수 물을 사용해야 한다.

3) 커피와 물의 비율

150ml당 볶은 분쇄커피 8g

4) 추출 온도

너무 낮으면 맛과 향기가 약해지고, 너무 높으면 쓴맛과 떫은 맛이 강해진다.

5) 추출 시간

일찍 추출 → 좋은 신맛, 달콤한 맛, 고소한 맛, 중후함, 꽃향기, 고소한 향기
늦게 추출 → 쓴맛, 떫은 맛, 자극적인 맛, 곡류 냄새, 나무 냄새, 소독약 냄새

6) 분쇄커피의 입도

7) 추출기 종류 & 관리 / 추출 즉시 서빙

3 Espresso 추출조건

① 커피양 : 7±1.0g

② 물의 온도 : 90~95℃

③ 추출압력 : 9±1bar

④ 추출시간 : 25±5초

⑤ 추출양 : 25±5cc

⑥ pH : 5.2

11 Coffee Machine의 이해

1. Coffee Machine 구조 및 사용방법

1 각 부품의 명칭 및 역할

1) 전원버튼 : 기계에 전원을 공급하는 스위치

스위치에 숫자가 '0'으로 표시되면 'OFF' 상태이고, 오른쪽으로 돌려 숫자 '1'이 표시되면 기계가 'ON' 상태가 된다. 이 전원 공급 스위치는 각 기계마다 조금씩 차이가 있으나, 기계에 전원을 공급하고 차단하는 역할을 한다.

2) 드립 트레이(Drip Tray) : 기계에서 떨어지는 물을 받아 배수로 보내는 배수 받침대

기계에서 떨어지는 모든 여유분의 물이 흘러 내려가는 곳이다. 마감 시 기계에서 분리를 하여 물로 깨끗이 청소를 해서 보관한다. 만일, 사용 중에 드립 트레이에 찌꺼기가 있을 경우 물을 부어 찌꺼기를 배수로 흘려보내면 청결을 유지할 수 있다. 드립 트레이 밑에 있는 배수통은 커피 찌꺼기가 항상 흘러 내려가는 곳이기 때문에 찌꺼기가 쌓일 수 있다. 마감 시 물을 부어 찌꺼기가 쌓이지 않도록 청소를 같이 해 주어야 막히는 경우가 생기지 않는다

3) 드립 트레이 그릴(Drip Tray Grill) : 커피 추출 시 컵을 놓는 컵 받침대

드립 트레이 그릴은 컵을 올려놓는 곳이므로 항상 청결을 유지해야 한다. 영업 중에는 행주로 자주 닦아 주고 마감 시에는 분리를 해서 물로 깨끗이 씻어 준다.만일 드립 트레이 그릴에 이물질이 많이 묻어 있다면 커피 잔 받침에 그대로 자국이 남게 될 것이다.

4) 스팀 파이프(Steam Pipe) : 스팀이 나오는 스팀 노즐

스팀 노즐은 우유를 데울 때 사용되는 부분으로 청결한 상태가 되도록 각별히 사용법을 숙지해야 한다. 또 매우 뜨거우므로 조심해야 한다. 스팀을 사용한 후에는 먼저 스팀 밸브를 열어 스팀을 빼 주어야 한다. 스팀을 사용 시 노즐 안에 우유가 들어갔을 경우 이를 빨리 제거하지 않으면 우유가 안에서 굳어 스팀이 점점 약해지는 현상이 일어날 수 있기 때문이다.

스팀 밸브를 열면 스팀 노즐에 남아 있는 우유가 나오게 되므로 반드시 배출해 주어야 한다. 스팀 노즐에 묻어 있는 우유를 젖은 행주로 깨끗이 닦아 준다. 영업 마감 시에는 스팀 노즐 청소 후에 스팀 피처에 물을 담아서 스팀 노즐을 넣어 둔다.

5) 스팀 밸브(Steam Valve) : 스팀 사용 시 스팀을 열어 주는 밸브

스팀 밸브 사용 시 손잡이를 시계 반대 방향으로 돌리면 스팀이 나오고, 시계 방향으로 돌리면 스팀이 멈춘다. 스팀 밸브는 사용하는 기계에 따라 약간의 차이가 있다. 그러므로 7자기가 사용하는 기계의 스팀 간격을 항상 체크하고 사용범위를 알고 있어야 편리하게 사용이 가능하다.

6) 핫워터 디스펜서(Hot Water Dispenser) : 온수 추출 시 온수가 떨어지는 추출구

뜨거운 물을 추출하는 추출구이다

7) 수압계(Water Pressure Manometer)

펌프 게이지는 커피가 추출되는 압력을 표시해 주므로 항상 점검하여 정상적인 상태를 유지켜야 한다. 펌프 게이지 확인 방법 또한 숙지하고 있어야 한다. 펌프 게이지는 기계마다 약간의차이는 있으나 그 기능은 같다. 펌프 게이지는 일반적으로 0~15 정도의 숫자로 이루어져다. 또 기계마다 사용 가능한 범위가 녹색 또는 기타 색의 부채꼴 모양으로 표시되어 있다.

바리스타는 이 게이지를 보면서 원하는 펌프의 압력을 조절해서 사용하면 된다.

압력이 정상 범위다 높을 경우(바늘이 적색으로 갈 때)에는 다른 부품에 영향을 줄 수 있으므로 주의해야 한다. 때는 반드시 펌프를 점검하여 정상 범위로 조절한다. 기계가 멈추어 있는 상태에서 표시되는 치가 아닌 기계가 작동되었을 때 표시되는 수치가 현재 펌프의 압력이므로 주의해서 살핀다

8) 보일러 압력계(Boiler Pressure Manometer)

보일러 압력계는 0~3 정도로 숫자가 표시되어 있다. 기계가 OFF 상태에서는 바늘이 0, 정상 가동이 되면 바늘이 1~1.5 사이를 유지한다. 만일 바늘이 적색에 가까이 가면 압력이 너무 높다는 표시이므로 즉시 점검을 받아야 한다. 매일 기계를 사용하기 전에 펌프 게이지와 압력 게이지를 확인하여 펌프와 보일러 압력을 점검한 후, 게이지가 정상적일 때 기계를 사용하는 것이 바람직하다.

9) 그룹헤드(Dispensing Group Head) : 커피 물이 데워지고 커피를 추출하는 곳

① 커피 추출수가 데워지고 커피를 추출하는 곳이다.

- 그룹의 숫자에 따라 1그룹, 2그룹 등으로 구분된다. 그룹은 커피 물이 최종적으로 통과하는 곳으로, 온도 유지가 매우 중요하다. 그룹의 형태는 일반적으로 독립 보일러 방

식, 강제 가열 방식, 간접 가열 방식의 세 가지로 구분된다.

- 독립 보일러 방식은 커피 보일러와 그룹이 붙어 있어서, 커피 물이 데워지면서 같이 그룹이 예열되는 방식이다. 열이 빠르게 그룹으로 전달된다는 장점이 있다.

② 그 다음은 강제 예열 방식의 그룹이다.

이 방식은 그룹의 온도를 히터로 강제 예열시키는 방식의 그룹이다. 열이 히터에 의해 예열이 되므로 빠른 시간에 보일러와 상관없이 예열된다는 장점이 있으나, 온도가 높기 때문에 그룹의 오링이 빨리 경화된다는 단점도 있다.

③ 마지막 방식은 일반적으로 많이 사용되는 간접 가열 방식이다.

보일러가 데워진 후에 관을 통해서 열이 그룹으로 전달되는 방식이다. 이 방식은 완전히 예열되기까지 시간이 상당히 걸린다는 단점이 있다. 그러므로 이 방식은 오픈 시 기계 점검이 매우 중요하다. 그룹의 형태에 따라 예열 방법을 숙지하는 것이 양질의 에스프레소를 빠르게 얻을 수 있는 방법이다. 그룹의 크기는 52~58mm 등으로 다양하다. 기계마다 그룹의 형태와 크기는 다르지만 그 구조는 비슷하다.

④ 그룹은 두껍게 만들어지며 재질은 동으로 되어 있다.

그룹 몸체는 열전도가 잘 되고 열을 품고 있는 성질이 강한 동으로 만들어진다. 하지만 동은 공기와의 접촉에 의해 부식이 일어날 수 있다. 그래서 동으로 만든 그룹에 크롬으로 도금해서 부식을 방지한다. 그룹의 구조는 먼저 커피 추출 시 압력이 밖으로 새는 것을 막아 주는 그룹 개스킷(group gasket)과 크롬 바디 그룹(chrome body group)에서 한 줄기로 나온 물을 여러 가닥으로 나뉘어 떨어지게 하는 샤워 홀더(shower holder)로 되어 있다. 또 샤워 홀더(shower holder)에서 여러 가닥으로 분산된 물줄기를 포터 필터에 있는 커피 표면 전체에 골고루 분사해주는 샤워(shower)와 샤워를 고정하는 나사로 되어 있다

10) 원컵 추출 필터 홀더(One-cup Filter Holder) : 한 잔 추출용 포터 필터(6~7g 사용)

한 잔 분량의 커피 추출용 포터 필터이다.

11) 투컵 추출 필터 홀더(Two-cup Filter Holder)

두 잔 추출용 포터 필터(12~14g 사용)

filter holder

열을 유지하기 위해 보통 동으로 만들어진다. 동은 열을 유지하는 성질은 강하나 공기와의 접촉을 통해 부식의 위험이 있기 때문에 크롬으로 도금한다.

- filter holder knob: 포터 필터 손잡이
- filter holder spring: 필터 고정 스프링
- 1cup filter: 한 잔 추출용 필터
- 2cup filter: 두 잔 추출용 필터
- 1cup spout: 한 잔 추출용 추출구
- 2cup spout: 두 잔 추출용 추출구

1~2 cup spout는 최종적으로 에스프레소가 나오는 곳이므로 항상 청결히 관리해야 한다. 커피 추출 시 깨끗한 곳에서 작업을 하고, 그룹에서 분리 시 drip tray grill이나 바닥에 닿지 않도록 주의해야 한다

12) 발받침(Adjustable Foot)

기계를 지탱하는 발이다. 기계의 높이와 수평이 맞지 않는다면 발을 돌려 높이와 수평을 맞출 수 있다. 기계의 발은 나사식으로 되어 있다

13) Hot Water Dispensing Buttons : 온수 추출 버튼

온수 추출 버튼이다.

14) 커피 컨트롤 버튼(Coffee Control Buttons) : 커피 추출 버튼

- 적은 양을 추출하는 에스프레소 버튼으로서 한 잔 그림은 한 잔 분량, 두 잔 그림은 두 잔 분량을 추출한다.
- 연속 추출 버튼으로서 수동으로 작동한다.
- 많은 양을 추출하는 에스프레소 버튼으로서 한 잔 그림은 한 잔 분량, 두 잔 그림은 두 잔 분량을 추출한다

15) 가스켓(Gasket)

추출시 고온 고압의 물이 새지 않도록 차단해준다.

16) 샤워홀더(Shower Holder, Diffuser)

그룹헤드 본체에서 한 줄기로 나온 물이 홀더를 지나면서 6~8개의 물줄기로 갈라져 필터 전체에 골고루 압력이 걸리도록해준다.

17) 샤워스크린(Shower / Dispension Screen)

샤워 홀더를 통과한 물을 미세한 수많은 줄기로 분사시켜준다.

18) 펌프모터

압력을 7~9bar까지 상승시켜주며, 이상이 생기면 물공급이 제대로 되지 않아 소음이 발생한다.

19) 솔레노이드 벨브(Solenoid Valve)

물의 흐름을 통제하는 부품이다.(찬물, 온수의 추출 조절)

20) 플로우 미터(Flow Meter

커피추출 물량을 감지해주는 부품

21) 포타필터(Portafilter)

분쇄된 커피를 담아 그룹헤드에 장착시키는 기구이며, 항상 그룹헤드에 장착시켜 온도를 유지시켜주어야 한다.

2 커피머신 주변 도구

1) 넉 박스(Knock Box)

에스프레소 추출 후 발생한 커피케이크를 버리는 통

2) 템퍼(Tamper)

커피를 담아 다지는 도구

3) 스티밍 피처(Steaming Pitcher)

우유를 데우거나 거품을 내는 도구

4) 패킹 매트(Packing Mat)

탬핑 작업 시 포타필터 밑에 까는 매트

5) 블라인드 필터(Blind Filter)

구멍이 없이 막힌 필터로 그룹헤드 청소 시 사용

6) 호퍼(Hopper)

그라인더의 원두 담는 통

3 커피머신의 청소

① 포터 필터의 필터바스켓을 막힌 바스켓(blind basket)으로 교체한다.
② 브러시를 이용해 가스켓(gasket)을 청소해 준다.
③ 머신의 연속추출 버튼을 눌러 물을 흘려보내면서 스크린을 청소한다.
④ 브러시로 그룹헤드의 가스켓을 세척한다.
⑤ 청소용 세제 1g을 막힌 바스켓에 넣는다.
⑥ 막힌 바스켓을 그룹헤드에 장착해서 물이 새지 않도록 한다.
⑦ 추출 버튼을 눌러 머신이 작동되도록 한다.
⑧ 10초 동안 막힌 바스켓 내에서 세제와 압력을 동시에 이용해 청소가 되도록 한다.
⑨ 추출 버튼을 다시 눌러 머신이 작동을 멈추도록 한다.
⑩ 압력이 충분히 빠지도록 3초 동안 멈춤 상태를 유지한다.
⑪ 다시 추출 버튼을 눌러 9번의 상황이 되도록 한다.
⑫ 막힌 바스켓을 분리하고 포터 필터와 필터바스켓을 씽크대에서 중성세제로 세척한다.
⑬ 포터 필터에 추출용 바스켓을 다시 장착해 둔다. 이때 피부 끼임에 주의해야 한다.
⑭ 머신의 배수통에 뜨거운 물을 200ml 이상 스팀피처에 받아 흘려보낸다.
⑮ 머신의 전원을 끈다.
⑯ 샤워스크린의 중앙에 있는 나사 또는 볼트를 확인한다.
⑰ 나사와 볼트를 천천히 풀어낸다. 이때 모든 부분이 뜨거운 상태이므로 장갑을 착용하고 분리한다.(나사와 볼트 그리고 샤워스크린과 샤워헤드 등이 아래로 떨어지지 않도록 주의해야 한다.)
⑱ 샤워헤드와 샤워스크린 그리고 나사를 깨끗한 물로 세척한다. 경우에 따라 청소용 세제에 담가 두고 다음날 세척하기도 한다.
⑲ 그룹헤드에 샤워헤드와 샤워스크린 등을 나사로 체결한다. 이때 방향이 바뀌지 않도록 주의한다.
⑳ 머신의 드립트레이를 분리해 씽크대에서 세척한다.

㉑ 스팀막대의 꼭지를 분리해서 세척한다. 18번의 세제에 담가 다음날 세척하기도 한다.

㉒ 세척한 기계의 모든 부분에서 물기를 제거한다.

㉓ 역순으로 모든 부분을 다시 장착한다.

㉔ 머신의 전원을 켠다.

㉕ 포터 필터를 그룹헤드에 장착해 온도가 유지되도록 한다.

그룹헤드 청소 매뉴얼

• 제품 사용방법

	<세정제> **업소용 '에스프레소 머신'의 세정** - 최고의 성과를 위하여 매일 사용하시오. **Back Flush(역류) - 각 그룹헤드 모두 해당** 1. 블라인드(멍텅구리 필터를 포타필터(Porta-flters)에 삽입한 후, 본 제품 약 1/2 티스푼(약 4그램)을 넣고, 포터필터를 그룹헤드에 장착한다. 2. BREW 싸이클을 10초간 작동, 10초간 멈춤을 5회 반복한다. 3. 포타 필터를 그룹헤드에서 분리하고 Brew 싸이클을 작동시켜 그룹헤드에서 나오는 물로 포타 필터를 헹군 후, 작동을 정지한다. 4. 다시 포타 필터를 그룹헤드에 장착하고 본 제품을 넣지 않고 위 2번 과정을 5회 반복한다. 5. 본 제품의 잔유물이 남아 있을 가능성을 제거 위하여 한잔의 에스프레소를 만든 후 버린다. **SOAK(부중담그기) - 포타 필터 등의 부품** 뜨거운 물 1리터에 본 제품 1 티스푼(약 8그램)을 녹인 후, 필터와 포타 필터의 금속부품 등을 30분간 담근 후, 깨끗한 뜨거운 물로 헹군다.
주의: 먹으면 해롭습니다. 먹었을 경우 물을 많이 먹을 것. 눈에 들어갔을 경우 흐르는 물에 15분 정도 깨끗이 씻을 것. (콘택트 렌즈는 제거) 상기 경우 모두 응급처치 후 즉시 의사에게 상담하시오. 과다한 피부 접촉을 삼가 하시고, 어린이 손에 닿지 않는 곳에 보관하시오.	**업소용 원두 커피메이커** 1. 기기로부터 커피를 제거한다. 2리터 기기 용량 당 본 제품 1/2 티스푼(4그램)의 비율로, 본 제품을 비스킷(필타)에 직접 부린다. 2. 각각의 용기에 모두 용액이 차도록 Brew 싸이클을 작동시킨 후 30분간 그대로 둔다. 3. 각 용기를 비우고 모든 부품을 깨끗한 뜨거운 물로 헹군다. 분무기헤드 등은 천에 본 제품의 용액에 묻혀서 구석구석 닦아 내린 후, 깨끗한 천으로 닦는다.

2. Coffee Grinde 구조 및 사용방법

1 커피 그라인더의 종류

커피 원두를 작은 가루로 만들기 위해서는 커피 원두에 힘을 가해 조각으로 부숴 주어야 한다, 커피 원두에 힘을 가하는 방법은 응력을 이용하는 것이다. 응력은 압축 응력과 전단 응력 두 가지가 있다. 커피 원두는 탄성체이기 때문에 어느 한계치에 도달하게 되면 미세한 균열이 일어나고, 이러한 균열이 급속히 퍼져 나가 파괴되고 조각난다. 즉, 분쇄의 1단계는 이렇듯 균열 이후 파괴되어 조각나는 것이다. 이런 조각을 원하는 사이즈(size)로 분쇄하는 것이 2단계의 메커니즘이다. 커피 원두를 분쇄하는 방법은 크게 충격식 분쇄와 간극식 분쇄로 나뉜다.

1) 충격식 분쇄기(Impact Grinder)

몇 쌍의 칼날이 고속으로 회전하여 부딪히는 커피 원두를 충격을 가하여 부수는 원리로, 보통 제작이 쉽고 금액이 저렴해 가정용 분쇄기에 적용하고 있다.

2) 간극식 분쇄기(Grap Grinder)

간극식 분쇄기는 일정한 간격을 두고 칼날이 돌아가는 원리로, 날 사이에 커피 원두를 통과시켜 분쇄하는 방식이다. 일반적으로 플랫형, 롤러형, 원뿔형으로 나눌 수 있으며 보통 매장에서 사용하는 그라인더는 플랫형과 원뿔형이다. 롤러형은 공장에서 많이 사용한다.

3) 플랫 그라인더(Flat Grinder)

매장용 그라인더에서 많이 채택하고 있는 칼날 방식으로 분당 1,400~1,600rpm으로 회전한다. 아래쪽 칼날이 회전하며 위쪽 칼날과 맞물려 원두를 자른다. 회전수가 많고 평면 형태이므로 고른 분쇄가 가능하다는 장점이 있지만 다른 방식에 비해 마찰열이 약간 높게 형성되는 단점이 있다. 플랫 그라인더는 그라인드 방식과 커팅 방식 두 가지로 구분한다.

- 그라인드(grind) 방식
  평면 날에 돌출한 톱니가 으깬 후 커팅하는 방식이다. 드립용으로 많이 쓰인다.

- 커팅(cutting) 방식

  원두를 자르는 방식으로 분쇄도가 균일하다. 주로 상업용으로 많이 쓰이며 드립용과 에스프레소용이 있다.
- 플랫 그라인더의 구조적 특징

  플랫 그라인더의 구조적 특징은 대부분 수평형을 이루고 있다는 것이다. 두 개의 같은 크기 날이 빠르게 회전하므로 고른 분쇄가 장점이다. 하지만 그만큼의 마찰열이 발생하여 장시간 연속 사용이 어렵다는 단점이 있다

4) 원뿔형(Conical) 그라인더

코니컬 그라인더라고 하는데, 고정되어 있는 암날 안으로 수날이 회전하면서 분쇄하는 방식을 갖는다. 커피 원두는 중력 또는 뒤에서 밀어 주는 원두에 의하여 공급되며, 입자 크기의 조절에 매우 좋다. 보통 분당 400~800rpm 정도 회전하면서 분쇄하며 입자 조절이 다른 방식에 비해 정교하다는 장점이 있다. 반면, 플랫 그라인더에 비해 가격이 비싸다는 단점이 있다.

2 반자동 그라인더 구조

1) 호퍼

원두를 담는 통으로, 대개 1kg 정도의 용량을 담을 수 있다.

2) 호퍼 개폐기

호퍼 내의 원두를 그라인딩 칼날로 내려갈 수 있도록 하거나 내려가는 것을 막으려고 할 때 사용하는 개폐기이다. 제조사마다 개폐 방향이 다르다.

3) 분쇄 입자조절기

그라인더에 표시된 숫자가 커지면 분쇄된 커피 입자가 굵어지고 숫자가 낮아지면 반대로 입자가 가늘어진다. 제조사별로 시계방향이나 반시계방향으로 조절할 수 있도록 되어 있다. 또한 제조사별로 고정핀이 달려 입자가 변경되는 것을 방지하는 모델도 있고, 스프링의 압력으로 변경을 방지하는 모델도 있다. 따라서 입자를 조절하기 위해서는 고정핀을 누른 다음 입자조절을 할 수 있다. 또 다시 고정핀이 물리게 해야 입자가 변경되지 않는다.

4) 도저

분쇄된 원두를 보관하는 통으로, 제품에 따라 계량을 위한 칸막이가 설치되어 있다.

5) 도저레버

도저 안에서 포터 필터로 떨어지는 원두 투입량을 조절하는 레버로, 시계방향으로 돌리면 양이 줄어들고 시계 반대방향으로 돌리면 양이 늘어난다. 보통 원두를 분쇄해서 보관했다가 사용하는 매장에서 이용하는 방식이다. 도저레버는 배출레버를 1회 당길 때 6~9g까지 조절 가능하다. 그러나 갈린 커피양이 100g 이하가 되면 일정한 배출량을 보장할 수 없게 된다.

6) 배출레버

도저에 장착된 레버로서, 앞으로 당기면 분쇄된 커피가 아래로 떨어지도록 되어 있다. 당겼다 놓으면 스프링에 의해 원위치로 되돌아간다. 그러나 일부러 놓지 않고 손가락과 함께 자연스럽게 돌아가야 소음이 적다.

7) ON/OFF 스위치

그라인더의 작동스위치를 말한다. 자동 그라인더는 대기상태가 되는 스위치이며 분쇄 시에만 작동시킨다.

3 자동 커피 그라인더 구조

자동 커피 그라인더는 수동으로 레버를 당기는 방식에서 기억된 시간만큼 그라인더를 작동시키는 방식의 그라인더를 말한다. 그라인딩 방식이나 입자를 조절하는 것은 반자동 커피 그라인더와 동일하다. 따라서 메모리된 시간만큼 작동하는 것이므로 분쇄입자가 조절되면 같은 시간 안에 갈리는 양이 달라진다. 따라서 입자를 조절했다면 반드시 이에 따라 갈리는 시간도 조절할 필요가 있다. 입자를 굵게 조절했다면 갈리는 양이 많아지게 되고 가늘게 조절했다면 양이 적어지게 된다. 이러한 불편을 겪지 않기 위해 보통 수동으로 작동시키는 버튼이 추가되는 경우가 많다. 즉, 양이 부족하다면 누른 시간만큼의 양만 갈리게 되는 기능이다. 자동 그라인더는 외형상 도저가 없이 필요시마다 분쇄한 커피를 사용하는 특징이 있다.

4 분쇄 커피의 입자 크기

① 그라인딩(grinding)은 커피 원두의 추출 면적을 넓혀 주기 위한 작업이다. 커피를 곱게 분쇄할수록 뜨거운 물과 커피파우더의 접촉 면적의 총합은 더 커지게 된다. 이때 분쇄된 원두는 미분(micro)에서부터 지름 1mm의 입자에 이르기까지 일정한 크기로 구성되어 있어야 한다. 입자 사이에 균일한 공간이 확보되어야 뜨거운 물이 흐르면서 커피의 맛과 향기 성분을 고르게 녹여낼 수 있기 때문이다. 일반적으로 그라인딩 단계는 굵게(coarse), 중간 굵기(medium), 가늘게(fine), 미분(micro) 등으로 나눌 수 있다.

② 이러한 분쇄 정도는 에스프레소의 추출시간을 결정한다. 곱게 분쇄할수록 온수가 커피 입자를 통과하는 시간이 길어지는 반면, 굵게 분쇄한 커피일수록 온수가 커피 입자를 빠르게 통과하게 되어 시간이 짧아지게 된다. 이와 함께 커피의 농도 역시 분쇄 크기에 의해 좌우된다. 입자가 작으면 진하게, 입자가 굵으면 연하게 추출된다는 뜻이다. 따라서 분쇄 굵기는 추출하려는 도구에 맞게 조절해야 한다. 예를 들어 중간 분쇄는 주로 핸드 드립이나 커피 메이커, 사이폰 등은 중력에 따라 추출하는 방법에 적합하다. 반면, 기계의 압력을 이용해 순간적으로 추출하는 에스프레소 방식에서는 미세한 분쇄 크기를 사용한다.

③ 그러나 특정 그라인더를 제외하고는 에스프레소와 같은 미세한 영역에서 입자 조정이 되도록 설계되어 있는 그라인더와 드립그라인더처럼, 중간 영역에서 입자 조정이 되도록 설계된 그라인더가 따로 제작·판매되는 것이 일반적이다. 따라서 추출 방법에 따라 그라인더는 전용으로 사용하도록 한다.

2. Coffee Grinde 청소방법

1 그라인더의 날의 일반 청소

그라인더 날을 분리청소하지 않고 수시 또는 매일 청소하는 경우에는, 위의 1. 커피 그라인더 날의 분리 청소 과정의 1 ~ 5번까지의 과정을 통해 청소한다.

2 커피 그라인더 날의 분리 청소

그라인더의 날의 분리청소는 보통 1주일에 1회씩 청소한다. 그라인더 청소용 알약모양의 세정제를 사용하기도 한다. 하지만 대부분 완전한 청소를 위해 분리청소를 한다.

날의 청소는 그라인더의 날 순서와 유사하다.

① 호퍼개폐기를 닫는다.
② 그라인더의 스위치를 켜서 남은 원두를 모두 갈아낸다.
③ 전원을 끄고 전원코드를 뽑는다.
④ 호퍼를 조심스럽게 분리하고 원두를 밀폐용기에 담는다.
⑤ 진공청소기를 이용해 남아 있는 파우더를 입구에서 배출구까지 모두 제거한다.
⑥ 고정핀을 누르고(없는 모델도 있다.) 분쇄입자가 커지는 방향으로 계속 돌려 위쪽 날을 분리한다. 분리할 때는 스프링이 튕겨 나오는 모델이 있으므로 천천히 들어 올리면서 살펴보아야 한다.
⑦ 분리된 윗날의 나사선과 칼날부분에 묻은 커피찌꺼기를 브러시로 청소한다. 이때 스프링 등 작은 부품은 안전한 곳에 보관해 두어야 한다. 스프링하우징의 맨 아래에도 찌꺼기류가 많다. 신경 써서 청소한다.
⑧ 나사머리의 홈에 끼인 커피찌꺼기를 제거한다.
⑨ 입자조절기를 고정하고 드라이버로 칼날고정나사를 분리한다.
⑩ 브러시 등의 청소도구로 다시 한 번 찌꺼기류를 제거한다.
⑪ 분리한 칼날을 깨끗이 청소한다. 이때 칼날에 다치지 않도록 조심해야 하고, 장갑을 끼고 청소해야 손 베임을 예방할 수 있다. 중성세제로 깨끗이 물청소해도 좋다.
⑫ 청소한 날의 방향이 보이게 놓고 나사를 하나씩 넣으면서 한 바퀴씩만 잠근다. 이때부터는 새로운 날에 드라이버나 나사가 충격을 주지 않도록 주의해야 한다.
⑬ 고정나사를 한 바퀴씩 돌려가며 전체적으로 같은 압력이 가해지도록 완전히 체결한다.
⑭ 다시 한 번 수나사선에 이물질이 없는지 확인하고 식용 윤활유를 살짝 발라둔다.
⑮ 아랫날을 청소하기 위해 다시 한 번 청소도구로 찌꺼기를 제거하고 나사머리의 홈에 끼인 이물질을 완전히 제거한다.
⑯ 아랫날은 드라이버로 풀어내려고 하면 회전으로 인해 쉽지 않다. 드라이버를 하나 더 준비하고 암나사선에 닿지 않도록, 위에서 아래로 회전날을 고정하면서 나사를 풀어야 한다.
⑰ 분리한 아랫날은 11)의 방법으로 청소한다.
⑱ 아랫날을 분리하고 나면 커피찌꺼기 제거를 위해 분리한 모터축도 청소를 한다.

⑲ 청소가 완료된 날을 고정나사에 맞추고 11)번과 같이 작업을 진행한다.

⑳ 고정을 위해 12)의 동작을 진행할 때는 15)번과 같은 방법으로 진행한다.

㉑ 입자조절용 암나사선 하나하나에 이물질이 없도록 청소하고 확인 후 식용 윤활유를 살짝 바른다.

㉒ 조립해두었던 13)의 위쪽 입자조절기를 주의해서 암나사선과 수나사선이 물리도록 천천히 입자가 작아지는 방향으로 돌린다. 이때 위쪽 입자조절기가 수평이 유지되는지 주의하면서 돌려야 한다. 만약 고정핀이 있는 모델이라면 고정핀을 누른 상태로 돌려야 하고, 고정핀이 없는 모델이라면 스프링이 모두 위치해 있는지 압력을 수평으로 잡아주는 프레스 밸런싱부품(press balancing)이 바르게 놓여 있는지 확인하고 위에서 누르며 돌려야 한다.

㉓ 지금부터 주의를 기울여야 한다. 위쪽 입자조절기는 완전히 잠길 때까지 계속 돌려야 하는데 중간에 힘이 강하게 들어가는 등 돌리는 데 어려움이 있다면, 6)번 같이 다시 해체해서 입자조절 암나사선과 수나사선에 이물질이 끼여 있는지 확인을 완료하고 20)의 방법으로 조립을 다시 해야 한다.

㉔ 입자조절기가 완전히 잠겼다고 판단하는 것은 입자조절기가 최소입자영역을 넘어 윗날과 아랫날이 닿았다는 뜻이다. 이를 확인하기 위해 아랫날의 중심축을 손으로 돌려보았을 때 돌아간다면 아직 완전히 잠긴 상태가 아니고 돌아가지 않는다면 잠긴 상태이다. 잠긴 상태가 아니고 더 이상 돌아가지 않는다면 21)로 돌아간다.

㉕ 완전히 잠긴 상태가 확인되었다면 이번에는 입자조절기를 굵어지는 방향으로 90°~120° 돌려준다.

㉖ 다시 한 번 아랫날을 중심축을 손으로 돌려, 돌아가는지 그리고 마찰음이 없는지 확인해야 한다. 마찰음이 들린다면 120°보다 더 크게 돌려주어야 한다. 이는 새로운 입자크기를 빠르게 찾을 수 있는 방법으로 원두 낭비를 줄일 수 있다.

㉗ 호퍼를 장착하고 원두를 넣는다.

㉘ 전원 코드를 꽂고 그라인더를 ON해 본다. 회전하는 소리가 들린다면 호퍼개폐기를 열어 원두가 들어가도록 한다.

㉙ 추출 방법에 따라 정상 추출이 되는지 확인하는 과정을 거치고 입자를 조절한다.

3 호퍼 청소

호퍼는 로스팅된 원두를 직접 보관하는 곳이므로 원두 커피 표면의 오일이 많이 묻는다. 그러므로 청소가 무엇보다 중요하다. 만일 일주일 이상 그대로 사용하면 호퍼에 오일이 많이 묻어나게 된다. 이럴 경우에는 시각적으로도 보기가 좋지 않을 뿐만 아니라, 커피 맛에도 좋지 않은 영향을 준다.

호퍼 청소는 매일 해 주는 것이 좋다.

① 호퍼개폐기를 닫는다.
② 남은 원두를 담아둘 밀폐용기를 준비한다.
③ 호퍼를 뚜껑과 함께 그라인더에서 조심히 분리한다.
④ 준비한 밀폐용기에 호퍼 내의 원두를 모두 담는다.
⑤ 호퍼와 뚜껑을 미지근한 물에 담고 중성세제를 이용해 살살 닦아낸다. 이때 설거지용 수세미는 거칠지 않은 부드러운 재질의 것을 이용해야 호퍼가 손상되지 않는다.
⑥ 중성세제가 남아 있지 않도록 충분히 헹구고 물기가 빠지면서 건조가 되도록 보관한다. 보통 머신 위에 뒤집어서 말린다.
⑦ 다음 영업준비과정에서 그라인더에 장착해서 사용한다.

4 도저하우스(컨테이너)

분쇄된 커피를 담아두는 수동 그라인더 모델의 경우에는 도저하우스 또는 컨테이너로 불리는 곳에서 커피파우더를 모두 빼낸 다음 전기청소기를 이용해 남아 있는 모든 커피파우더를 제거한다. 이때 그라인딩 하우징에서 도저하우스로 나오는 길목 부분까지 커피파우더를 제거해서 그라인더 날의 매일 청소와 함께 깨끗한 상태가 되도록 한다.

1) 솔을 이용해서 청소하는 방법

분리하지 않고 청소를 할 경우 솔로 구석구석을 잘 털어주는 방법이다. 현대에는 전기청소기로 빨아들여 청소하는 경우가 더 많다.

2) 분리해서 청소하는 방법

도저의 케이스 및 뚜껑에 찌꺼기가 많이 묻어 있으면 커피의 맛과 향에도 영향을 주지만 시각적으로도 불결함을 그대로 보여 주게 된다. 중성 세제를 이용해서 물로 깨끗이 씻은 다음 잘 건조시켜 조립함으로써 항상 청결을 유지하도록 한다.

바리스타 커피관리론
Management of Coffee

12 Espresso

1. Espresso란?

1 Espresso의 정의

① 에스프레소(Espresso)는 일반적으로 빠르다란 의미인 "Express"에서 비롯되어 만들어진 단어로 "빠르게 추출되는 커피"란 뜻이다.

> 또한 이 말에서 유래된 "Expresso"라든지 압력을 가해 추출한다는 뜻을 지닌 라틴어의 "Esprimere"라고 잘못 전달되기도 한다.
> 에스프레소는 "손님을 위해 준비된 요리"라는 의미로서의 이탈리아어인 "에스프레시보(Espressivo)"에서 유래된 것이 설득력 있는 것으로 전해지고 있다.

② 드립식 커피가 1~2분의 시간이 걸리는 데 비해 에스프레소는 추출시간이 약 20초 정도밖에 안 걸리는 짧은 시간 안에 작업을 끝내야 하는 만큼 카페인의 함량이 적고 원두의 입자도 일반 커피보다 더 미세하며, 약 9기압 정도의 증기를 투과시켜야 하므로 일반 커피메이커나 드립퍼로는 에스프레소를 만들기 힘들다.

③ 에스프레소는 20세기 초반 이탈리아 밀라노 지역에서 개발되었다. 당시 에스프레소는 순수하게 수증기의 압력으로 추출되었다. 1940년대 중반 스프링 피스톤 레버머신이 개발되어, 오늘날 우리가 알고 잇는 형태의 에스프레소 커피가 제조되기 시작하였다. 오늘날에는 대개 대기압의 9~15배의 압력을 가해 에스프레소를 추출한다.

④ 에스프레소의 가장 큰 특징은 드립 커피(여과지에 내리는 커피)보다 농도가 짙다는 것이다. 같은 부피를 놓고 비교해 봤을 때 드립 커피보다 일정 부피 안에 용해된 고형체의 양이 많다. 그러나 흔히 생각하는 것과는 달리 카페인의 함유량이 적은데, 커피를 빠른 시간에 뽑아내며, 에스프레소용 커피콩이 드립용보다 카페인이 낮은 경우가 대부분이기 때문이다. 에스프레소용 커피는 주로 보통 내려 먹는 커피보다 강하게 볶은 커피를 쓴다.

⑤ 정확히 추출된 에스프레소의 맛은 매우 진하고 일반 커피에서는 볼 수 없는 황금색 크림층의 크레마가 형성되는 데 크레마는 커피원두 속의 오일과 투과증기가 만나 커피 위로 떠오른 층을 말하며, 에스프레소 머신의 성능과 종류 및 원두의 종유와 배전상태에 따라 달라진다. 또한 크레마에는 원두의 향이 응축되어 있기에 너무 두껍거나 열으

면 에스프레소의 적절한 맛을 즐기기가 어려운 만큼 크레마가 에스프레소의 맛을 좌우한다 해도 틀린 말은 아니다.

⑥ 에스프레소 방식에서 사용되는 압력은 9~10기압, 추출시의 온도는 90±5℃, 추출시간은 30±5초가 이상적이다. 에스프레소 한잔을 추출하기 위한 커피양은 보통 6~7.5mg가 되며, 추출된 에스프레소의 양은 1온스(약 28mg)~1.5온스(약 42mg)정도가 된다. 에스프레소의 추출에 보통 18~24초가 걸린다.

2 Espresso의 종류

에스프레소 메뉴 단원에서 자세한 에스프레소 추출법에 대해 학습한다. 추출은 에스프레소, 리스트레또, 룽고, 도피오로 추출할 수 있다. 에스프레소 메뉴는 정상 추출일 경우 시간과 양의 차이로 구분할 수 있다.

1) 에스프레소(Espresso)

에스프레소는 빠르게 추출한 커피를 원액으로 마시고 입속에 남는 여운을 즐기는 커피이다. 25~30ml를 추출하여 60~90ml의 에스프레소 잔에 제공한다.

2) 리스트레또(Ristretto)

짧게, 제한적으로 추출한 에스프레소를 말한다. 에스프레소보다는 적은 양인 15~20ml를 짧은 시간에 추출해 에스프레소 잔에 제공한다. 진하면서도 아주 부드러운 맛이 특징이다.

3) 룽고(Lungo)

길게 추출한 에스프레소를 말한다. 에스프레소보다 더 많은 35~45ml를 추출한다. 부드러움과 쓴맛이 특징이다.

4) 도피오(Doppio)

영어로는 더블(double)이다. 두 배의 추출을 의미하기 때문에 도피오는 위에서 알아본 에스프레소, 리스트레또, 룽고 모두 가능하다. 일반적으로 도피오는 에스프레소의 2배가 기준이다. 룽고 도피오를 제외한 에스프레소, 리스트레또, 도피오는 모두 에스프레소 잔에 직접 받아서 제공하는 기본 메뉴이다.

3 Espresso의 과소 추출 & 과다 추출

에스프레소의 과소/과다 이론은 맛과 향에 대한 기준에 의해서 만들어진 것이다. 즉, 고객의 맛과 향에 대한 기준에 의해 커피 투입량과 추출 시간 그리고 추출량, 추출 온도를 평균으로 귀결한 것이다.

1) 과소 추출

에스프레소가 기준치인 30mℓ(25~35mℓ)에 도달하는 시간이 25초(20~30초) 미만인 경우를 말한다.

- 보통 투입량이 기준보다 적은 경우
- 분쇄 입자가 기준보다 굵게 조절된 경우
- 추출 압력이 기준보다 강한 경우에 해당
- 이외에도 탬핑 압력이 약한 경우, 건조한 경우, 로스팅 강도가 약한 경우, 원두의 가스량이 적은 경우, 추출 온도가 기준보다 낮은 경우에도 발생

2) 과다 추출

에스프레소가 기준치인 30mℓ(25~35mℓ)에 도달하는 시간이 25초(20~30초)를 초과하는 경우를 말한다.

- 보통 투입량이 기준보다 많은 경우
- 분쇄 입자가 기준보다 미세하게 조절된 경우
- 추출 압력이 기준보다 약한 경우에 해당
- 이외에도 탬핑 압력이 강한 경우, 공기 중의 습도가 높은 경우, 로스팅 강도가 강한 경우, 그라인더의 연속 시간이 긴 경우, 원두의 가스 팽창 압력이 강한 경우, 추출 온도가 기준보다 높은 경우에도 발생

구분	정상 추출	과소 추출	과다 추출
시간	25초		
양	30ml	40ml 이상	20ml 이하

에스프레소 추출결과

구분	과소 추출	과다 추출
입자의 크기	분쇄입자가 너무 굵다	분쇄입자가 너무 가늘다
커피사용량	기준보다 적은 커피를 사용	기준양보다 많은 커피를 사용
물의 온도	기준보다 낮은 경우	기준보다 높은 경우
추출시간	너무 짧은 추출 시간	너무 긴 추출시간
바스켓 필터	구멍이 너무 큰 경우	구멍이 막힌 경우
펌프 압력	펌프 압력이 높은 경우	펌프 압력이 낮은 경우
보일러 압력	보일러 압력이 낮은 경우	보일러 압력이 높은 경우

4 Espresso의 발전과정

커피 본래의 성분(Essence)을 보다 많이 우려내려는 노력에서 에스프레소 추출기가 탄생했다고 한다면, 에스프레소 추출기의 기원은 이브리크(Ibric or Ibriq) 주전자라고 보아야 할 것 같다. 이브리크 주전자를 사용하여 커피를 추출하면 매우 진한 커피를 즐길 수 있기는 하지만, 장시간 커피를 끓여야 하므로 커피의 향 손실이 많다. 그래서 개발되기 시작한 것이 진공식 커피 추출기이다. 물을 밀폐된 용기 내에서 끓일 때 발생하는 수증기압을 추출에 이용하여 보다 많은 커피성분을 추출할 수 있는 진공식 추출기는 19세기 초 독일에서 처음으로 선을 보였으며, 그 이후 유럽 각 지역으로 전파되었다. 이로 인해 한 시간에 2000잔의 커피를 추출할 수 있는 기계가 에드워드 로이젤(Edouard Loisel)에 의해 개발되어 1855년 파리 엑스포에서 처음으로 전시되었다. 1905년 이탈리아의 베쩨라(Bezzera)는 단순히 압력용기 내에서 물을 끓임으로써 발생하는 수증기압을 커피 추출에 이용한 추출기를 개발하여 최초로 상용화에 성공하였다. 그러나 이 기계는 압력에 의해 물의 온도가 110℃ 정도로 올라간 상태에서 커피가 추출되므로 일반적인 추출에서는 잘 추출되지 않는 바람직하지 않은 성분들이 많이 추출되어 쓴맛이 상대적으로 강하고 제어하기 어려워 커피 추출을 실패할 수 있는 단점을 가지고 있었다. 압력 또한 1.5기압 정도로 현대식 장비와는 비교할 수 없는 정도이다. 이러한 단점을 보완한 현대식 에스프레소 추출기와 동일한 방식의 압축공기를 사용한 추출기는 1946년 이탈리아의 아킬 가기가(Achille Gaggia)에 의해서 발명되었다. 이 기계는 물을 끓이는 보일러와 압력을 공급해 주는 펌프를 별도로 분리하여 원하는 온도와 압력으로 커피를 추출할 수 있게 해 주었다.

에어(Air) 방식은 초기의 지렛대를 움직여 공기압력을 얻는 수동 → 모터를 구동하여 air 압력을 얻는 반자동 → 커피 분쇄, 충진, 추출 등 일련의 동작을 자동화한 완전 자동으로 발전하여 간다.

5 Espresso의 발전과정

① 잔이 뜨거운지 확인한다.

② 포타필터를 뽑은 후 찌꺼지 제거 후 마른 행주로 닦는다.

③ 그라인더를 작동시키면서 바스켓에 파우더를 담는다.

④ 템퍼로 편평하고 고른 힘으로 커피를 누른다.

⑤ 가장자리를 청소한다.(가스켓과 접촉하는 면을 넉박스 위에서 손으로 쓸어서 청소)

⑥ 추출 버튼을 눌러 물을 2~3초 빼준다.

⑦ 그룹 안으로 포터필터를 끼워준다.

⑧ 샷 잔을 준비한다.

⑨ 정확한 버튼을 사용하여 샷을 만든다. 자동적으로 물이 나온다.

⑩ 모든 샷은 20~30초 안에 만들어야 한다.

⑪ 10초 내에 만들어진 샷을 사용하여준다.

⑫ 음료를 만든 후 포타필터를 제거하고 가루를 버려준다.

⑬ 물러 깨끗이 씻어준다.

최고의 에스프레소

- 신선한 커피의 향기
- 4~6 brix의 짙은 농도
- 3~4mm 두께의 균일한 적갈색 크레마

2. Crema

영어로 '크림'이라고 하는 뜻의 크레마는 에스프레소 커피 상부의 다소 붉은 빛을 띠는 거품을 크레마라 부른다. 에스프레소를 추출하는데 있어 가장 중요한 요소이며 에스프레소의 품질을 시각적으로 판단할 수 있는 기준이기도 하다.

에스프레소 추출 시 90~95℃의 뜨거운 물에 순간적으로 5초 정도 커피를 우려내고(infusion)나서 8~10bar의 압력으로 밀어내어 생기는 황금색이나 갈색의 크림이다. 곱게 간 에스프레소에서 나오는 아교질과 섬세한 커피오일의 결합체인데, 젤라틴(gelatin)과 같은 콜로이드(교질)의 고운 입자들이 분산되어 커피 위에 떠 있는 상태라 할 수 있다.

크레마는 처음 추출 시에는 짙은 갈색이었다가 시간이 지나면서 점점 옅은 갈색으로 변하며, 완성된 에스프레소의 가장 좋은 크레마는 갈색띠가 3~4mm 정도 형성되고 표면에는 호랑이 줄무늬가 형성되는 것이다.

에스프레소(Espresso)는 커피 추출 방식의 하나로 기계내의 고압력으로 물을 커피 가루 사이로 통과 시켜 추출하는 방식을 말한다. 즉 고압에서 빠른 시간에 추출하는 방식으로 추출된 커피 자체를 에스프레소라고 부르기도 한다.

크레마의 중요성은 다음과 같이 표현하는 것이 가장 바람직한 것 같다. "일반적으로 크레마가 많다고 해서 좋은 품질의 에스프레소라고 할 수는 없으나 크레마가 매우 적거나 없는 에스프레소는 거의 대부분 품질이 좋지 않다. 더욱이 좋은 품질의 에스프레소는 크레마가 있으면 더 맛있다."

크레마는 단열층의 역할을 하여 커피가 빨리 식는 것을 막아주고, 커피의 향을 함유하고 있는 지방 성분을 많이 지니고 있어 보다 풍부하고 강한 커피향을 느낄 수 있게 해주며, 그 자체가 부드럽고 상쾌한 맛을 지니고 있어 에스프레소에 있ㅇ더서 매우 중요하다.

크레마가 많은 에스프레소 커피를 만들려면 신선한 원두, 좋은 에스프레소 추출기, 적절한 분쇄 정도, 적절한 탬핑, 신선하고 깨끗한 물이 꼭 필요하다. 여기서 적절한 탬핑이란 추출 시 적당한 압력이 걸릴 수 있도록 커피를 다져주는 것을 말한다.

3. Crema 평가

1 시각적 평가

시각적으로 색상은 노랑(황금색), 갈색, 붉은색으로 형성된다. 커피의 신선도와 정확한 추출을 통해 줄무늬나 점박이 패턴이 형성되기도 한다. 평가 시에는 굵은 거품이 존재하는지 여부와 흰색에 가까운 색이 있는지 여부를 평가한다. 경우에 따라서는 명도뿐만 아니라 채도를 평가에 적용하여 표면이 밝게 빛을 반사(shiny)하는지 탁한지(dark)에 대한 평가를 한다.

2 지속력과 복원력의 평가

지속력과 복원력의 평가는 크레마의 밀도와 두께, 농도를 평가하는 것으로 전통적인 방식으로는 설탕을 뿌려 가라앉는 속도를 통해 평가하는 방법이 있고, 스푼으로 밀어서 두께를 확인하고 밀린 자리를 다시 메우는지를 평가하는 방법, 그리고 최근에는 잔을 45°로 기울이며 펼쳐지는 상태를 통해 평가하는 방법이 있다.

3 평가의 시기

크레마는 휘발성 성분이므로 평가 시 또는 음료제조 시에 즉시 평가하거나 추출 즉시 사용하는 것이 중요하다.

크레마	색상이 옅을 경우	색상이 진할 경우	없을 경우
투입량	기준량 이하 원두사용	기준량 이상 원두사용	기준량 이하 원두사용
추출시간	추출이 너무 빠름	추출이 너무 오래걸림	-
신선도	-	-	신선하지 않은 원두사용
물의 온도	-	-	온도가 낮은 물의 추출

4. 에스프레소의 4요소

1 혼합(Blend)

① 혼합이란 맛의 창조라고 할 수 있는데 에스프레소는 커피 한 종보다 두가지 혼합을 하여 사용하는 것이 좋고, 에스프레소의 품질을 결정하는 두 번째 요소는 볶는 과정과 냉각과정이다. 볶는 과정은 커피생두가 커피원두로 바뀌어지는 변환과정의 하나로 이 과정에서 커피원두만이 가지는 감각적인 특성과 물리적인 변화가 이루어진다. 볶는 과정이 끝나면 냉각과정으로 들어가게 되며 이 냉각과정은 수냉식과 공랭식 두 가지 방법이 있다.

② 포장방식 역시 중요요인의 하나로 혼합과정의 결실을 맺는 과정으로 포장방식에서 가장 중요한 변수는 커피원두에 가장 해로운 성분인 산소와 수분을 얼마나 차단시킬 수 있느냐 하는 것이다. 산소는 커피 원두를 산화시키는 원인이 되며 산화과정에서 커피 원두의 향이 분해되고 결국 이취를 발생시킨다. 수분 즉 습기가 차단되지 않으면 커피가 굳어버리고 정량인데도 불구하고 정량커피를 만들 수 없는 원인이 된다. 포장 역시 산화와 습도를 방지하고 원두특성을 보존하는점에서 매우 중요한 단계이다.

2 분쇄(Grinder)

① 원두형태로 판매되는 커피의 경우 분쇄된 커피보다 더 많은 향을 함유하고 있다. 에스프레소가 즉석에서 준비하는 커피이므로 추출직전에 분쇄된 커피는 많은 향을 보존할 수 있다. 원두를 분쇄하는데 사용되는 기구를 그라인더(Grinder)라고 부른다. 그라인더 중에서 가장 중요한 부분은 그라인더 디스크(날)이며 2개의 디스크가 회전운동을 통해 원두를 분쇄해주고, 장착된 링너트는 원두입자의 크기를 조절해준다. 그라인더에는 일반적으로 두 가지가 있는데 평면형 디스크는 원두 400kg을 분쇄하면 날이 무디어져 다시 교체해야 하지만, 원뿔형은 약 1톤까지 분쇄할 수 있는 내구성을 갖추고 있고 커피원두의 과열을 방지하는데도 유리하기 때문에 주로 원뿔형 디스크가 많이 사용된다.

② 원뿔형 디스크의 회전속도는 350~400rpm으로 1400~1800rpm에 달하는 평면형 디스크보다 훨씬 느린 편이라 분쇄 작업시에도 커피원두가 열을 받아 향이 공중분해 되는 것을 막아주지만 작업용량을 초과했을 때는 빨리 디스크를 교체해주어야 한다.

③ 분쇄 시 입자의 크기는 에스프레소 추출시간과도 밀접한 관계가 있다. 적절한 분쇄입자

가 사용되었을 경우 에스프레소 한잔을 추출하는데 약 20~30초 사이가 된다. 추출 시간이 짧으면 입자가 거칠고, 길면 분쇄입자가 너무 가늘다는 의미이다. 또 한가지는 그라인더 투입량 조절이다. 그라인더는 작업 중인 커피 종류에 따라 정확한 양을 투입하도록 세팅되어 있지만 커피한잔을 추출하기 위해 필요한 양은 원두종류나 상태에 따라 조금씩 차이가 난다.

3 기계(Machine)

에스프레소 머신은 물을 가열할 때 발생하는 높은 압력을 분쇄된 커피사이로 통과시켜 커피 엑기스를 추출하는 방식으로 이때 열과 압력은 기계 내부에 있는 용해 가능 커피의 향과 당밀성의 성분을 추출하게 된다. 에스프레소 머신은 물의 온도가 섭씨 90℃ 정도가 되어야 하고 추출 압력도 7~8바(Bar)정도로 일정하게 유지해야 한다.

4 바리스타(Barista)

커피의 원두와 시설도 중요하지만 진정 커피를 만드는 사람의 기술에 따라 커피의 맛도 많은 차이가 난다. 바리스타의 역할은 우선 어떤 원두를 선택할 것인지 어떻게 그 기능을 활용할 것인가? 완벽한 커피 추출을 위해 꾸준한 노력을 통해 정확한 지식과 함께 기능에 대해 숙련해야 할 것이다.

5. 탬핑 & 태핑

1 탬퍼의 종류

탬퍼(tamper, 커피다지기)는 포터필터에 커피를 채운 상태에서, 수평을 잡아 주며 단단하게 눌러주는 기구를 말한다. 탬퍼에는 그라인더에 부착되어 있는 그라인더 일체형 탬퍼, 스테인스와 나무 손잡이가 결합된 탬퍼, 알루미늄 탬퍼, 플라스틱 탬퍼 등이 있다. 알루미늄 탬퍼는 게가 무겁기 때문에 적은 힘으로도 탬핑할 수 있다. 스테인리스와 나무 손잡이가 결합된 탬퍼는 무게가 보통으로, 바리스타가 탬핑하는 힘을 조절하며 사용할 때 용이하다. 플라스틱 탬퍼는 가벼우므로 주로 수평을 맞추기 위해 사용한다. 이러한 탬퍼를 이용해 몇 번의 에스프레소 추출을 연습한 다음, 바리스타 자신에게 맞는 탬퍼를 선택해서 사용하면 된다. 탬퍼는 크게는 58mm와 64mm의 크기로 나눌 수 있다. 에스프레소 머신 회사마다 포터필터의 필터바스켓 규격이 다르기 때문에 그에 맞춰서 탬퍼의 크기를 선택한다.

2 탬핑(tamping)

포터필터에 담긴 분쇄된 커피를 평평하게 고른 후, 탬퍼(tamper)로 눌러 다지는 작업을 말한다. 탬핑은 에스프레소 기계로부터 뜨거운 물이 커피 입자 사이로 고르게 통과하게 하기 위한 바리스타의 마지막 동작이다. 이 과정에서 커피가 어느 한쪽으로 다져지게 되면 내려오는 물이 덜 다져진 곳으로 많이 흘러 커피의 성분이 고르게 추출되지 않으므로 커피의 맛은 일정하지 않게 된다. 따라서 탬핑은 두 번으로 나누어서 하는 경우가 있는데, 1차 탬핑은 살짝 다져 주는 정도로 하며 보통 2~3kg 정도의 압력으로 커피를 수평으로 부드럽게 눌러준다.

3 태핑(tapping)

1차 탬핑을 하고 나면 필터 홀더 내벽에 커피가루가 붙게 되는데, 이때 탬퍼 손잡이로 포터필터를 1~2회 부드럽게 쳐서 필터 바스켓 안으로 커피가루를 떨어뜨리기 위한 동작을 말한다. 이때 태핑의 강도가 너무 약하면 가루가 떨어지지 않고, 너무 세면 커피의 표면에 균열이 생기므로 가루가 떨어질 정도로만 한다. 최근에는 이 태핑 동작을 생략하는 경우도 많이 있다. 2차 탬핑은 자기 몸에 맞는 힘으로 세게 누른다. 보통 13~15kg 정도의 압력으로 수평이 되도록 한다. 수평이 맞지 않으면 쓴맛이 강한 에스프레소가 추출된다.

기울기가 올라간 쪽에서 과다 추출이 일어나기 때문이다. 탬핑 시 탬퍼를 좌우로 돌려가며 눌러 주는 경우도 있다. 돌면서 탬핑하면 커피표면에 가해지는 힘이 배가된다는 장점이 있다. 그러나 과도하게 돌리면 커피 표면에 막이 형성되어 물 투과가 힘들어질 수 있다. 이럴 경우 추출에 방해가 일어날 수 있으므로 과도하게 돌리는 것은 피하는 것이 좋다.

6. 커핑(cupping)

1 커피 테이스팅 정의

커피 테이스팅(coffee tasting)이란, 커핑(cupping)이라고도 하며 커피의 향미(flavor) 즉, 향(aroma)과 맛(taste)의 특성을 체계적으로 평가하는 것을 말한다. 이런 작업을 전문적으로 수행하는 사람을 커퍼(cupper)라고 한다.

2 커피 테이스팅 목적

커피 원두 하나에도 기후, 토양 등에 따라 여러 가지 맛을 가지고 있다. 또한 로스팅(roasting) 정도에 따라 향과 맛이 달라진다. 이에 적합한 로스팅 정도를 찾기 위하여 커핑(cupping)을 한다. 또한 좋은 커피일수록 그 맛과 향이 뛰어나기 때문에 커피의 가격을 책정하기 위한 수단으로도 활용된다. 나아가 단일의 커피가 아닌 두 가지 이상의 커피를 혼합하여 커피 음료를 제조하기도 한다. 이러한 행위를 블랜딩(blending)이라고 하는데, 최고의 블랜딩 조합을 만들기 위하여 커핑을 하기도 한다.

7. 커피의 향 이해

커피는 각각 특유의 향기를 가지고 있다. 로스팅될 때 여러 온도에 따라 그 향이 달라진다. 분쇄한 후, 추출한 후, 마실 때, 마시고 난 후의 단계별로 향이 구분된다.

1 분쇄된 커피 향기(Dry Aroma, Fragrance)

로스팅된 커피를 분쇄하면 향기가 나는데, 일반적으로 꽃향기와 같은 단 향이 난다. 때로는 달콤한 향신료의 톡 쏘는 향도 느껴진다.

2 추출된 커피 향기(Cup Aroma, Aroma)

분쇄 후 물로 커피를 추출하면 유기 물질을 발생시킨다. 이때 발생하는 커피의 향을 아로마라고 하는데, 커피의 기본 향을 의미한다. 일반적으로 과일 향이나 풀 향이 난다.

3 마시면서 느끼는 향기(Nose)

추출된 커피를 마실 때 입안에서 느껴지는 향기이다. 생두 중에 있던 당류가 로스팅 과정에서 캐러멜로 변하여 생성된 것이다. 로스팅 정도에 따라 캐러멜, 볶은 견과류, 볶은 곡류 등을 연상시킨다.

4 입안에 남는 향기(Aftertaste)

커피를 마시고 난 후 입에서 느끼는 향이다. 일반적으로 씨앗이나 향신료에서 나는 톡 쏘는 향기가 나며, 쓴맛이나 초콜릿 향도 느껴진다.

8. 커피의 맛 이해

일반적으로 혀에서 느낄 수 있는 단맛, 짠맛, 신맛, 쓴맛의 네 가지 기본 맛으로 구분한다.

1 단맛(Sweet)

당, 알코올, 글리콜, 라이콜, 일부 산 용액의 특징적인 맛이다.

2 짠맛(Salt)

염소, 브롬, 요소, 질산염, 황산염 용액의 특징적인 맛이다.

3 신맛(Sour)

주석산(타르타르산), 구연산(시트르산), 사과산 용액의 특징적인 맛이다.

4 쓴맛(Bitter)

키니네, 카페인, 기타 알칼로이드 용액의 특징적인 맛이다.

13 여러 가지 커피 추출 방식

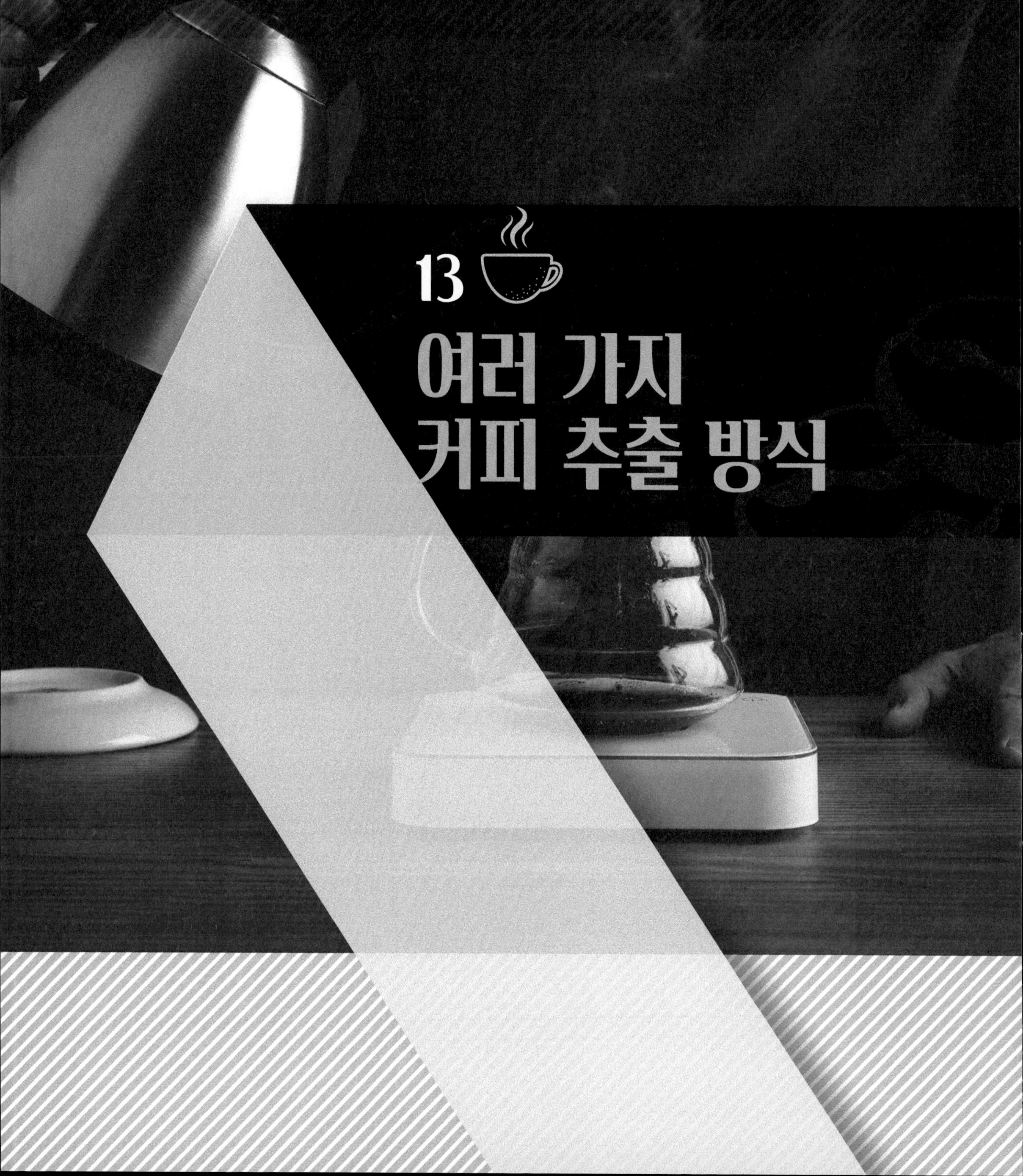

1. 드립식(Hand Drip)

1 추출 방법

1) 세팅

서버(하부)위에 드립퍼(상부)를 놓고 여과지를 접어 밀착시켜준다.
→ 분쇄커피를 한잔당 8g 계량하여 담고 평평하게 맞춰준다.
→ 끓인 물은 추출용 주전자에 부어 92~96℃로 맞춰준다.

2) 적시기(Wetting)

소량의 물로 커피 표면을 적시고 30초 기다려준다.
→ 커피가 빵처럼 부풀어 오르며 몇 방울의 커피액이 떨어지도록 물 양을 조절해준다.

3) 1차 추출

끓인 물의 1/3을 중심에서 나선형으로 가늘게 여과지에서 약 5mm떨어진 곳까지 부어준다.

4) 2차 추출

나머지 1/3의 물로 추출해준다.

5) 3차 추출

나머지 1/3의 물로 추출해준다.

2 핸드 드립 추출 시 자세

오른손을 주로 사용하는 사람의 경우, 왼손을 테이블에 올리고 최대한 몸이 움직이지 않도록 균형을 맞춰 준다. 드립 기구와 손의 위치의 거리를 적당히 두어 드립 포트를 회전시킬 때 서버에 드립 포트가 닿지 않도록 주의한다. 어깨에 힘이 많이 들어가지 않도록 힘을 빼 준 후 일정한 속도와 방향으로 물줄기를 만들어 준다.

① 왼발을 앞으로 하여 중심축을 잡는다
② 왼손을 테이블 위에 안정적으로 올려놓는다.
(왼손을 손바닥이 테이블을 향하도록 올려놓고 팔꿈치를 약간 구부린다.)
③ 드립 포트의 손잡이는 시연자가 사용하기 편하도록 잡는다.
(힘을 주지 않고 가볍게 드립 포트를 잡아서 부드럽게 물줄기를 조절할 수 있도록 한다)

3 드립 포트(Drip Pot)

드립 포트는 분쇄된 원두에 물을 부을 때 사용되는 도구다. 어떤 방식으로 분쇄된 원두에 물을 주는가에 따라 커피의 맛이 달라지기 때문에, 커피포트의 형태는 일반 주전자와는 많이 다르다. 가용성 성분이 잘 용해되게 하려면 원두의 표면에 물을 균일하게 적셔 주어야 한다. 드립 포트의 배출구는 S자 모양으로 학의 목처럼 되어 있어서 학구라고 부르기도 한다. 이러한 핸드드립 전용 드립 포트는 배출구 부분이 좁고 길어 사용자가 물줄기를 조절하기에 용이하다. 드립 포트의 재질은 스테인리스, 동, 법랑 등으로 다양하며, 모양과 크기도 각각 다르다.

4 드립퍼(Dripper)

1) 재질별 특징

재질	특징
플라스틱	• 취급이 편리하고 가격이 저렴하다. • 보온성이 좋지 않다. • 지속적으로 사용시 형태가 변형될 수 있다. • 물이 통과하는 과정을 관찰 가능하다.
도기	• 무게가 있어 안정감이 좋고 보온성이 뛰어나다. • 다루기가 불편하고 파손의 위험이 크다. • 추출하기 전 예열 후 사용해야 한다.
금속	• 동, 스테인리스, 스틸 재질 • 가격이 높으며, 보온성이 좋지 않다. • 장식적인 효과가 더 크다.

2) 추출구별 특징

명칭	특징
메리타(Melitta)	• 추출구가 한 개이며 전체 폭이 약간 크다. • 카리타에 비해 경사가 가파르다.
카리타(Kalita)	• 추출구가 세 개다. • 리브가 촘촘히 설계되어 있다.
고노(Kono)	• 추출구가 한 개로 원추형이다. • 리브 수가 적고 높이가 드리퍼 중간까지만 있다.
하리오(Hario)	• Kono와 유사한 형태이다. • 리브가 나선형으로 드리퍼 끝까지 있다.

5 여과지(Filter)

드립 필터는 커피 가루와 물을 분리시켜 미세한 미분까지 걸러 주는 역할을 한다. 필터는 드리퍼에 맞는 모양의 필터를 선택해야 드리퍼 위에 올렸을 때 안정감 있게 고정된다. 필터 재질에 따라 종이 필터와 융 필터가 있다.

1) 종이 필터

종이 필터는 각각의 드리퍼에 따라 모양이 다르다. 천연 펄프 필터와 표백 필터가 있다.

2) 융 필터

융 필터는 드리퍼로도 쓰인다. 커피 가루와 미분은 걸러내지만 커피 오일 성분은 통과하므로 매끄러운 촉감의 바디감 있는 커피를 추출할 수 있다.

2. 사이폰식(Syphon)

1 추출 방법

① 중간 - 가는 입도로 분쇄한 커피를 계량하여 상부 플라스크에 넣어준다.

② 물을 계량하여 하부 플라스크에 넣고 상부 플라스크와 연결해준다.

③ 하부 플라스크의 물을 가열해준다.

→ 상층에 생긴 수증기가 끓은 물을 중앙 유리관을 통해 상부 플라스크로 밀어 올려준다.

④ 상부 플라스크로 올라온 끓은 물과 커피를 약 1분간 나무 스푼으로 일정 간격 저어서 커피를 추출해준다.

⑤ 추출이 완료되면 하부 플라스크의 램프를 옮겨 불을 꺼준다.

⑥ 하부 플라스크가 냉각된 후

→ 상부 플라스크의 커피가 여과관을 통하여 하부로 여과된다.

⑦ 하부 플라스크 분리 후 잔에 부어 서빙한다.

2 사이폰의 역사

사이폰이 처음 발명된 곳은 1827년 독일에서였다. 지금의 모습은 1842년 프랑스의 마담 배쉬(Madame Vassieux)에 의해 만들어진 것이다. 이후 일본의 고노(Kono)에서 지금의 사이폰이라는 이름으로 대중화되었다.

3 사이폰의 특징

사이폰은 다른 추출 기구와는 다르게, 추출할 때 지속적으로 가열이 되고 있기 때문에 커피의 휘발성 향기들이 더 많이 발산된다. 사이폰은 향이 풍부한 것은 물론, 추출하는 과정을 볼 수 있어 시각적인 효과가 있는 것이 큰 특징이다.

4 사이폰 추출 시 유의 사항

사이폰은 추출 기구가 모두 유리 재질로 되어 있기 때문에 기구의 파손에 유의하여야 한다. 사이폰이 파손될 때는 크게 두 가지의 경우가 있다. 첫 번째는 기구의 재질상 부주의에 의한 파손이 될 것이고 두 번째는 급격한 온도 차이에 의한 파손이다. 추출이 끝난 후 기구는 열에 달궈져 있기에 차가운 물로 세척하면 깨질 위험이 있다. 그러므로 물이 묻어있는 상태에서의 가열이나 물이 들어 있지 않은 상태에서의 가열은 유의하여야 한다.

필터 또한 청결히 관리해야 한다. 1회용 종이 필터는 사용 후 폐기하면 되지만, 융 필터는 추출이 끝나면 삶아서 커피의 오일 성분을 제거하고 깨끗한 물을 밀폐 용기에 넣은 후 냉장 보관해 주어야 한다.

3. 모카 포트(Moka Pot)

1 추출 방법

① 강하게 로스팅하고 가늘게 분쇄한 커피를 필터 펀넬에 평평하게 담아준다.
② 물을 계량하여 하부 통의 발부 하단까지 부어준다.
③ 필터 펀넬을 하부 통 위에 맞추어 놓은 후 상부 통을 돌려 밀폐시킨 뒤 뚜껑을 덮어준다.
④ 모카 포트를 약한 불 위에 놓고 약 1분간 가열해준다.
→ 상부 통에 추출커피가 나온다. → 데미타세 잔에 서빙한다.

2 모카 포트의 특징

수동식 에스프레소 기구로 1933년 이탈리아의 알폰소 비알레띠(Alfonso Bialetti)에 의해 개발되었으며, 그 후 비알레띠는 이탈리아 대부분의 가정에서 사용할 정도로 모카포트를 대표하는 브랜드가 되었다. 가장 완벽하게 투과 원리를 적용한 기구로, 커피를 추출할 때 일단 추출이시작되면 제어하고 말고 할 틈도 없이 순식간에 추출이 끝나버리기 때문에'에스프레소 포트(espresso pot)'라고도 한다. 모카 포트는 하부 포트(하단부 포트)에 물을 붓고 원두 가루를 스켓에 채워 넣은 뒤 불에 올려 가열하는 직화식 에스프레소 추출 기구이다. 하부 포트에 물이 끓으면서 수증기와 증기압이(1~3 기압) 발생되어, 바스켓의 파이프를 타고 상부 포트(상단부 포트)로 물이 이동해 커피 가루를 적시면서 커피가 추출되는 방식이다.

3 모카 포트의 구조

구조는 아래로부터, 처음 물을 부어두는 하부 포트와 커피를 넣고 다지는 바스켓을 거쳐서 맨 위의 필터 상부를 포함하는 상부 포트로 구성되어 있다. 커피를 담는 바스켓 부분은 아랫면이 샤워링 필터로 되어 있으며 긴 막대가 달려 있다. 이 커피 여과기를 '퍼컬레이터(percolator)', '카페티에라(caffettiera)'라고도 부른다.

4. 터키식(Ibrik / Cezve)

1 추출 방법

① 커피를 에스프레소 커피보다 더 가늘게 분쇄한다.
② 1인분에 4~5g 정도로 분쇄한 커피를 추출기구 안에 넣어준다.
③ 찬물을 1인분에 80ml 정도로 추출기구 안에 부어준다.
④ 중간 세기의 불 위에 Cezve를 올려 놓아준다.
⑤ 거품과 함께 커피가 끓어오르면 넘치기 전에 기구를 불 위에 내려준 후 가라앉으면 다시 불 위에 올려 놓고 스푼으로 한번 저어준다.
⑥ 이렇게 끓어오르면 내리는 동작을 2~3회 더 반복한 후 작은 잔에 커피를 따라준다.

2 터키식 커피의 특징

커피 입자를 따로 거르는 거름망이 없으므로 커피를 따를 때 특히 주의하여야 한다. 원두의 분쇄도는 에스프레소보다 곱다. 곱게 분쇄해야 거품이 사라지고 커피 가루가 빠르게 가라앉기 때문이다.

5. 워터드랍(Water Drip)

1 추출 방법

① 융 필터를 여과기 아래쪽에 세팅해준다.

② 분쇄된 커피를 계량하여 담아준 후 상부의 수조에 찬물을 부어준다.
③ 코크를 잠근 후 수조를 설치해준다.
④ 여과기 위에 종이 필터를 올려놓는다.
⑤ 물이 커피가루에 균일하게 베어들게 해준다.
⑥ 커피 추출액이 떨어지기 시작한다.

2 워터드랍 특징

① 더치커피(Dutch Coffee)라고도 부른다.
② 찬물로 장시간(4~12시간) 추출한다.
③ 찬물로 추출하여 카페인이 아주 적게 추출된다.
④ 추출한 뒤 냉장고에서 며칠 숙성시킨 후 마셔야 강하면서 부드러운 맛을 느낄 수 있다.

6. 프렌치 프레스(French Press)

1 추출 방법

① 굵게 분쇄한 원두를 용기 속에 넣어 준 후 뜨거운 물을 거칠게 부어준다.
② 잘 저어준 뒤 뚜껑을 닫고 3분 정도 기다려준다.
③ 필터를 천천히 내려서 커피를 추출한다.
④ 찌꺼기를 고려하여 조금 남겨두고 컵에 따라준다.

2 프렌치 프레스의 유래

18세기 프랑스에서 커피 가루와 뜨거운 물을 넣은 통에 천이나 금속판이 부착된 말대로 눌러 커피 용액을 뽑아내던 전통 기구에서 유래하였다. 1950년대에 보덤사에서 현재 형태로 프렌치 프레스의 원형이 만들어졌고 전 유럽에 널리 퍼졌다.

3 프렌치 프레스의 구조

비커와 플런저로 구성되어 있다. 플런저에는 뚜껑과 나일론 메쉬 필터가 장착되어 있다. 필터는 커피 가루와 커피 추출액을 분리한다. 사용 후에는 분해 청소하여 청결하게 유지하여야 한다.

4 프렌치 프레스의 특징

침지식으로 손쉽게 다룰 수 있으며 균일한 추출이 가능하다. 금속 필터로 인해 커피 오일 성분과 미세한 커피 가루가 풍부한 바디감을 주지만, 미분으로 인한 텁텁함이 있다.

7. 에어로 프레스(aeropress)

1 추출 방법

필터는 종이 필터, 금속 필터(스테인리스 필터), 융 필터를 사용한다.

① 체임버에서 플런저와 캡을 제거한 후, 캡에 필터를 넣고 체임버에 돌려 끼운다.

② 튼튼한 잔 위에 체임버를 올린다.

③ 분쇄된 커피 16~20g을 체임버에 넣는다.

④ 체임버에 50~70ml의 물을 부은 후 커피와 물이 잘 혼합되도록 스틱으로 잘 교반한 후 1분 침지한다.

⑤ 고무 실에 물을 적신 후 플런저를 체임버에 삽입한다. 부드럽게 0.5~1cm 정도 누른 다음, 플런저가 커피에 닿을 때까지 압력을 유지하며 계속 눌러 준다. 부드러운 압력이 에어로프레스 사용법의 핵심이다.

⑥ 추출된 커피를에 온수로 희석한다.

2 에어로프레스의 특징

에어로프레스는 미국 회사인 에어로비(Aerobie)의 앨런 애들러(Alan Adler) 회장이 2005년 발명한 토털 이머전(total immersion) 방식의 휴대용 공기압 추출 커피메이커이다. 공기압 프레스와 특수 마이크로필터 드립 방식으로, 깊고 풍부하며 깔끔한 맛의 커피를 빠르고 손쉽게 추출한다. 에어로프레스는 커피 분쇄도, 커피 양, 물의 양, 침지 시간, 교반 횟수를 조절하여 에스프레소 추출과 드립 추출 모두 가능하다.

청소 유지 관리가 용이하며, 휴대가 간편하여 야외에서 사용하는 것이 가능하고, 커피 추출 시간이 짧으며, 초보자도 안정적인 맛의 커피를 추출할 수 있다는 장점이 있다.

3 에어로프레스 구조

구멍이 여러 개인 필터 캡(filter cap), 커피와 물을 담는 체임버(chamber), 압력이 새지 않도록 막아 주는 고무 실(seal)이 부착된 플런저(plunger), 체임버에 커피와 물을 담을 때 밖으로의 흘림을 막아 주는 퍼널(funnel), 커피와 물을 잘 섞이게 하는 스터러(stirrer)로 구성되어 있다.

8. 퍼컬레이터

프랑스식 드립 포트

1 추출 방법

포트에 물 + 바구니 모양 기구에 굵게 분쇄한 커피를 넣는다.

9. 커피언

미국에서 많이 사용하며, 대량추출 가능하여 동시에 서빙 할 수 있다.

장시간 서비스 가능하도록 추출액 받는 통 주변에 뜨거운 물을 순환시켜 온기를 유지시킨다.

바리스타 커피관리론
Management of Coffee

14 Coffee Variation Menu

1. 우유 스팀

1 스팀 피처(Steam Pitcher)

데워진 우유를 담을 음료 용기의 크기와 한 번에 만들어야 하는 잔 수에 따라 적당한 스팀 피처의 크기를 선택할 수 있어야 한다.

1) 스팀 피처의 재질

유리, 플라스틱, 스테인리스 재질 등이 사용되는데, 상대적으로 열전도율이 높아 우유의 온도를 제어하기 용이하고, 재질이 단단하여 내구성이 좋은 스테인리스 제품을 많이 사용한다. 요즘에는 코팅을 하여 열전도율을 높인 제품도 사용된다.

2) 스팀 피처의 크기

300ml, 350ml, 600ml, 750ml, 900ml, 1,000ml 외에 대형 스팀 피처도 있으며, 내가 사용할 음료 용기의 크기와 만들 음료의 잔 수를 생각하여 스팀 피처를 선택하면 된다. 일반적으로 300ml는 한 잔용, 600ml는 두 잔용, 900ml는 서너 잔용으로 사용되나 사용할 음료 용기의 사이즈(10oz, 12oz, 14oz 등)에 따라 달라질 수 있다.

2 스팀 밸브(steam valve)

1) 스팀 밸브의 종류

스팀 밸브는 스팀의 개폐를 통해 스팀의 양을 조절하는 부분으로, 돌리는 손잡이식(스팀 노브(knob)라고도 불림)과 위아래로 작동하는 레버식(lever)이 대부분이다.

2) 스팀 밸브의 역할

스팀의 개폐를 담당한다. 레버식은 한쪽 방향으로(일반적으로 아랫방향이나 윗방향도 있음) 레버를 내리면 밸브가 열려 스팀이 나온다. 돌리는 손잡이식 머신의 경우에는 반시계 방향으로 돌리면 스프링이 당겨지면서 밸브가 열리고, 시계 방향으로 돌리면 스프링이 늘어나면서 밸브가 잠기게 되어 있다. 밸브를 많이 돌리면 스팀이 강하게 나오고, 조금 돌리면 약하게 나온다. 스팀의 세기는 스프링에 의해 조절된다.

3 스팀 노즐

스팀 노즐은 우유를 데울 때 사용되는 부분으로, 매우 뜨거우므로 조심해야 하며 우유를 사용하기 때문에 청결한 상태가 되도록 각별히 사용법을 숙지해야 한다. 스팀 노즐은 구멍이 서너 개 있는 것이 주로 사용된다. 우유를 데울 때 사용되는 우유 양에 따라 노즐의 구멍을 선택하면 된다. 600ml의 용기를 사용할 때는 세 개짜리가 사용하기 쉽고, 900~1,200ml를 사용할 경우에는 네 개짜리가 편리하다.

4 스팀 노즐 사용 시 유의 사항

스팀 노즐은 우유를 데우는 역할을 하므로 청결이 무엇보다 중요하다. 따라서 스팀 사용 후에는 먼저 스팀 밸브를 열어 스팀을 빼 주어야 한다. 또 우유가 노즐 안쪽에 남아 있기 때문에 바로 밸브를 열어 우유를 제거해야 한다. 우유를 빨리 제거해 주지 않으면 우유가 안에서 굳어 스팀이 점점 약해지는 현상이 일어날 수 있다. 스팀 밸브를 열면 스팀 노즐에 남아 있는 우유가 튀어나온다. 행주를 이용하지 않고 그냥 스팀 밸브를 열어 주면 주위가 지저분해진다. 스팀 밸브를 열어 청소한 후에는 스팀 노즐에 묻어 있는 우유를 젖은 행주로 깨끗이 닦아 준다.

5 우유 거품 만드는 방법

① 스팀 피처에 우유를 부어준다.

② 스팀 노즐 속 고여있는 물을 빼준다.

③ 스팀 피처 속 우유에 스팀 노즐을 담궈준 후 분사해 준다.

④ 스팀 피처를 조금씩 내려주며 거품을 만들어 준다.(공기주입, 혼합, 가열)

⑤ 스팀 피처에서 스팀 노즐을 빼준 후 스팀 완드를 청소해 준다.

⑥ 스팀 피처를 바닥에 내치려주며 2~3회 회전시켜 거품을 깨준다.

⑦ 에스프레소가 담긴 잔에 부어준다.

6 스팀 노즐 사용 후 청소

1) 스팀 파이프(steam pipe) 속 우유를 제거

스티밍을 마친 후 스팀 밸브를 열어 스팀 파이프 안에 들어 있는 우유를 제거한다. 에스프레소 머신 트레이 위에는 항상 스팀 파이프를 닦을 수 있게 깨끗한 젖은 행주를 비치한다. 스팀 밸브를 그냥 돌려 우유를 빼내면 주위에 우유가 튈 수 있으니, 깨끗한 젖은 헝겊으로 감싸서 가볍게 밸브를 열어 우유를 제거하여야 머신 주변이 위생적으로 관리가 될 것이다.

2) 스팀 파이프 표면의 우유를 제거

스팀 파이프 속의 우유를 제거한 뒤 바로 깨끗한 젖은 헝겊으로 스팀 파이프와 스팀 팁에 묻어 있는 우유를 깨끗이 닦아 낸다. 일부 커피 전문점들 중에는 우유 스티밍을 한 뒤 방치해 놓는 경우가 많이 있는데, 이는 위생에 매우 좋지 않다. 우유는 변화가 빨리 일어나는 식품이므로 항상 바로바로 닦는 습관이 매우 중요하다.

2. 우유 스티밍 시 우유의 성분 변화

우유의 성분 중 스티밍과 관련된 성분은 지방과 단백질이다. 목장에서 착유한 원유를 그대로 방치해 두면 지방구가 차례로 부상하여 위쪽으로 크림 층을 형성하게 되지만, 일반적으로 시판되는 우유는 지방구를 작게 만들어 크림 분리가 일어나지 않게 균질화한 것이다.(담백하고 연한 맛이 된다.)

1 지방

우유는 순수한 물보다 표면 장력이 낮으며, 일정 온도(약 30℃) 이상으로 가열하면 표면 장력이 더 낮아지고 이때 기포가 발생하게 된다. 이 기포들은 지방과 결합하게 된다.

1) 스티밍을 제대로 하지 못했을 경우

지방구들이 분리하면서 다시 큰 지방구와 작은 지방구로 분리되고, 스팀을 통해 생성되는 기포들이 이와 결합하여 스티밍이 엉성하게 된다. 이렇게 되었을 때는 위로 거품 층이 떠오르기 때문에 위쪽의 거품 층과 아래쪽의 끓기만 한 우유로 분리된다.

2) 스티밍을 제대로 했을 경우

결과물이 균일한 지방구와 거품 층을 지니고 있어 부드럽고 윤기 나는 거품 층을 형성하고, 이러한 거품이 상당히 오랫동안 지속된다.

2 단백질

우유를 스티밍할 때에 40℃ 정도에서 수분이 증발하면서 우유 성분이 농축됨과 동시에 우유 표면에 단백질이 응고하게 되고 스팀이 나오면서 지방과 단백질의 막에 기포들이 붙게 된다.(단백질과 당이 가열 시간에 따라 냄새를 발생한다.)

1) 적당한 깊이로 스팀 노즐을 넣어 적당한 온도로 가열했을 경우

적당한 온도(약 70℃ 전후)까지는 고소함과 바디감을 주고, 스팀 노즐을 적당히 담가 스티밍했을 때 대류가 일어난다. 지방과 단백질을 고루 섞어 맛있고 품질 좋은 스팀 우유를 만들 수 있다(노즐 팁이 잠길 정도)

2) 깊게 스팀 노즐을 넣어 과도하게 가열했을 경우

과도한 온도는 우유의 신선함을 잃게 하고 좋지 않은 비린내를 발생시킨다. 스팀 노즐을 깊게 담가 스티밍했을 때는 스팀 피처의 바닥면의 온도를 빠르게 상승시킴과 동시에 우유의 온도도 빠르게 올라가기 때문에 단백질과 지방성 피막이 그에 따라 빠르게 형성되어 품질 좋은 스팀 우유가 만들어지지 않는다. 이러한 스팀 우유는 맛도 떨어진다.

3. 라떼와 카푸치노 스티밍의 차이

1 카푸치노 스티밍

① 150~180ml 사이즈의 잔에 제조하며, 600cc 피처를 사용할 시 피처의 코(약 200ml)까지

의 양을 담아 스티밍하면 카푸치노 두 잔의 양이 나온다.

② 스팀 밸브를 열어 준 후 스팀 노즐을 우유의 표면과 직각이 되게 각을 맞추어 우유에 담가 준다.

③ 스팀 밸브를 끝까지 돌려 빠른 시간 안에"치익치익"하는 소리와 함께 공기 주입을 시작한다. 고온·고압의 스팀이 나올 때 우유 표면과 가까운 공기를 끌고 들어가게 되는데, 이때 우유 표면과 스팀 노즐 사이의 거리에 따라 거품의 고운 정도가 결정되므로 많은 연습을 통하여 고운 거품을 낼 수 있도록 해야 한다.

④ 우유의 높이가 피처의 7~8부 정도까지 찰 때까지 계속 공기를 주입한다.

⑤ 우유가 롤링되는 포인트를 찾아 롤링을 시켜 준다. 이 작업은 큰 거품을 제거함과 동시에 유의 온도를 맞추어 주는 작업이다. 이때 스팀 파이프를 너무 깊이 담그면 롤링이 제대로 되지 않고 바닥 쪽의 우유만 회전을 하게 되어 전체적으로 균일한 스팀 밀크를 만들기 힘들다. 스팀 팁만 잠길 정도로 하여 롤링을 하면 우유의 회전이 잘 되고 전체적으로 균일하게 혼합된 스팀 우유가 만들어진다. 또 롤링을 할 때 스팀 피처 가장자리 쪽으로 스팀 막대를 위치시켜 롤링하는 방법이 교육되고 있으나, 이때 주의하여야 할 점은 피처의 벽을 데우게 되어 우유의 온도를 빨리 올리는 부작용이 있다는 것이다. 굳이 가장자리로 스팀 파이프를 옮기지 않아도 롤링을 잘할 수 있다.

⑥ 적당한 온도가 되면 스팀 손잡이를 돌려 잠근 후 피처를 내린다.

⑦ 한두 번 정도 가볍게 바닥에 스팀 피처를 쳐서 큰 거품을 깨 주고 손목의 스냅을 이용해 스팀 피처를 돌려 우유를 혼합시켜 주면, 골고루 균일한 스팀 밀크가 완성된다.

2 카페 라떼 스티밍

① 200~250ml 사이즈의 잔에 제조하며 600cc 피처 사용 시 피처의 코까지(약 200ml)의 양을 담아 데우면 카페 라떼 한 잔의 양이 나온다. 잔 사이즈마다 우유의 양이 다르고, 시중에는 라떼 잔과 카푸치노 잔을 같이 사용하는 경우가 많으나 정통 카푸치노 잔의 사이즈는 작다.

② 스팀 손잡이를 돌려 열어 준 후 스팀 노즐을 우유의 표면과 직각이 되게 각을 맞추어 우유에 담가 준다.

③ 스팀 손잡이를 열어 약간의 공기를 주입한 후 우유가 롤링되는 포인트를 찾아 온도를 높여 준다.

④ 적당한 온도가 되면 스팀 손잡이를 돌려 잠근 후 피처를 내린다.

⑤ 한두 번 정도 가볍게 바닥에 스팀 피처를 쳐서 큰 거품을 깨 주고 손목의 스냅을 이용해 스팀 피처를 돌려 우유를 혼합시켜 주면, 골고루 균일한 스팀 밀크가 완성된다.

4. 커피의 보관

1 커피의 4대 적

① 공기
② 열
③ 빛
④ 수분

2 커피의 4대 기본요소

1) 비율

2) 굵기

- 각 추출 방법에 따라 굵기를 조절해야한다.

3) 물

- 신선하고 찬 물을 상용해야한다.(커피는 98%가 물이다.)
- 끓기 직전의 물을 사용해야한다.(90~96℃)

4) 신선도

- 신선한 커피를 사용해야한다.(공기와 접촉 후 7일 이내)
- 1시간 이내 분쇄한 커피를 사용해야한다.
- 추출한 뒤 커피는 20분 내로 마셔야한다.

3 커피의 보관방법

① 온도변화가 심하면 부패 가능성이 높아진다.

② 항상 원두를 밀봉 & 진공용기에 넣어 어둡고 서늘한 곳에 보관한다.

③ 추출하기 직전에 분쇄하는 것이 좋다.

④ 많은 양의 원두 구매시 몇 개의 작은 밀폐용기에 나누어 담는 것이 좋다.

⑤ 공기포장한 통커피는 2주 이내, 발브, 진공, 질소 포장한 것은 3개월 이내에 사용한다.

⑥ 공기와 맞 닿은지 7일이 지나면 유효기간이 지난 것이다.

⑦ 포장재료는 보향성, 차광성, 방기성, 방습성을 갖추어야한다.

5. 다양한 커피 메뉴

1 에스프레소 메뉴

1) 에스프레소(Espresso)

이태리에서 보통 카페(Caffe)라 하며 25~30ml 정도의 커피를 데미타세(Demitasse)잔에 제공

2) 도피오(Doppio)

더블 에스프레소의 의미

3) 리스트레또(Ristretto)

추출시간은 짧게 하여 양이 적은 에스프레소이며, 10~15초 동안 15~20ml정도 추출한다.

4) 룽고(Lungo)

롱(Long)의 의미 일반적으로 에스프레소보다 추출시간을 길게 하여 보다 많은 양이 추출된 에스프레소이다.(40~50ml)

5) 아메리카노(Americano)

룽고와 유사하나 에스프레소에 뜨거운 물을 추가하여 희석한 것

2 베리에이션 메뉴

1) 에스프레소 마끼아또(Espresso Macchiato)

- Macchiato는 점, 얼룩을 뜻한다.
- 에스프레소 위에 우유거품을 2~3스푼 올려 에스프레소 잔에 제공한다.

2) 카페 라떼(Caffe Latte)

- 에스프레소에 데운 우유를 섞어 제공한다.
- 카푸치노보다 좀 더 많은 우유, 거품은 거의 없거나 아주 약간 얹어준다.

3) 카푸치노(Cappuccino)

- 에스프레소에 우유와 거품이 조화를 이루는 메뉴이다.
- 150~200ml잔에 제공한다.

4) 카페 꼰 빠나(Caffe Con Panna)

에스프레소에 휘핑크림을 넣어 부드럽게 즐기는 메뉴이다.

5) 카페 오레(Cafe Au Lalt)

- 프렌치 로스트한 커피를 드립으로 추출하여 데운 우유와 함께 카페오레 볼에 동시에 부어 만든다.
- 일반적으로 에스프레소와 거품우유를 사용하여 만든다.

6) 카페 모카(Caffe Mocha)

에스프레소에 초콜릿 시럽과 데운 우유를 넣어 섞어준 뒤 휘핑크림을 얹고, 초콜릿 시럽과 초콜릿 가루로 장식한다.

7) 카페 프레도(Caffe Freddo)

아이스커피로 에스프레소를 얼음이 담긴 잔에 부어 만든 메뉴이다.

8) 카페 꼬레또(caffe corretto)

꼬냑 등의 알코올류를 첨가한 에스프레소 메뉴

9) 카페 샤케라또(caffe shakerato)

shakerato=shaking / 에스프레소 + 물 + 얼음 → shaking

10) 카페 로마노(caffe romano)

romano=lemon / 에스프레소에 레몬즙이나 껍질 등은 넣은 메뉴

11) 카페 알렉산더

아이스커피 + 브랜디 + 카카오 크림

12) 모카치노

카푸치노 + 초콜릿(시럽 or 소스)

13) 카페 아란치아타

에스프레소 + 오렌지 주스

14) 아포카토

에스프레소 + 젤라또(아이스크림)

15) 카페 로얄

에스프레소 + 브랜디 / 왕족의 커피 / 나폴레옹이 즐겨 마셨던 음료

16) 카페 지뉴

주전자에 물을 끓여 설탕, 커피를 넣고 천 드립으로 찌꺼기를 걸러낸 후 데운 우유를 섞어서 마시는 브라질의 커피음료

17) 아이리시

블랙커피와 위스키를 3 대 2의 비율로 잔에 부은 다음, 갈색 설탕을 섞고 그 위에 두꺼운 생크림을 살짝 얹은 커피이다.

18) 깔루아(kahlua)

테킬라, 커피, 설탕을 주성분으로 만들어진 멕시코산의 커피 리큐르(liqueur)

3 카페라떼 응용메뉴

1) 바닐라(캐러멜) 라떼

바닐라(또는 캐러멜) 시럽을 10~20ml을 잔에 가장 먼저 받고 에스프레소를 추출하면서 위의 순서에 따라 메뉴를 완성하면 달콤한 바닐라(또는 캐러멜) 라떼가 완성된다. 커피를 즐기지 않은 고객에게 권하기에 좋은 메뉴이다.

2) 플렛 화이트

플랫 화이트(flat white)는 카페 라떼의 레시피와 비슷한 메뉴이다. 하지만 스티밍할 때 거품을 거의 만들지 않고 마치 스팀으로 데우듯 스티밍해서 에스프레소 위에 만드는 음료이다. 아주 얇은 거품을 올렸다는 것을 보여주기 위해 유리잔에 서브한다.

15 커피와 건강

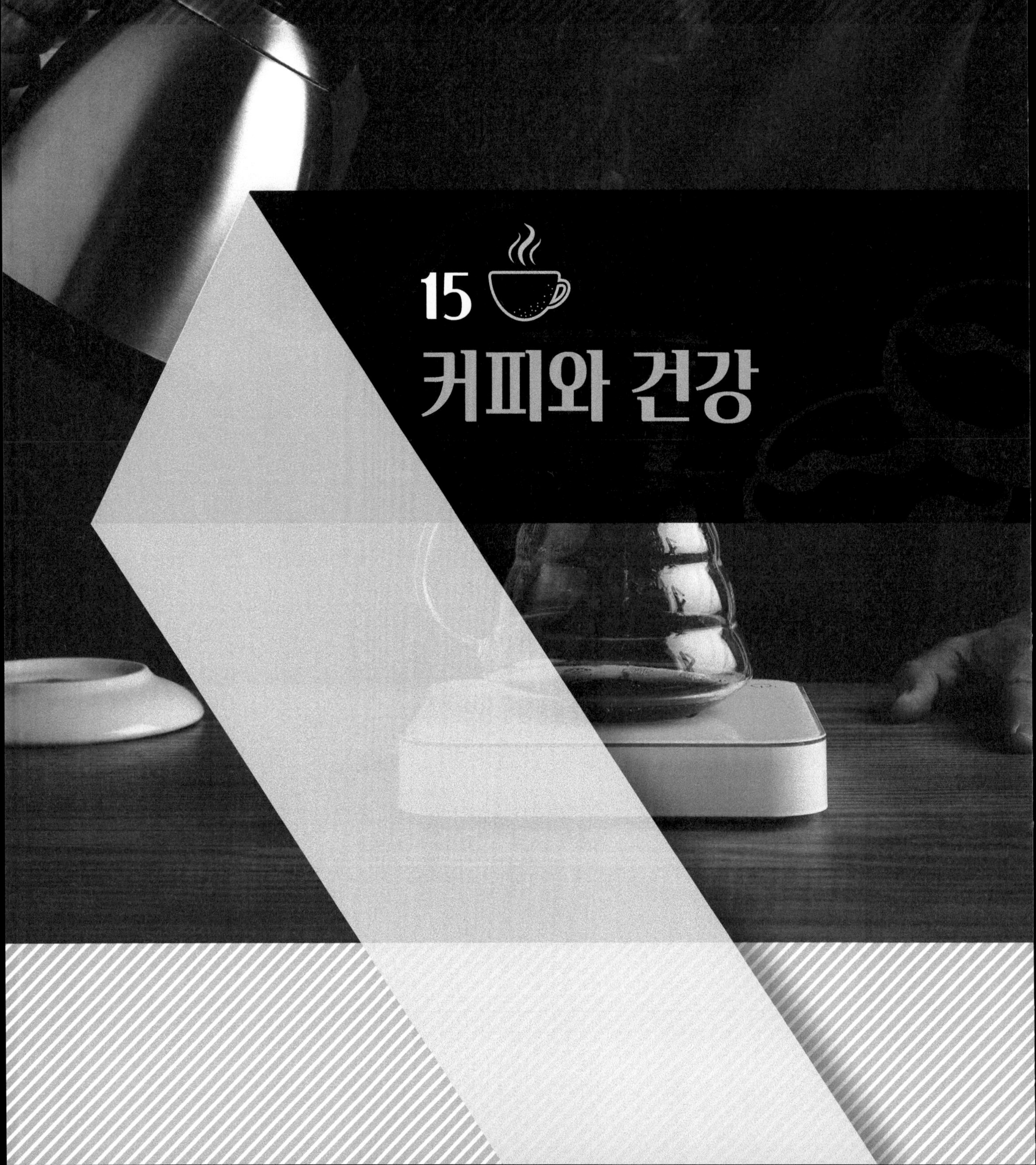

1. 커피의 효과

1 카페인

1) 중추신경 자극

수면방해, 각성효과, 긴장감 유지시켜준다.

2) 심장기능 활성화

흥분, 심장의 수축력&심박수 증가한다.

3) 이뇨작용

술 마신 후 알코올을 분해하여 배출시킨다.

4) 에너지 생성효과

글리코겐과 중성지방을 분해하여 에너지를 생성한다.

5) 기타

담석예방, 항산화 효과, 치매예방(뇌세포 활성화)

2 커피와 건강상식

1) 커피를 마시는 것은 건강에 해로운가?

건강한 사람이 하루 2~4잔 커피를 마시는 것은 건강에 어떠한 해도 끼치지 않는다.

2) 심장질환의 위험을 높이는가?

끓인 커피를 많이 마시면 심장질환이 증가한다는 노르웨이 연구는 커피를 9잔 이상 마셨을 때 가능성이 있다는 연구보고서이다.

3) 카페인은 신체에 유해한가?

커피에는 약 1~2%의 카페인이 함유되어있다.

커피 한잔(약 150ml당 50~100mg)

3 커피 섭취를 중단해야할 경우

1) 수면장애, 불면증이 심한 경우

잠드는데 어려움이 크다면 커피를 잠시 끊고 증상이 나아진 후 마시는 게 현명하다. 커피를 꼭 마시겠다면 오후 3시 이전까지를 데드라인으로 두는 게 좋다. 각성 효과를 내는 카페인 성분이 몸속에서 완전히 사라지는 데에 8시간 정도 걸리기 때문이다. 탄산음료 · 초콜릿 등 다른 식품에도 카페인이 들어 있다는 것을 염두에 두자.

2) 위염, 위궤양 등 위 점막이 좋지 않은 경우

이른 아침에 속이 쓰린 이유는 공복에 독한 위산이 분비되기 때문이다. 커피는 위산의 분비를 증가시킨다. 위염, 위궤양 등 위 점막이 좋지 않은 사람들은 커피를 절제하거나 잠시 끊는 게 좋다. 위의 염증에는 패스트푸드, 맵고 짠 음식, 탄산음료, 우유도 좋지 않다.

3) 위식도역류질환 악화가 걱정되는 사람

커피는 식도를 조여주는 괄약근의 압력을 낮춘다는 연구결과가 있다. 이로 인해 위의 내용물이 조금씩 식도로 역류해 식도 점막이 손상되는 위식도 역류질환이 악화될 수 있다. 개인차가 크지만 증상이 심하면 커피 중단을 고려해야 한다. 역시 카페인이 든 홍차 · 녹차도 절제해야 한다.

4) 골다공증이 심한 경우

보건복지부의 '2020년 한국인 영양소 섭취기준'을 보면 우리 국민들은 칼슘 섭취량이 낮아 50세 이상 여성의 경우 골감소증 유병률이 매우 높다. 카페인은 몸속에서 칼슘 배설을 촉진하기 때문에 커피를 절제하거나 골다공증이 심하면 커피 섭취를 중단하는 게 좋다. 칼슘이 많은 멸치, 달걀, 상추 등을 많이 먹어야 한다.

5) 빈뇨 증상으로 곤혹스러운 경우

외출 중에 소변이 자주 마려우면 불편하다. 화장실 가기가 여의치 않은 상황을 앞두고 있다면 커피를 마시지 않는 게 좋다. 커피를 비롯해 콜라 등 카페인이 든 음료는 이뇨작용을 촉진시킬 수 있다.

6) 약을 먹는 경우

감기약을 복용할 때도 카페인이 많이 든 커피를 마시지 않는 게 좋다. 탄산음료, 초콜릿 등도 카페인 함량을 살펴야 한다. 감기약이나 복합 진통제에는 카페인이 함유되어 있는데, 커피 등을 마시면 카페인 과잉 섭취로 가슴 두근거림, 불면증 등 부작용이 발생할 수 있다.

16 바리스타 직무이해

바리스타(이탈리아어 : Barista)는 에스프레소 커피를 중심으로 하는 높은 수준의 커피에 대한 경험과 지식을 가지고, 커피의 종류와 에스프레소, 품질, 종류, 로스트 정도, 장비의 관리, 라떼아트 등의 커피에 대한 지식을 바탕으로 숙련된 커피를 만들어 내는 사람을 말한다.

이탈리아어로 바(bar)는 카페(cafe)를 뜻한다.

커피의 맛은 커피나무의 품종과 원산지, 가공방법, 원두의 배합, 볶는 방법, 분쇄크기, 추출방법 등 커피의 생산 초기부터 마시는 그 순간의 분위기까지 모든 다계에 의해 좌우된다. 따라서 바리스타의 역량에 따라 커피의 맛이 좌우된다고 할 수 있다. 커피의 신선도 유지와 향의 손실을 줄이기 위하여 원두는 마시기 직전에 분쇄하며, 고객의 주문에 알맞게 추출된 에스프레소에 물, 우유, 각종 시럽 등을 적당하게 첨가하면 드디어 고객의 입맛에 알맞은 커피가 만들어지게 된다.

이렇게 바리스타는 고객에게 커피와 기타 음료를 서비스하는 것이 주된 업무이지만 그 외에도 좋은 원두를 가려내는 일, 원두 및 부재료 구입, 저장, 재고관리, 판매촉진까지 해결하고 고객을 유치시키는 일도 모두 이들의 몫이다. 또한 매일 커피를 시음하여 기계의 성능유지 사항을 확인하고, 새로운 맛의 커피를 만들어 내기도 한다. 일부 커피전문점에서는 만드는 사람이 직접 서빙을 하기도 하며, 기계 및 식기류의 청결상태를 수시로 점검하는 것도 이들의 중요한 업무이다.

1 바리스타의 용모 및 복장

① 규정에 맞는 청결한 복장과 두발을 유지해야 한다.

② 질병에 노출된 직원으로부터 전염을 방지해야 한다.

③ 손과 손톱을 청결하게 유지해야 한다.

④ 규정에 맞는 액세서리 기준을 유지해야 한다.

⑤ 지나친 향수 사용을 삼가고 고객에게 불편을 끼칠 수 있는 이취가 나지 않게 해야 한다.

⑥ 근무 중 흡연, 음주, 취식, 약물에 대한 규정에 따라야 한다.

⑦ 건강을 유지하고 정기적인 의료 검진을 받아야 한다.

⑧ 바리스타 복장: 앞치마, 모자, 유니폼 등 깨끗한 복장을 유지한다.

⑨ 유니폼: 주 2회 이상 세탁하고 항상 깨끗함을 유지한다.

⑩ 바지: 감색이나 검정색 계통을 입고 단정한 차림새를 유지한다.

⑪ 명찰: 이름이 보이도록 왼쪽 가슴에 착용한다.

⑫ 신발: 남자 직원은 구두를 신고 여직원은 가능한 단화 또는 구두를 신는다.

⑬ 스타킹: 커피색 계통을 착용한다.

2 서비스의 특징

보여 주는 것 보다 느껴지는 부분이 더 강하게 작용하는 서비스의 일반적인 특징은 무형성, 비분리성, 이질성, 소멸성으로 요약할 수 있다. 이로 인하여 경영자는 서비스 관리를 하는데 많은 한계점을 가지게 된다. 앞서 제시한 서비스의 일반적인 특징은 서비스 산업의 약점으로 이해해도 무방할 것이다. 따라서 서비스의 특징을 잘 이해하고 문제점을 극복하기 위한 서비스전략이다.

1) 무형성(intangibility)

서비스의 특성 중 가장 대표적인 특성인 무형성은 실체가 없기 때문에 구매하기 전까지는 그 내용의 실체를 객관적으로 파악하기 힘들다. 그러므로 고객들이 서비스를 구매하기 전 불확실성을 줄이기 위한 물적 증거를 제공하고 구매 후 커뮤니케이션을 강화할 필요가 있다.

2) 비분리성(inseparability)

서비스는 생산과 동시에 소비가 일어나기 때문에 이를 따로 분리하여 생각할 수 없다.

이러한 비분리성으로 인해 고객이 생산과정에 참여하는 일이 빈번하게 발생하게 되므로 서로의 상호작용이 서비스 마케팅에서 중요한 부분으로 작용한다.

3) 이질성(heterogeneity)

서비스는 제공하는 사람이나 근무환경에 따라 내용과 질에 차이를 발생하기 때문에 표준화하기 어려운 특성을 지니고 있다. 따라서 서비스를 표준화시키기 위한 매뉴얼을 개발하여 일관성 있는 제품과 서비스를 제공하기 위한 노력을 해야할 것이다.

4) 소멸성(perishability)

서비스는 일반제품과는 달리 생산되는 즉시 소멸되는 특성을 지니므로 저장이 불가하다. 이와 같은 특성을 보완하기 위해서 수요와 공급 간의 조화와 다양한 마케팅 방안이 요구된다.

부록 1

커피 바리스타 자격시험 안내

1 자격명

커피바리스타 (1급 · 2급 · 3급)

2 자격안내

전문가 수준의 뛰어난 바리스타로서의 능력을 가지고 실질적인 POS 고객접객 서비스, 메뉴제작, 영업 전후의 기계관리 및 위생관리, 창업에 대한 컨설팅도 가능하게하며, 전반적인 업무수행을 통해 업장 총괄운영이 가능한 능력을 갖춘 최고급 수준

3 자격 등급 및 유형

1) 1급

- **필기** : 단답 서술형 20문항 중 70점 이상 합격
- **실기** : 준비 10분, 구술평가, 시연 및 정리 15분
  - 실기전형 시 구술평가 포함
  - 실기전형 출제예상문제

※ 평가자 주문에 의해 4잔 (Hot Menu 2잔, Ice Menu 2잔) 원하는 사이즈로 제공한다.

핫 메뉴 (Hot Menu)		아이스 메뉴 (Ice Menu)	
1번 메뉴	2번 메뉴	1번 메뉴	2번 메뉴
리스트레또	아메리카노	아이스 아메리카노	딸기 스무디
에스프레소	카페라떼	아이스 카페라떼	키위 스무디
룽고	카라멜 카페라떼	아이스 카라멜 카페라떼	요거트 스무디 · 플레인 · 딸기 · 키위
에스프레소 마끼아또	카페모카	아이스 카페모카	
에스프레소 콘파냐	라떼 마끼아또	아이스 라떼 마끼아또	

2) 2급

- **필기** : 객관식 60문항 : 60점 이상 합격
- **실기** : 준비 7분, 구술평가, 시연 및 정리 10분
  - 실기전형 출제예상문제

※ 구술평가 후 시연시간 내 에스프레소 2잔, 카푸치노 2잔 완성 제공

3) 3급

- **필기** : 장애인 60시간 (커피관련교육 이수자 필기면제), 필기 합격은 50전 이상
- **실기** : 준비 10분, 시연 및 정리 10분
  - 실기전형 출제예상문제

  ※ 에스프레소 2잔, 카푸치노 2잔 완성 제공 (구술평가는 제외)

4 검정방법

① 커피바리스타 자격검정은 필기검정과 실기검정으로 구분하며, 필기검정에 합격한 사람에 한하여 실기검정에 응시할 수 있다.

② 필기검정과목은 1급은 단답서술형으로 출제하는 것을 원칙으로 한다. 단, 특수학교 장애우들의 커피수업을 60시간 이상 이수하였을 경우 필기시험 면제를 부여한다.

5 응시자격

학력 · 연령에 제한이 없다.

6 시험접수 및 응시방법

한국외식음료개발원 홈페이지 참조(www.kfbd.co.kr) / 1800-6288

바리스타 커피관리론
Management of Coffee

부록 2

바리스타 자격시험 출제예상문제

적중예상문제

1. 현재 우리가 알고 있는 커피가 '커피'라고 불리워지기 시작한 시기는?

① 1550년 무렵부터 ② 1600년 무렵부터
③ 1650년 무렵부터 ④ 1700년 무렵부터

2. 커피의 다양한 맛과 그 맛의 근원이 되는 성분이다. 틀린 것은?

① 신맛 - 지방산 ② 쓴맛 - 카페인
③ 단맛 - 당질 ④ 떫은 맛 - 리놀레산

해설 • 리놀레산은 신맛의 원인인 지방산 중 필수 지방산이다.

3. 국가별 커피 표현법 중 틀린 것은?

① 일본 - 코히(コーヒー) ② 베트남 - Caphe
③ 러시아 - Kophe ④ 이탈리아 - Kaffee

해설 • 이탈리아 - caffe, 독일 - kaffee

4. 오늘날 상업적으로 재배되는 커피의 3대 원종에 속하지 않는 것은?

① 아라비카 ② 레귤러
③ 로부스타 ④ 리베리카

해설 • 커피의 3대 원종 : 아라비카종, 로부스타종, 리베리아종(=리베리카종)

5. 커피의 품종 중 전 세계 재배의 75%~80%를 차지하고 있는 것은?

① 아라비카 ② 카네포라종의 변이종
③ 로부스타 ④ 리베리카

해설 • 카네포라종의 변이종 = 로부스타종

정답 01. ③ 02. ④ 03. ④ 04. ② 05. ①

6. 커피는 6~7세기경 에티오피아의 기원에 따라 염소가 붉은 열매를 먹고 하는 행동을 통해 커피를 발견한 사람은?

① 칼디 ② 노르망
③ 실비우스 ④ 제우스

7. 17세기말까지 세계의 커피공급은 어느 지역에 의존하였는가?

① 이탈리아 ② 예멘
③ 파리 ④ 메독

8. 16세기경 커피에 코페아 아라비카라는 이름을 붙여 준 학자는?

① 리니우스 ② 코페
③ 테란 ④ 리브수

9. 커피가 세계 각국으로 전파되었던 시기로 적당한 것은?

① 16세기 전후 ② 17세기 전후
③ 18세기 전후 ④ 19세기 전후

10. 세계에서 가장 큰 커피 소비국은?

① 일본 ② 인도
③ 미국 ④ 프랑스

11. 우리나라의 기록상 커피를 가정 먼저 마신 사람은 누구인가?

① 고종황제 ② 시인 이상
③ 박영효 ④ 김홍집

12. 커피나무의 원산지로서 현재 정설로 받아들여지는 지역은?

① 아라비아 ② 영국
③ 에티오피아 ④ 말레이시아

13. 오늘날의 음료로서의 커피로 발전되었던 지역은?

① 아라비아 ② 영국
③ 에티오피아 ④ 말레이시아

14. 유럽 최초의 커피 하우스로 이탈리아 베네치아에서 개점한 연도는?

① 1578년 ② 1645년
③ 1674년 ④ 1798년

15. 우리나라 최초로 고종황제가 커피를 접한 시기는?

① 1645년 ② 1825년
③ 1882년 ④ 1896년

16. 커피재배에 관한 설명이다. 맞지 않는 것은?

① 커피 음용이 시작된 초기, 커피는 예멘에 모여서 일부는 육로로 대부분은 홍해 항로를 따라 각지로 운반되었다.
② 1658년 네덜란드는 포르투칼로부터 빼앗은 실론에 모카로부터 커피나무를 옮겨 재배해서 성공했다.
③ 아프리카지역에서 발생한 사비병(coffee leaf rust)으로 인해 오히려 번성한 품종은 아라비카종이다.
④ 1600년대 동인도회사를 설립하여 바타비에 근거를 두고 커피의 재배지역을 확보한 나라는 네덜란드이다.

해설 • 곰팡이균에 의한 사비병에 강한 품종은 로부스타종이다. 즉, 사비병이 퍼짐에 따라 상대적으로 저항성이 좋은 로부스타종이 번성하게 된다.

17. 아라비아반도 고원지대에서 생산하는 아라비카종으로서의 커피 수출항이던 곳은?

① 모카 ② 레반토
③ 아덴 ④ 바타비아

해설 • 모카항의 이름에서 모카커피가 비롯됨.

정답 6. ① 7. ② 8. ① 9. ② 10. ③ 11. ① 12. ③ 13. ① 14. ② 15. ④ 16. ③ 17. ①

18. 여행가들이"커피를 추출하고 마시는 것에 관련된 예절과 법도가 있다"라고 할 정도로 커피를 마시기 전에 절을 하고 상대를 존경한다는 표현하는 문화를 가지고 있는 지역은?

① 이탈리아　　② 그리스
③ 아랍　　④ 프랑스

19. 세계 커피 생산량의 약 30%를 차지하고 세계 최대의 커피 생산국은?

① 에티오피아　　② 콜롬비아
③ 미국　　④ 브라질

20. '커피의 원산지'라는 자부심을 가지고 있으며 커피를 단지 음료가 아닌 전통문화로까지 계승하고 있는 나라는?

① 에티오피아　　② 브라질
③ 그리스　　④ 독일

21. 커피를 마시고 난 후에 잔을 엎어서 커피가 그리는 모양으로 자신의 앞날을 예 측하는 커피점(占)으로 유명한 나라는?

① 오스트리아　　② 체코
③ 그리스　　④ 에콰도르

22. 다음은 이탈리아의 커피문화에 대한 설명이다. 잘못 설명한 것은?

① '카푸치노'로 유명한 문화.
② 이른 아침 노천카페와 길거리에서 수다스러운 입담과 함께 커피를 마신다.
③ 강하게 볶은 원두를 곱게 분쇄한 커피가루를 사용하여 데미타스 잔에 담아 그대로 마신다.
④ '틴토(tinto)'를 마시는 나라.

해설 • '틴토(tinto)'는 콜롬비아의 대표적 커피이다.

23. 다음은 무엇에 관한 설명인가?

> 뜨거운 물속에 흑설탕을 넣고 끓여서 녹인 후 불을 끄고 커피가루를 넣고 저은 뒤 가루가 모두 가라앉을 때까지 5분쯤 두었다가 맑은 커피만을 마시는 것

① 러시안 커피(Russian Coffee) ② 콜롬비아의 틴토(tinto)
③ 카페라떼 ④ 카페오레

24. 다음은 각 나라와 대표적 커피를 연결한 것이다. 올바르지 못한 것은?

① 러시아 - 러시안 커피(Russian Coffee) ② 프랑스 - 카페오레
③ 오스트리아 - 카페 로열 ④ 콜롬비아 - 틴토(tinto)

해설 • 오스트리아는 비엔나커피로 유명하다. '카페 로열'은 커피에 코냑을 넣어 먹는 프랑스 문화이다.

25. 다음은 어느 나라의 커피문화에 대해 열거한 것인가?

> ㉠ 차(茶)에 세금을 부과한 타운젠트 법안이 통과되면서 커피를 마시기 시작
> ㉡ 하루 4천 5백만 잔의 커피를 마셔대는 대량 소비국

① 미국 ② 영국
③ 이탈리아 ④ 브라질

26. 다음에 열거한 커피문화 중 우리나라와 관련이 있는 것들로 바르게 연결된 것은?

> ㉠ 커피를 '嘉俳茶(가배차)'라고 기록한 문헌이 있다
> ㉡ 최초의 서양식 호텔인 손탁호텔이란 곳에 최초의 커피숍 등장
> ㉢ 최초의 커피숍으로 '정동구락부'
> ㉣ 커피에 의한 독살 음모사건

① ㉠ ② ㉠, ㉡, ㉣
③ ㉠, ㉢, ㉣ ④ ㉠, ㉡, ㉢, ㉣

정답 18. ③ 19. ④ 20. ① 21. ③ 22. ④ 23. ② 24. ③ 25. ① 26. ④

27. 커피나무 중 아라비카종에 대한 설명 중 틀린 것은?

① 재배고도는 해발 800m 이상
② 병충해에 약함
③ 성장속도는 빠르나 쓴맛이 강하고 향미가 약하다.
④ 평평한 모양으로 기다랗고 초록빛이 도는 파란색

28. 커피열매 속에는 대부분 두 쪽의 열매가 들어 있다. 그런데 씨가 하나밖에 없는 경우가 있고 그 모양이 둥근 형태인데 이것을 무엇이라 하는가?

① 피어리
② 피베리
③ 피넬리
④ 피카리

29. 커피존 또는 커피벨트는 지구상의 위치는?

① 북위 23~남위 24도 사이
② 북위 28~남위 30도 사이
③ 북위 20도 이하
④ 남위 10도 이상

30. 다음에 열거한 것 중 커피열매의 내부구조와 관련이 없는 것은?

① center cut
② cherry
③ 은피
④ 내과피

해설 • cherry는 커피나무에 착상된 과실(커피열매)이 외형적 색이나 형태가 앵두와 비슷 하다 하여 부르는 별명.

31. 다음은 커피의 정제법 중 건식법에 대한 설명이다. 틀린 것은?

① 정제 기간이 약 2주 정도 필요하다.
② 비용이 많이 들기는 하지만 좋은 품질의 커피를 얻을 수 있다.
③ 아주 오랜 옛날부터 사용되던 방식으로 인공건조와 자연건조가 있다.
④ 건조탑이라는 설비를 필요로 하는 것은 건식법 중 인공건조에 해당한다.

해설 • ②는 습식법에 대한 설명이다.

32. 다음 빈 곳에 들어갈 말로 맞는 것은?

> 커피 과실이 숙성함에 따라 2개의 배유(胚乳)는 서로 마주본 평면 부위가 접혀 내부로 들어간 모양이 되고, 평면부의 중앙에 ( ) 라고 불리는 공간이 존재하게 된다. 배는 배유(胚乳)의 가운데 모여 있고, 과육과 내과피(內果皮)의 사이, 내과피(內果皮)와 은피(銀皮)의 사이, 은피(銀皮)와 배유(胚乳)의 사이 및 ( ) 내에서는 점질물이 모여 있다.

① flat bean ② mucilage
③ silver skin ④ center cut

해설
- flat bean : 커피열매의 평평한 형태를 일컬어 부르는 말. (flat : 평평한, bean : 콩)
- mucilage : 커피열매 내부에 들어 있는 점질물.
- silver skin : 은피.

33. 다음은 커피의 정제법 중 건식법에 대한 설명이다. 틀린 것은?

① 별도의 설비에 대한 투자가 필요하지 않을 수도 있는 방법이다.
② 자연법이라고도 하며 기계를 사용하거나 자연광을 이용해 3일 정도 건조시킨다.
③ 체리의 윗부분과 아랫부분을 자주 고루 섞어주어야 하며, 밤에는 이슬을 피하기 위해 한 곳에 모아 덮개를 씌워주어야 한다.
④ 인건비가 비쌀 때는 건조탑이라는 시설을 이용하여 자연건조시킨다.

해설
- 건식법은 2~3주 정도의 건조기간이 소요된다.

34. 다음은 커피의 정제법 중 습식법에 대한 설명이다. 틀린 것은?

① 시멘트나 콘크리트로 만들어진 건조장이나 맨땅을 이용한다.
② 비교적 현대적인 방법이다.
③ 비용은 많이 들지만 좋은 품질의 커피를 얻을 수 있다.
④ 대부분 아라비카 커피의 생산국에서 사용되고 있는 방법이다.

해설
- ①은 건식법에 해당된다.

정답 27. ③ 28. ② 29. ② 30. ② 31. ② 32. ④ 33. ② 34. ①

35. 다음은 커피의 정제법 중 습식법에 대한 설명이다. 맞는 것은?

① 끈적끈적한 점액질(pectin)을 제거하기 위해 기계(huller)를 이용한다.
② 좋은 품질을 얻기 위해 출하와 무관하게 내과피를 빠르게 제거해야 한다.
③ 발효의 과정을 거친다.
④ 외피와 과육을 제거하기 위한 별도의 장비가 필요치 않는 것이 특징이다.

36. 하루에 50kg에서 100kg의 체리를 수확하는데 이중 원두가 차지하는 비율은?

① 10% ② 20% ③ 30% ④ 40%

37. 배합의 법칙 중 틀린 것은?

① 콩의 성격을 잘 알아야 한다.
② 원두는 품질이 안정된 것을 사용한다.
③ 개성이 있는 원두를 주축으로 하고 그 위에 보충의 원두를 배합한다.
④ 원두의 품질은 불규칙적으로 변화 가능성 있는 것이 좋다.

38. 배전 방식의 분류 중 틀린 것은?

① 롱 타임 로스팅(Long time roasting)
② 숏 타임 로스팅(Short time roasting)
③ 원 타임 로스팅(One time roasting)
④ 인터메디에이트 타임 로스팅(Intermediate time roasting)

39. 다음은 어떤 종류의 배전기에 대한 설명인가?

> 가장 오래되고 가장 일반적인 배전기로 원통형의 드럼을 가로로 눕힌 형태를 하고 있다. 드럼이 회전하는 것에 의해 원두가 골고루 섞이며 배전되고, 배전이 끝나면 앞쪽의 문을 열어 원두가 냉각기(cooling car)로 방출되도록 하는 방식을 택하고 있다.

① 직화식 배전기(Conventional Roaster)
② 열풍식 배전기(Rotary fluidized bed roaster)
③ 숯불 배전기(Charcoal Roaster)
④ 마이크로 웨이브 배전기(Micro-wave roaster)

40. 배전기 중 1970년대 일본에서 개발된 것으로 열원으로 숯을 이용하는 것은?

① 숯불 배전기　　② 직화식 배전기
③ 열풍식 배전기　　④ 마이크로 웨이브 배전기

41. 원두를 이용, 우리가 마시는 음료를 만들기 위해서는 배합(blending)을 거친 후 세 가지 공정을 반드시 거쳐야 하는데 그 공정에 속하지 않는 것은?

① 배전(roasting)　　② 분쇄(grinding)
③ 제조(making)　　④ 추출(brewing)

42. 두 가지 종류 이상의 커피를 혼합하는 것으로, 궁합이 잘 맞는 커피들끼리 혼합하여 맛과 향의 상승효과를 얻고자 함이 그 목적인 과정을 무엇이라 하는가?

① 배전(roasting)　　② 분쇄(grinding)
③ 배합(blending)　　④ 추출(brewing)

43. 커피 블랜딩(Coffee Blending)에 관한 설명이다. 맞지 않는 것은?

① 맛보다는 경제적인 목적, 즉 원가절감 차원에서의 커피 블랜딩이 이루어지는 경우도 상당히 많다.
② 커피를 볶는 과정으로 우리가 마시기 위해 반드시 거치게 된다.
③ 우리나라에서 볼 수 있는 원두커피는 국산이건 수입이건 관계없이 거의 100% 블랜딩 커피이다.
④ 커피 블랜딩의 시점은 로스팅 전 생두 블랜딩과 로스팅 후 원두 블랜딩으로 구분된다.

해설 • ②는 배전(roasting)에 관한 설명이다.

정답 35. ③ 36. ② 37. ④ 38. ③ 39. ① 40. ① 41. ③ 42. ③ 43. ②

44. 좋은 블랜딩을 위한 준비로 맞지 않는 것은?

① 특유의 맛과 향을 혀로 익히려고 스트레이트로 마시는 것은 좋지 않다.
② 상반되는 성질의 커피를 사용하여 밸런스가 좋은 커피를 만들어 본다.
③ 같은 성질의 커피를 축으로 하고 다른 성질의 커피를 액센트로서 사용하여 일부 맛을 강조한 커피를 만들어 본다.
④ 특정의 커피를 축으로 하고, 이 특징을 잃지 않을 정도로 다른 커피를 가하여 특정의 커피 특징을 살리면서도 조화롭고 중후한 커피를 만들어 본다.

해설 • 오히려 여러 종류를 스트레이트로 마셔 특유의 맛과 향을 혀로 익히는 것이 좋다.

45. 훌륭한 블랜딩의 요령으로 적합하지 않는 것은?

① 원두는 신선하고 좋은 것이어야 한다.
② 각 원두의 특성을 정확하게 파악하여야만 한다.
③ 브라질 등 짙은 맛이 있는 원두를 베이스로 특성있는 원두를 배합한다.
④ 유사한 맛이 있는 원두 배합이 이상적이다.

해설 • 유사한 맛이 있는 원두 배합은 피하는 것이 좋다.

46. 배전(roasting)에 관한 설명이다. 맞지 않는 것은?

① 우리가 커피를 먹기 위해서 볶는 과정을 말한다.
② 커피는 배전에 의해 연한 초록색에서 갈색으로 변하는 것이 일반적이다.
③ 무게는 10~20% 증가하게 된다.
④ 수분함량이 떨어지며 부피가 2배 정도 증가한다.

해설 • 무게는 10~20% 줄게 된다.

47. 배전(roasting)에 관한 설명이다. 맞지 않는 것은?

① 원두는 약하게 볶으면 신맛이 강해진다.
② 원두는 강하게 볶으면 쓴맛이 강해진다.
③ 원두의 부피와 무게의 변화는 200℃이상의 고온에서 일어난다.
④ 강하게 볶으면 볶을수록 향이 점점 강해진다.

해설 • 너무 강하게 볶으면 향이 없어지게 된다.

48. 배전 시 물리적, 화학적 변화에 대한 설명이다. 맞는 것은?

① 부피가 약 50% 팽창하고 내부가 다공성으로 변한다.
② 무게가 14~20% 증가한다.
③ 당분의 일부는 SO2 gas로 변화하고 방출되기 시작한다.
④ 당분의 일부는 기체화되어 간다.

49. 다음은 배전(roasting)의 과정 중 어느 것에 관한 설명인가?

> 하프시티 로스트로 알려져 있다. 커피를 캔으로 포장해 수출할 때 주로 사용되는 방법인데 질 좋은 커피를 이 방법으로 볶는 것은 현명하지 못하다.

① 라이트 로스트 (Light Roast) ② 미디엄 로스트 (Medium Roast)
③ 하이 로스트(High Roast) ④ 시나몬 로스트 (Cinnamon Roast)

50. 다음은 배전(roasting)의 과정 중 어느 것에 관한 설명인가?

> 뛰어난 신맛을 갖는 원두이며 그 신맛을 즐기고 싶다면 이 원두가 최적이다. 누런색이던 원두가 계피색을 띠게 된다.

① 라이트 로스트 (Light Roast) ② 미디엄 로스트 (Medium Roast)
③ 시티 로스트 (City Roast) ④ 시나몬 로스트 (Cinnamon Roast)

51. 다음은 배전(roasting)의 과정 중 어느 것에 관한 설명인가?

> 시티, 아메리칸, 레귤러, 아침식사용 로스트라 불린다. 다목적이며 미국 사람들이 특히 좋아하며 아침식사용 또는 우유와 설탕을 넣어 마시는 일반적인 커피에 좋다.

① 라이트 로스트 (Light Roast) ② 미디엄 로스트 (Medium Roast)
③ 다크 로스트 (Dark Roast) ④ 시나몬 로스트 (Cinnamon Roast)

정답 44. ① 45. ④ 46. ③ 47. ④ 48. ① 49. ① 50. ④ 51. ②

52. 다음은 배전(roasting)의 과정 중 어느 것에 관한 설명인가?

> 단맛이 나기 시작하는 단계이다. 가장 일반적인 단계로 갈색의 커피가 된다.

① 시티 로스트 (City Roast)
② 미디엄 로스트 (Medium Roast)
③ 하이 로스트 (High Roast)
④ 에스프레소 로스트 (Espresso Roast)

53. 다음은 배전(roasting)의 과정 중 어느 것에 관한 설명인가?

> 하이, 비엔나 로스트라 불린다. 원두에서 나온 기름이 막 표면을 가열하기 시작했을 때의 콩이며 색은 짙은 황갈색이며 기름때문에 약간 광택이 난다.

① 다크 로스트 (Dark Roast)
② 미디엄 로스트 (Medium Roast)
③ 프렌치 로스트 (French Roast)
④ 에스프레소 로스트 (Espresso Roast)

54. 다음은 분쇄과정에 관한 설명이다. 틀린 것은?

① 좋은 한잔의 커피를 얻기 위한 4대 요소 중 하나다.
② 물과 커피입자의 접촉시간이 길어질수록 분쇄된 커피입자의 크기는 커져야 한다.
③ 장식용으로도 많이 애용되는 핸드밀의 경우 정교하지 않은 제품으로도 고른 분도를 얻을 수 있다.
④ 커피 추출시간이 길면 굵게 분쇄하고, 짧으면 곱게 분쇄한다.

해설 • 장식용으로도 많이 애용되는 핸드밀의 경우 웬만큼 정교한 고급품이 아니고는 고른 분도를 기대하기 어렵다.

55. 로스팅된 커피원두의 가치를 최대한 살려내기 위한 바람직한 커피 분쇄방법이 아닌 것은?

① 추출방법에 알맞은 분도를 선택
② 장식용으로도 많이 애용되는 핸드밀을 선택
③ 분쇄과정에서 발열과 미분을 최소화하면서 분쇄커피에 섞여 있는 삽피를 가능한 많이 걸러내는 것
④ 선택된 분도에 따라 분쇄된 커피입자의 크기가 일정하게 고른 분도를 유지

56. 다음은 분쇄과정에 관한 설명이다. 틀린 것은?

① 분쇄 시 발생하는 삽피는 커피맛에 긍정적인 영향을 끼친다.

② 분쇄할 때 생기는 커피 먼지 같은 미분이 커피의 맛과 향에 부정적인 영향을 끼친다.

③ 커피원두를 분쇄할 때 원두에 가해지는 강한 충격과 동시에 발생되는 마찰열로 인하여 미분이 발생한다.

④ 커피를 분쇄할 때 그라인딩 방식은 마찰열이 많이 발생하게 된다.

해설 • 커피원두를 분쇄하고 나면 커피원두 내부에 숨겨져 있었던 커피껍질(실버스킨)이 나타나게 된다. 이 껍질을'삽피'라고 한다. 이 삽피는 불쾌한 쓴맛과 떫은 맛으로 커피 맛에 부정적인 영향을 끼친다.

57. 커피 분쇄 시 유의해야 할 사항을 나열한 것이다. 틀린 것은?

① 전용 그라인더를 갖추는 것이 좋다.

② 미분과 삽피의 제거를 게을리하지 말아야 한다.

③ 처음에는 약간의 원두만을 분쇄한 후 그 분쇄커피를 버린 다음에 본격적인 커피 분쇄를 한다.

④ 미리 분쇄한 커피를 밀폐용기 등에 담아 놓고 추출할 때마다 꺼내 쓰면 신선하고도 원두의 맛을 제대로 살린 커피를 즐길 수 있다.

해설 • 가능하다면 커피를 추출하기 직전에 원두를 분쇄해야 신선하고도 원두의 맛을 제대로 살린 커피를 즐길 수 있다.

58. 생두를 볶아서 분쇄한 커피(ground coffee)로부터, 물을 이용하여 맛과 향을 내는 가용성 성분을 최대한 용해시켜서 뽑아내는 과정을 무엇이라 하는가?

① 배전(roasting)　② 분쇄(grinding)

③ 배합(blending)　④ 추출(brewing)

정답 52. ③ 53. ① 54. ③ 55. ② 56. ① 57. ④ 58. ④

59. 다음은 추출에 관한 설명이다. 틀린 것은?

① 커피 향미 성분들이 각각 다른 속도로 추출되기 때문에 추출방법에 따라서도 달라질 수도 있다.
② 일반적으로 추출시간이 길면 가는 입도가, 짧으면 굵은 입도가 적합하다.
③ 일반적으로 좋은 성분이나 향기, 상큼한 맛, 달콤한 맛은 먼저 추출된다.
④ 추출 커피의 품질은 향미 성분의 농도와 추출 수율의 균형에 의하여 결정된다.

해설 • 일반적으로 추출시간이 길면 굵은 입도가, 짧으면 가는 입도가 적합하다.

60. 다음은 추출의 방법을 설명한 것이다. 바른 것은?

> 분쇄커피를 뜨거운 물에 넣고 일정한 시간 끓이는 방법으로 가용성 성분이 많이 추 출된다.

① 삼출(percolation) ② 진공 여과(vacuum filtration)
③ 달이기(decoction, boiling) ④ 가압 추출(pressurized infusion)

61. 다음은 추출의 방법을 설명한 것이다. 바른 것은?

> 침출식 커피 추출의 한 변형으로, 하부 챔버에서 만들어진 수증기압은 뜨거운 물을 커피가 담겨 있는 상부의 챔버로 밀어 옮기고 일정하게 저으면서 가용 성분을 침출한다.(사이폰 추출기)

① 삼출(percolation) ② 진공 여과 (vacuum filtration)
③ 드립 여과(drip filtration) ④ 가압 추출(pressurized infusion)

62. 다음은 추출의 방법을 설명한 것이다. 바른 것은?

> 뜨거운 물과 커피 추출액이 반복하여 커피 층을 통과하면서 가용 성분을 추출한다.

① 삼출(percolation) ② 진공 여과 (vacuum filtration)
③ 드립 여과(drip filtration) ④ 가압 추출(pressurized infusion)

63. 다음은 추출의 방법을 설명한 것이다. 바른 것은?

> 2-10기압의 뜨거운 물이 커피 층을 빠르게 통과하면서 가용성 향미성분과 불용성인 커피기름과 미세한 섬유질 그리고 가스를 함께 유화시켜 짙은 농도의 커피를 만든다.

① 삼출(percolation)
② 진공 여과 (vacuum filtration)
③ 달이기(decoction, boiling)
④ 가압 추출(pressurized infusion)

64. 다음은 추출의 방법을 설명한 것이다. 바른 것은?

> 뜨거운 물이 커피층을 한번 통과하면서 가용 성분을 추출한다.

① 삼출(percolation)
② 진공 여과 (vacuum filtration)
③ 드립 여과(drip filtration)
④ 가압 추출(pressurized infusion)

65. 커피맛을 내기위한 좋은 물에 대한 설명이다. 바르지 않는 것은?

① 수질(水質)은 커피의 품질만큼이나 중요하다.
② 약간의 경도가 있는 물은 여과 속도를 높여 커피맛에 좋지않은 영향을 준다.
③ 철분과 염소 성분은 소량이라도 커피맛에 나쁜 영향을 준다.
④ 나트륨이온으로 용해된 무기질을 치환하는'연수 처리'는 알칼리도를 높여서 커피맛에 좋지 않은 영향을 준다.

정답 59. ② 60. ③ 61. ② 62. ① 63. ④ 64. ③ 65. ②

66. 다음은 여과매체에 관한 설명이다. 맞는 것은?

> 재질과 조밀도에 따라 여과가 달라지는 여과매체로 반복하여 사용하면 기름이 배어 커피맛을 변질시킨다.

① 다공성 금속 여과판(perforated metal plate)
② 금속 여과망(metal strainer)
③ 여과포(filter cloth)
④ 여과지(filter paper)

67. 다음은 여과매체에 관한 설명이다. 맞는 것은?

> 금속판의 작은 구멍들을 통하여 커피 추출액을 여과하는 매체로 추출액을 맑게 여과하지는 못하여 미세한 입자들이 추출액에 혼합되는 단점이 있다.

① 다공성 금속 여과판(perforated metal plate)
② 금속 여과망(metal strainer)
③ 여과포(filter cloth)
④ 여과지(filter paper)

68. 다음은 여과매체에 관한 설명이다. 맞는 것은?

> 가장 맑은 추출액을 여과하나 재질이 약하고, 여과가 늦어 과도한 추출을 하기도 한다.

① 다공성 금속 여과판(perforated metal plate)
② 금속 여과망(metal strainer)
③ 여과포(filter cloth)
④ 여과지(filter paper)

69. 커피의 품종 중 아라비카종에 대한 설명으로 맞지 않는 것은?

① 주로 인스턴트 커피를 제조하는데 사용한다.
② 병충해에 약할 뿐만 아니라 기온이 섭씨 30도 이상으로 올라가면 해를 입는다.
③ 단맛, 신맛, 감칠맛 그리고 향기가 뛰어나 가격이 비싸다.
④ 커피 생두의 모양이 평평하고 길이가 길며 가운데 새겨진 고랑이 굽어 있다.

해설 • ①은 로부스타종에 관한 설명이다.

70. 커피의 품종 중 로부스타종에 대한 설명으로 맞지 않는 것은?

① 쓴맛은 강하고 향기가 떨어지지만 가격이 저렴하다.
② 주로 해발 800m 이상에서만 생산된다.
③ 다른 커피와 배합하거나 인스턴트 커피를 제조하는데 주로 사용한다.
④ 강인한 종자로 어려운 환경에서도 잘 자란다.

해설 • ② 아라비카종에 관한 설명이다.

71. 커피의 품종 중 로부스타종에 대한 설명으로 맞지 않는 것은?

① '콩고'가 원산지이다.
② 카페인 함량이 많으며(2~2.5%) 쓴맛이 강하다.
③ 로부스타종은 모든 것에 잘 견디며 결빙도 예외는 아니다.
④ 서아프리카와 같은 열대삼림지대의 습하고 더운 기후에서 자란다.

해설 • 로부스타종은 결빙에 약하다.

72. 커피의 품종 중 로부스타종에 대한 설명으로 맞지 않는 것은?

① 열대삼림지대에서 야생상태로 자라던 로부스타가 재배되기 시작한 것은 18세기 부터이다.
② 20세기초 네덜란드에서 로부스타를 이식하여 재배하기 시작한 나라는 인도네시아이다.
③ 브라질에서 생산하는 로부스타 주용품종은 코닐론(Conilon)이다.
④ 브라질에서 생산되는 로부스타는 브라질 전체의 30% 이상을 차지한다.

해설 • 브라질 전체 생산량의 15% 정도만 생산.

정답 66. ③ 67. ① 68. ④ 69. ① 70. ② 71. ③ 72. ④

73. 커피의 품종 중 아라비카종에 대한 설명으로 맞지 않는 것은?

① 커피의 2대 원두 중 하나인 '코페아 아라비카'의 열매를 일컫는다.
② 다 자란 크기가 5~6m이고 평균기온 20℃, 해발 1,800m의 고지대에서 재배된다.
③ 원두가 둥글고 홈이 곧고 회청색을 띤다.
④ 30도 이상의 온도에서 2일 이상을 견디지 못하는 등 기후, 토양, 질병에 상당히 민감하다.

해설 • ③은 로부스타종의 설명이다.

74. 아라비카종의 성장 조건이다. 바르게 묶여진 것은?

㉠ 평균 20~25℃의 기온
㉡ 지나치게 습하지 않는 규칙적인 비
㉢ 지나치게 강렬하지 않은 충분한 햇빛
㉣ 가급적이면 화산지대이거나 비옥한 토양

① ㉠, ㉢ ② ㉠, ㉡
③ ㉡, ㉢ ④ ㉠, ㉡, ㉢, ㉣

75. 커피의 품종 중 리베리카종에 대한 설명으로 맞지 않는 것은?

① 에티오피아가 원산지이다.
② 열매의 크기가 크고 병충해에 강하여 재배하기 쉽다.
③ 저지대에서도 잘 자란다.
④ 수출보다는 대개 자국 소비에 그치며 쓴맛이 지나치게 강하다.

해설 • ①은 아라비카종에 관한 설명이다.

76. 커피의 품종 중 아라비카종에 대한 설명으로 맞는 것은?

① 병충해에 강하다.
② 성장속도는 느리나 향미가 풍부하다.
③ 열대지방에서 다 자란 나무 높이는 13~15m이다.
④ 열매의 모양이 둥글다.

해설 • ①, ③, ④는 로부스타종에 대한 설명이다.

77. 커피의 품종 중 로부스타종에 대한 설명으로 맞는 것은?

① 적정 성장 온도는 15~24℃이다.
② 카페인 함유량이 적다(0.8~1.4%).
③ 해발 1,000~2,000m 정도에서 자란다.
④ 주로 인스턴트 커피 및 배합용으로 사용된다.

해설 • ①, ②, ③은 아라비카종에 대한 설명이다.

78. 커피 생산지로서의 브라질에 관한 설명이다. 바르지 못한 것은?

① 브라질의 본격적인 커피생산은 포르투갈로부터 독립한 1822년부터다.
② 다른 나라들에 비해 비교적 낮은 고도의 대규모 농장에서 경작된다.
③ 1900년 이후 양(量)에 치우친 생산증대 정책에도 여전히 최상품의 커피가 생산 되고 있다.
④ 생두의 밀도는 비교적 낮은 편이다.

해설 • 오늘날 브라질 커피는 중·저급의 아라비카 커피로 평가되고 있다.

79. 커피 생산지로서의 브라질에 관한 설명이다. 바르지 못한 것은?

① 아라비카를 생산할 뿐 로부스타는 생산하지 않는다.
② 커피의 대부분은 상파울루의 산토스(Santos) 항구로 집결되어 수출된다.
③ 상파울루(San Paulo)는 브라질의 주요 커피 산지 중 하나다.
④ 브라질의 유명 커피로는'Brazil Santos NY 2'가 있다.

해설 • 브라질에서는 코닐론(Conilon)이라는 로부스타 커피 또한 생산되고 있다.

80. 커피 생산국인 콜롬비아에 대한 설명이다. 바르지 못한 것은?

① 세계 2위의 커피 생산국이다.
② 콜롬비아 커피는 마일드 커피(Mild Coffee)의 대명사이다.
③ 콜롬비아의 커피정책은 최대 커피생산을 늘리는 양적증가에 목적이 있다.
④ 한 나라에서 생산되는 커피의 품질로만 본다면 세계 1위의 고급 커피이다.

정답 73. ③ 74. ④ 75. ① 76. ② 77. ④ 78. ③ 79. ① 80. ③

81. 콜롬비아 커피에 대한 설명이다. 바르지 못한 것은?

① 아라비카 커피만을 생산하며 모두 수세건조 방법으로 가공된다.
② 대형 커피농장이 별로 없다.
③ 대부분'카페테로(Cafetero)'라고 불리우는 농부들에 의해 생산되고 있다.
④ 건식법을 이용하여 커피를 정제한다.

해설 • 습식법을 이용한다.

82. 콜롬비아 커피에 대한 설명이다. 바르지 못한 것은?

① 커피의 주 생산지는 안데스 산맥지대에 분포한다.
② 주요 커피로'콜롬비안 엑셀소(Colombian Excelso)'가 있다.
③ 콜롬비아 최고급 커피들의 대부분은'타라주(Tarrazu)'품종이다.
④ 습식법을 이용한다.

해설 • 콜롬비아 최고급 커피들의 대부분은 타이피카(Typica)와 카투라(Caturra) 품종이다.

83. 아래는 커피 생산국에 관한 설명이다. 어느 나라일까?

> ㉠ 세계적인 커피로는 단연'타라주(Tarrazu)'다.
> ㉡ 쿠바로부터 이식되면서 커피가 경작되기 시작하였다.
> ㉢ 타라주 중에서도'라 미니타(La Minita)'농장의 커피가 최상급으로 알려져 있다.
> ㉣ 완벽한 맛과 향의 조화, 너무나 완벽하게 깨끗한 생두의 생산으로 찬사받는다.

① 브라질 ② 코스타리카
③ 자메이카 ④ 과테말라

84. 다음 설명은 커피 생산지 중 어느 곳을 말하는가?

> ㉠ 화산재 토양에서 고급 커피를 생산하는 나라로 유명하다.
> ㉡ 스모크 커피의 대명사는 단연'안티구아(Antiqua)'커피를 생산한다.
> ㉢ 전형적인 커피 품종인 타이피카(Typica)와 버본(Bourbon)이 주로 경작되고 있다.
> ㉣ 그늘 경작법을 많이 사용하고 있다.

① 자메이카 ② 멕시코
③ 코스타리카 ④ 과테말라

85. 과테말라의 대표적 커피로 쏘는 듯한 스모크 향과 깊고 풍부한 맛, 살며시 느껴지는 초콜릿 맛이 일품인 것은?

① 타라주 ② 안티구아
③ 엑셀소 ④ 산토스

86. 커피 생산지인 자메이카에 대한 설명이다. 틀린 것은?

① 커피의 황제라고 불리는 블루 마운틴 커피를 생산한다.
② 온화한 기후, 연중 고른 강수량 등 이상적인 커피 재배환경을 갖추고 있다.
③ 마일드 커피(Mild Coffee)의 대명사로 평가된다.
④ 식민정부가 커피산업 지원정책을 실시하면서 커피 생산량이 증가하였다.

해설 • ③ 콜롬비아 커피에 관한 설명이다.

87. 다음 설명은 어떤 커피에 관한 설명이다. 맞는 것은?

㉠ 커피의 황제, 세계 최고의 커피
㉡ 부드럽고도 조화로운 커피 맛
㉢ 타 지역 커피에 비해 밀도가 높은 커피

① 블루 마운틴 ② 안티구아
③ 산토스 ④ 타라주

88. 어느 커피 생산지에 관한 설명이다. 맞는 것은?

㉠ 커피의 80%는 일본으로 수출되고, 나머지 20%를 가지고 세계가 나누어 먹고 있다.
㉡ 커피의 황제라고 불리는 블루 마운틴 커피를 생산한다.
㉢ 일본의 투자로 기계적인 생두의 고속 습식 가공법으로 생두를 가공한다.

① 브라질 ② 과테말라
③ 자메이카 ④ 푸에르토리코

정답 81. ④ 82. ③ 83. ② 84. ④ 85. ② 86. ③ 87. ① 88. ③

89. 자메이카 커피로 바르게 짝지어진 것은?

㉠ 블루 마운틴 (Blue Mountain)	㉡ 하이 마운틴 (High Mountain)
㉢ 프라임 워시드 (Prime Washed)	㉣ 프라임 베리 (Prime Berry)

① ㉠, ㉡
② ㉠, ㉡, ㉢
③ ㉡, ㉢
④ ㉠, ㉡, ㉢, ㉣

90. 다음은 무엇에 관한 설명인가?

㉠ 17스크린 이상의 No.1	㉡ 16스크린 수준의 No.2
㉢ 15스크린 수준의 No.3	㉣ JBM(Jablum)

① 블루 마운틴
② 안티구아
③ 산토스
④ 타라주

해설 • 자메이카의 블루 마운틴을 로스팅(Roasting)하여 포장까지 마친 완제품 커피를 자블럼(JBM, Joblum)이라고 한다.

91. 멕시코에 관한 설명이다. 바르지 않는 것은?

① 원래 전통적인 멕시코 커피는 고급 백포도주의 풍미와 흡사하다고 했다.
② 중저급의 커피인'프라임 워시드(Prime Washed)'를 생산한다.
③ 중앙아메리카 저급 커피의 대명사였다.
④ 가격이 품질에 비해 저렴하여 커피 구매자들에게 매력있는 커피를 생산한다.

해설 • ②는 자메이카의 블루 마우틴에 관한 설명이다.

92. 푸에르토리코에 관한 설명이다. 바르지 않는 것은?

① 화산재 토양에서 고급 커피를 생산하는 나라로 유명하다.
② 부드러우면서도 거친 듯, 과실의 달콤함으로 카리브해 최고의 커피로 평가된다.
③ 대표 커피는'야우코 셀렉토(Yauco Selecto)'이다.
④ 커피정책의 가장 큰 문제는 높은 생산원가(높은 임금)이다.

해설 • ①은 과테말라에 관한 설명이다.

93. 쿠바에 관한 설명이다. 바르지 않는 것은?

① 커피존의 끝자락에 위치해 있다.
② 세계 최고급 커피인 '터퀴노(Turquino)'를 생산한다.
③ 미국의 52번째 자치주다.
④ 2,000개가 넘는 커피 농장을 보유한 카리브해의 커피 강국이었다.

해설 • ③은 푸에르토리코에 관한 설명이다.

94. 도미니카 공화국에 관한 설명이다. 바르지 않는 것은?

① 카리브해의 커피 중 가장 부드럽고 깔끔한 것으로 알려져 있다.
② 주로 미국에서 많이 소비된다.
③ '산토도밍고 바니(Santo Domingo Bani)'라는 상표로 유명하다.
④ 세계 4위의 커피 생산국이다.

해설 • ④는 멕시코에 관한 설명이다.

95. 엘살바도르에 관한 설명이다. 바르지 않는 것은?

① 천혜의 자연조건을 갖추고 있으면서도 복잡한 정치상황 등으로 어려움을 겪고 있다.
② 식민정부가 커피산업 지원정책을 실시하면서 커피 생산량이 증가하였다.
③ 아라비카 커피만을 생산한다.
④ 유명 커피로 '파카마라'가 있다.

해설 • ②는 자메이카에 관한 설명이다.

96. 엘살바도르에 관한 설명이다. 바르지 않는 것은?

① 전 국토의 약 12%가 커피농장으로 조성되어 있다.
② 최고급 커피인 '터퀴노(Turquino)'를 생산한다.
③ SHG(Strictly High Grown)가 전체 생산량의 약 35%를 차지한다.
④ 생두는 모두 습식가공으로 처리되고 대부분의 커피는 그늘경작법으로 생산되고 있다.

해설 • ②는 쿠바에 관한 설명이다.

정답 89. ④ 90. ① 91. ② 92. ① 93. ③ 94. ④ 95. ② 96. ②

97. 니카라과에 관한 설명이다. 바르지 않는 것은?

① 양은 많지 않으나 고급으로 평가되는 커피를 생산한다.
② 중앙아메리카의 많은 고원지대 커피와는 달리 날카로운 신맛이 거의 없다.
③ 아라비카 커피만을 생산하고 있다.
④ 주요 커피로 '보케테(Boquete)'가 있다.

해설 • ④는 파나마에 관한 설명이다.

98. 파나마에 관한 설명이다. 바르지 않는 것은?

① 카리브해의 커피 중 가장 부드럽고 깔끔한 것으로 알려져 있다.
② 무게는 가벼우나 달콤하고 알맞은 신맛, 균형잡힌 깊고 풍부한 맛과 향을 가진 고급 커피로 평가되고 있으나 생산량이 그리 많지 않다.
③ 고급 커피로 '보케테(Boquete)' 커피가 있다.
④ 아라비카 커피만을 생산하며 생두의 가공은 거의 습식법으로 이루어지고 있다.

해설 • ① 도미니카 공화국에 관한 설명이다.

99. 페루에 관한 설명이다. 바르지 않는 것은?

① 남아메리카 유기농 커피의 리더로 빠르게 부상하고 있다.
② 일반적인 그냥 '페루비안(Peruvian)'이라고 불려지고 있다.
③ 일부에서는 자메이카 블루 마운틴 보다 못할 것이 없다는 평가를 듣기도 한다.
④ 생산과 가공의 여건이 여의치 못해 불순물과 결점있는 생두가 많이 섞여 있는 커피를 생산하고 있다.

해설 • ③은 파나마에 관한 설명이다.

100. 다음은 커피 생산국과 그 대표 커피를 연결한 것이다. 틀린 것은?

① 브라질 - Santos NY 2
② 콜롬비아 - 콜롬비안 수프리모(Colombian Supremo)
③ 코스타리카 - 타라주(Tarrazu)
④ 과테말라 - 야우코 셀렉토(Yauco Selecto)

해설 • ④는 푸에르토리코의 대표 커피이다.

101. 다음은 커피 생산지와 그 대표 커피를 연결한 것이다. 틀린 것은?

① 자메이카 - 블루 마운틴(Blue Mountain)
② 쿠바 - 산토도밍고 바니(Santo Domingo Bani)
③ 멕시코 - 알투라 코아테펙(Altura Coatepec)
④ 푸에리토리코 - 야우코 셀렉토(Yauco Selecto)

해설 · ②의'산토도밍고 바니(Santo Domingo Bani)'는 도미니카 공화국 커피가 미국에서 많이 소비되면서 붙여진 상표명.

102. 다음은 커피 생산지와 그 대표 커피를 연결한 것이다. 틀린 것은?

① 쿠바 - 터퀴노(Turquino)
② 엘살바도르 - 파카마라
③ 온두라스 - 타라주(Tarrazu)
④ 파나마 - 보케테(Boquete)

해설 · ③의'타라주(Tarrazu)'는 코스타리카의 대표 커피이다.

103. 다음 커피 생산지와 그 대표 커피가 바르게 연결된 것은?

㉠ 브라질	ⓐ 산토스(Santos)
㉡ 코스타리카	ⓑ 타라주(Tarrazu)
㉢ 쿠바	ⓒ 야우코 셀렉토(Yauco Selecto)
㉣ 푸에르토리코	ⓓ 터퀴노(Turquino)

① ㉠ 과 ⓐ
② ㉡ 과 ⓒ
③ ㉢ 과 ⓑ
④ ㉣ 과 ⓓ

104. 하와이에 관한 설명이다. 바르지 않는 것은?

① 세계적인 최고급 커피의 하나인 '코나(Kona)' 커피의 생산지다.
② 낮은 고도에서 경작됨에도 불구하고 고지대에서와 같은 고급품질의 커피가 생산되고 있다.
③ 와인과 과실에 비유되는 단맛과 신맛, 산뜻하고도 조화로운 맛과 향을 가진 부드러운 커피로 평가받고 있다.
④ 중저급의 커피인 '프라임 워시드(Prime Washed)'를 생산한다.

해설 · ④는 자메이카에 관한 설명이다.

정답 97. ④ 98. ① 99. ③ 100. ④ 101. ② 102. ③ 103. ① 104. ④

105. 인도에 관한 설명이다. 바르지 않는 것은?

① 전체 커피 생산량의 약 60% 정도를 로부스타가 차지하고 있다.
② 화산재 토양에서 고급 커피를 생산하는 나라로 유명하다.
③ 유명한 커피는 몬수니드 말라바르(Monsooned Malabar)가 있다.
④ 습식법으로 가공된 로부스타 커피는'파치먼트 로부스타'라고 부른다.

해설 • ②는 과테말라에 관한 설명이다.

106. 인도네시아에 관한 설명이다. 바르지 않는 것은?

① 아시아 유기농 커피의 리더이다.
② 아시아 최고의 커피 생산국이다.
③ 녹병균에 의해 전체 커피농장들이 초토화되기까지는 세계의 커피 산업을 이끌었다.
④ 90% 이상 로부스타를 생산한다.

107. 인도네시아의 커피를 생산하는 섬으로 맞지 않는 것은?

① 자바(Java)
② 수마트라(Sumatra)
③ 술라웨시(Sulawesi)
④ 하라(Harrar)

해설 • ④는 에티오피아의 생산지

108. 에티오피아에 관한 설명이다. 바르지 않는 것은?

① 커피가 처음 발견된 곳이다.
② 빌헬름(Mt. Wilhelm) 산을 중심으로 한 고원지대에서 PNG 커피가 생산되고 있다.
③ 커피를'분(Bun)'이라고 부르고 있으며, 거의 대부분의 커피가 전통적인 유기농법과 그늘 경작법으로 재배되고 있다.
④ 커피 생산의 90% 정도가'가든 커피(Garden Coffee)'라고 불려지는 소규모 커피 농가에서 생산되고 있다.

해설 • ②는 파푸아뉴기니에 관한 설명이다.

109. 에티오피아에 관한 설명이다. 바르지 않는 것은?

① 고유한 본래의 아라비카 품종만이 생산되고 있다.
② 아라비카 품종은 원래 에티오피아 하라(Harrar)지방의 고유한 커피 품종이다.
③ 유명한 커피는 몬수니드 말라바르(Monsooned Malabar)가 있다.
④ 아프리카에서 유일하게 서구 열강의 식민지가 되지 않아, 커피의 경작에서도 그 전통이 그대로 살아 있다.

해설 • ③은 인도에 관한 설명이다.

110. 에티오피아에서 생산되는 커피가 아닌 것은?

① 하라(Harrar) ② 이르가체페(Yirgacheffe)
③ 시다모(Sidamo) ④ 코나(Kona)

111. 에티오피아에서 생산되는 커피 중'에티오피아의 축복'이라고 불려지는 것은?

① 하라(Harrar) ② 이르가체페(Yirgacheffe)
③ 시다모(Sidamo) ④ 코나(Kona)

112. 에티오피아에서 생산되는 커피 중 가장 세련되고 매끄러운 최고급 커피는?

① 하라(Harrar) ② 이르가체페(Yirgacheffe)
③ 시다모(Sidamo) ④ 짐마(Djimmah)

113. 예멘에 관한 설명이다. 바르지 않는 것은?

① 세계 최초로 커피가 경작되었으며 한때 세계 최대의 커피 무역항이었던 모카(Mocha)가 있는 나라다.
② 아라비카(Arabica)라는 말도 아라비아, 즉 예멘의 커피에서 유래되었다.
③ '가든 커피(Garden Coffee)'라고 불려지는 소규모 커피 농가에서 커피가 생산되고 있다.
④ 하위 그룹의 커피 생산국이다.

해설 • ③은 에티오피아에 관한 설명이다.

정답 105. ② 106. ① 107. ④ 108. ② 109. ③ 110. ④ 111. ① 112. ② 113. ③

114. 예멘에 관한 설명이다. 바르지 않는 것은?

① 전 세계에서 가장 뚜렷한 개성을 가진 커피를 생산한다.
②'마타리(Mattari)'가 예멘 최고의 커피다.
③ 세계 최대의 커피 무역항이었던 모카(Mocha)가 있다.
④'아이-커퍼(Eye-Cupper)'들이 즐겨 찾는 커피다.

해설 • ④ 예멘커피는'아이-커퍼(Eye-Cupper)'들이 기피하는 커피다.

115. 다음 중 예멘을 대표하는 커피가 아닌 것은?

① 리무(Limmu) ② 마타리(Mattari)
③ 이스마일리(Ismaili) ④ 히라지(Hirazi)

해설 • ①은 에티오피아의 커피.

116. 다음 중 모카의 의미로 볼수 없는 것은?

① 커피라는 의미
② 아라비아 전 지역에서 생산 유통되는 커피라는 의미
③ 예멘에서 생산되는 커피의 이름
④ 연유가 들어간 음료나 음식

117. 케냐에 관한 설명이다. 바르지 않는 것은?

① 가장 신뢰할 수 있는 최고급의 커피를 생산하는 아프리카 최고의 커피 생산국
② 그늘 경작법을 주로 사용하고 있다.
③ 품질개발, 기술교육 그리고 경매시스템을 통해 커피 산업을 육성하고 있다.
④ 최근 병충해에도 강하면서 수확량이 많은'루이루11'품종의 커피 생산을 확대하고 있다.

118. 탄자니아에 관한 설명이다. 바르지 않는 것은?

① '커피의 신사'라고 불리우는 킬리만자로(Kilimanjaro) 커피를 생산한다.
② 바나나 나무와 함께 경작되어 자연스러운 그늘경작이 이루어지고 있다.
③ 커피를 생산하는 농부들이 숙련된 기술을 지니고 있어 생산량이 증가하고 있다.
④ 커피산업이 후진성을 면하지 못하고 있다.

119. 다음은 아프리카 커피의 문제점을 나열한 것이다. 틀린 것은?

① 정치적 불안정과 낙후된 경제상황, 열악한 인프라 구조
② 가장 큰 문제는 운송 문제
③ 세련되지 못한 경작과 생두 가공기술, 부족한 가공시설
④ 자연적인 커피 경작조건의 부적합성

해설 • 아프리카의 커피 경작조건 자체는 훌륭하다.

120. 일반적으로 사람들이 커피가 몸에 좋지 않다고 여기는 이유는 커피의 어떤 성분 때문인가?

① 카테킨 ② 카페인
③ 폴리페놀 ④ 바르비투르산염

해설 • 커피가 건강에 좋지 않다고 하는 가장 큰 이유 중 하나로 많은 사람들이 커피의 성분인 카페인을 지적하고 있다.

121. 다음은 카페인에 관한 설명이다. 틀린 것은?

① 정상적인 성인에게는 해를 끼치지 않는 무독성이다.
② 카페인은 녹차에도 얼마간 함유되어 있다.
③ 섭취 후 몇 시간 이내에 모두 배설된다.
④ 카페인은 혈중 또는 체내에 일정량이 축적된다.

해설 • 카페인은 혈중 또는 체내에 축적되지 않는다.

122. 다음은 카페인에 관한 설명이다. 틀린 것은?

① 뜨거운 물에 대단히 잘 녹는다.
② 불에 탄 냄새가 나고 쓴맛이 난다.
③ 중추신경계·심장·혈관·신장을 자극하는 효과가 있다.
④ 특정 약물에 대한 해독제로 사용되기도 한다.

해설 • 냄새가 없다.

정답 정답 114. ④ 115. ① 116. ④ 117. ② 118. ③ 119. ④ 120. ② 121. ④ 122. ②

123. 볶은 커피원두의 경우 카페인 함유량으로 올바른 것은?

① 보통 2~3%
② 보통 3~4%
③ 보통 1~2%
④ 보통 2~5%

124. 다음 중 카페인의 긍정적인 효과로만 묶여진 것은?

㉠ 운동 수행능력 증가
㉡ 피로감 감소
㉢ 감각기능 증가
㉣ 민첩성의 증가

① ㉠
② ㉡, ㉢
③ ㉠, ㉢, ㉣
④ ㉠, ㉡, ㉢, ㉣

125. 인스턴트 커피 한잔에 함유되어 있는 카페인 함유량으로 올바른 것은?

① 45mg
② 60~100mg
③ 100~150mg
④ 150~185mg

126. 영양학적 측면에서 볼 때 우리 몸에 도움을 주는 커피의 두가지 성분은?

㉠ 나이아신 ㉡ 요산 ㉢ 단백질 ㉣ 칼륨

① ㉢, ㉡
② ㉠, ㉣
③ ㉡, ㉢
④ ㉠, ㉢

127. 전문가들이 건강상 바람직하다고 말하는 1일 카페인 섭취량은?

① 100mg 이하
② 200mg 이하
③ 300mg 이하
④ 400mg 이하

128. 1일 권장량 이상의 카페인을 섭취할 경우 대표적으로 유발되는 현상으로 바르 게 묶인 것은?

㉠ 탈수 현상　　㉡ 정서 불안　　㉢ 저혈당　　㉣ 불면

① ㉠　　② ㉠, ㉡
③ ㉠, ㉡, ㉣　　④ ㉠, ㉡, ㉢, ㉣

129. 커피 속에 함유된 성분 중 당뇨와 고혈압의 위험을 줄이는 효과가 있는 성분은?

① 항산화 물질인 폴리페놀　　② 폴리에스텔
③ 단백질　　④ 칼슘

130. 우리나라가 커피의 수입을 개방한 시기로 맞는 것은?

① 1975년　　② 1988년
③ 1990년　　④ 1995년

131. 커피 속의 성분으로 일정량 이상을 섭취하면 위액의 분비를 자극하고 장내에서 분해되며 방향족 화합물로써 배설되는 물질은?

① 알칼로이드　　② 메틸크산틴
③ 요산　　④ 클로로겐산

132. 다음은 카페인 제거법이다. 틀린 한 가지는?

① Traditional Process
② Swiss - Water Process
③ H_2O - European Process
④ CO_2 - Water Process

정답 123. ③　124. ④　125. ②　126. ②　127. ④　128. ③　129. ①　130. ②　131. ④　132. ③

133. 카페인을 제거하는 방법 중 아세트산에틸을 용매로 사용하는 방법으로 맞는 것 은?

① Traditional Process ② Swiss - Water Process

③ H_2O - European Process ④ CO_2 - Water Process

해설 • Traditional Process : 아세트산에틸이라는 용매로 카페인만을 선택적으로 제거한다.

134. 카페인을 제거하는 방법 중 가장 일반적으로 사용되고 비용이 저렴한 방법으로 맞는 것은?

① H_2O - European Process ② CO_2 - Water Process

③ Traditional Process ④ Swiss - Water Process

135. 커피의 영양성분 중 가장 많은 비율을 차지하고 있는 것으로 맞는 것은?

① 당질 ② 단백질

③ 지질 ④ 회분

해설 • 커피 100g 중 당질 약 61.9g, 단백질 20.0g, 지질 0.3g, 회분 8.2g의 성분이 들어있다.

136. 커피의 영양성분 중 당질에 관한 설명이다. 틀린 것은?

① 음용되고 있는 커피 영양성분의 60% 이상을 차지한다.

② 당질의 대부분은 수용성 갈색물질 멜라노이딘이다.

③ 배전과정에서 커피의 색, 향이나 맛의 기호성 성분을 결정하는 성분 간의 반응이 일어난다.

④ 클로로제닉산류의 페놀화합물과 반응하여 적색물질이 된다.

해설 • 클로로제닉산류의 페놀화합물과 반응하여 갈색물질이 된다.

137. 커피가 생체대사에 미치는 영향에 관한 설명이다. 틀린 것은?

① 체내에 흡수된 카페인은 5분 이내에 몸 전체로 확산하게 된다.

② 혈관을 수축, 팽창시키는 역할을 한다.

③ 흡수된 카페인은 기초대사 속도를 감소시킨다.

④ 암모니아염으로부터 형성되는 요소의 양을 감소시킨다.

해설 • 우리 몸에 흡수된 카페인은 기초대사 속도를 증가시킨다. 섭취 후 1~3시간 사이에 최대 기초대사 속도를 나타내는 것으로 보고된 바 있다.

138. 커피가 중추신경에 미치는 영향에 관한 설명이다. 틀린 것은?

① 대뇌의 피질을 흥분시키고 요추를 자극시킨다.
② 졸음과 피로를 경감시키는 작용을 한다.
③ 사고를 집중시킬 수 있도록 하는 작용을 한다.
④ 알코올중독 그리고 마약중독으로 인한 고통을 증가시킨다는 점은 문제점이다.

해설 • 신경과민, 알코올중독 그리고 마약중독으로 인한 고통의 경감에 매우 효과적이다.

139. 커피가 심장에 미치는 영향에 관한 설명이다. 틀린 것은?

① 혈관의 수축에 의한 혈류의 감소가 일어난다.
② 혈압과 맥박수는 변화가 있거나 사람에 따라 없기도 한다.
③ 하루 1g 정도의 카페인을 섭취하면 혈압을 낮추어 부종을 치료하는데 도움이 된다.
④ 한두 잔의 커피는 심장의 활동을 활성화시킨다.

해설 • 심장에 카페인이 미치는 주작용으로 혈관의 팽창에 의한 혈류의 증가다.

140. 커피가 신장에 미치는 영향에 관한 설명이다. 바르게 묶인 것은?

> ㉠ 이뇨를 촉진시키고 신장을 통한 혈액순환을 증가시킨다.
> ㉡ 많은 오줌을 생성하게 하여 체내 노폐물 정화를 증진시키는 역할을 한다.
> ㉢ 신장에서 수분의 재흡수를 감소시킨다.
> ㉣ 음용을 중단하면 체내 노폐물이 누적되어 메스꺼움, 구토를 일으킬 수도 있다.

① ㉠, ㉢ ② ㉠, ㉢, ㉣
③ ㉡, ㉣ ④ ㉠, ㉡, ㉢, ㉣

정답 133. ① 134. ③ 135. ① 136. ④ 137. ③ 138. ④ 139. ① 140. ④

141. 커피가 우리 신체에 미치는 영향을 나열한 것이다. 틀린 것은?

① 중추신경계를 자극하여 정신을 맑게 깨운다.
② 칼슘 이온의 농도가 증가하여 심박수와 심박출량이 늘어난다.
③ 고혈압, 심장질환을 일으킬 수도 있다.
④ 소변의 양을 감소시킨다.

해설 • 이뇨제의 역할을 하여 소변의 양을 늘린다.

142. 커피가 우리 신체에 미치는 영향을 나열한 것이다. 틀린 것은?

① 위를 자극하여 위산의 분비를 촉진하며 지나치면 위궤양이 생기기도 한다.
② 이뇨제의 역할을 하여 소변의 양을 늘린다.
③ 심장의 기능을 약화시킨다.
④ 과다 복용은 불면을 초래할 수 있다.

해설 • 심장의 기능을 촉진시킨다.

143. 카페인과 수면과의 관계를 설명한 것 중 틀린 것은?

① 코코아와 초콜릿을 잠자리 직전에 섭취해도 수면 장애가 있을 수 있다.
② 잠자기 전 카페인을 섭취하게 되면 잠드는데 소요되는 시간이 길어지고 밤에 자주 깬다.
③ 카페인에 대한 만감성과 감내성의 정도는 누구나 비슷하다.
④ 잠자리에 들기 전 4~6시간 전에는 카페인을 삼가는 것이 수면에 도움이 된다.

해설 • 카페인에 대한 만감성과 감내성의 정도가 사람에 따라 서로 다르다.

144. 커피를 마시면 졸음을 방지하는 효과가 있다. 그것은 커피의 어떤 성분 때문인 가?

① 카페인　② 카테킨
③ 폴리페놀　④ 바르비투르산염

145. 커피를 마시면 간암 발생률이 감소시키는 성분은?

① 알칼로이드　② 메틸크산틴
③ 요산　④ 클로로겐산

146. 발암물질인 'OH'의 발암성을 억제하는 경향이 있는 커피 속 성분으로 맞는 것 은?

① 요산　　② 클로로겐산
③ 알칼로이드　　④ 메틸크산틴

147. 카페인과 음주와의 관계를 설명한 것 중 틀린 것은?

① 카페인은 간기능을 활발하게 해 독성물질인 아세트알데하이드 분해를 빠르게 한다.
② 카페인은 항이뇨 호르몬의 분비를 억제한다.
③ 카페인은 알코올 성분을 체외로 빠르게 배출하는 작용을 한다.
④ 음주 후 카페인은 인체에 흡수되면서 중성이 되어 머리를 상쾌하게 해 준다.

해설 • 인체에 흡수되면 알칼리성이 된다.

148. 커피와 질병과의 관계를 설명한 것이다. 바르지 않는 것은?

① 커피는 중성지방을 증가시켜 동맥경화를 촉진하는 경향이 있다.
② 췌장에서 인슐린을 분비하는 베타세포를 자극함으로써 성인 당뇨병을 감소 시킨다.
③ 발암물질의 하나인'OH'의 발암성을 억제한다.
④ 연구결과 끓인 커피를 마시는 사람은 필터 커피를 마시는 사람에 비해 당뇨병 위험이 3배 높았다.

해설 • 커피는 오히려 동맥경화를 예방하는 HDL(좋은 콜레스테롤)을 증가시킨다.

149. 커피와 담석(擔石)에 대한 연구결과를 설명한 것이다. 틀린 것은?

① 미 하버드 보건센터 실험결과 커피를 마시면 담석진행이 현저하게 감소된다.
② 라이츠만 박사는 하루에 커피를 2~3잔 커피를 마시면 마시지 않는 사람에 비해 담석의 위험이 40% 감소한다.
③ 라이츠만 박사는 카페인 제거 커피 역시 동일한 효과가 있다.
④ 커피와 달리 홍차나 다른 음료는 담석 예방효과가 없다.

해설 • 라이츠만 박사는 커피는 반드시 카페인이 함유된 것이어야 하며 카페인을 제거한 커피는 효과가 없다고 강조했다.

정답 141. ④　142. ③　143. ③　144. ①　145. ④　146. ②　147. ④　148. ①　149. ③

150. 카페인 중독의 증상이다. 틀린 것은?

① 침착하지 못하고 안절부절한다.
② 불면증이 있다.
③ 얼굴이 홍조를 띠며 상기 된다.
④ 조용한 상태로 침착성을 잃지 않는다.

151. 연구결과 커피와 건강과의 관계를 설명한 것이다. 바르지 않는 것은?

① 당뇨병과 커피 섭취의 인과관계는 없다.
② 커피 음용과 통풍의 인과관계는 없다.
③ 커피를 1일 4잔 이상 마시면 간경변의 위험이 있다.
④ 8종의 암 부위 가운데 커피와 상관 있는 것이 위암이다.

해설 • 1일에 커피를 4잔 이상 마시는 사람은 마시지 않는 사람과의 간경변의 위험률이 5분의 1로 감소되었다.

152. 리버만 박사의 카페인과 운동능력과의 관계에 대한 결과로 틀린 것은?

① 카페인이 체력 소모가 심한 작업을 수행하는 시간을 연장시킨다.
② 카페인은 피로하기 쉬운 작업의 능률을 향상시킨다.
③ 카페인은 근육의 피로를 막아 주고, 지방의 연소와 당분의 분해 능력을 증가시킨다.
④ 카페인은 손가락을 조정하는 작업 또한 향상시켜 미세한 작업을 가능케 한다.

해설 • 카페인은 바늘에 실을 꿰거나, 작은 목표물을 맞추거나 다트를 던지는 것 같은 손가락 조정을 하는 작업에 악영향을 미치기도 한다.

153. 커피와 건강과의 관계를 설명한 것이다. 틀린 것은?

① 커피의 카페인은 기관지를 넓혀주고 천식환자들이 숨쉬기 편하게 해준다.
② 카페인이 테오필린처럼 젊은 천식환자들에게 기관지확장제로서 효과가 있다.
③ 카페인은 알레르기성 비염을 발생시킬 수 있다.
④ 카페인은 호흡기 근육의 피로를 경감시켜 숨쉬는 것을 쉽게 해 준다.

해설 • PliliShapiro에 따르면 약간의 가려움을 느꼈을 뿐 비염이 호전되었다.

154. 오래 전부터 알레르기성 천식에 치료방안으로 쓰였던 커피로 맞는 것은?

① 블랙모카 커피 ② 블루 마운틴 커피
③ 비엔나 커피 ④ 카페 로열

155. 카페인과 임신과의 관계를 설명한 것이다. 틀린 것은?

① 임신 중 적당량의 카페인 섭취는 신생아의 저체중 또는 선천성 기형의 발생 가능성을 증가시키지 않는다는 연구 결과가 있다.

② 커피를 하루 4잔 이상 마시면 임신 가능성이 줄어든다는 연구결과가 있다.

③ 커피가 이처럼 임신 가능성을 감소시키는 것은 카페인 성분 때문이다.

④ 전문가들은 임신 중에만 카페인의 섭취를 제한하면 그 이후 아기에게 아무런 이상이 없다고 발표했다.

해설 • 전문가들은 카페인이 아기의 뇌 발달에 영향을 미칠 위험을 무시할 수 없기 때문에 모유를 먹이는 산모도 카페인 섭취를 제한해야 한다고 말하고 있다.

156. 커피와 두통과의 관계를 설명한 것이다. 틀린 것은?

① 두통에 커피를 이용하면 큰 부작용이 없다.

② 카페인은 뇌혈관을 넓혀 두통을 없애준다.

③ 두통 해소에 커피는 쉽고 간편하게 이용할 수 있는 방법이다.

④ 두통이란 혈관이 팽창하면서 머리 부분의 신경을 눌러 발생하는 것이다.

해설 • 커피는 적당량의 카페인으로 큰 부작용없이 뇌혈관을 좁혀 주어 두통을 없애 주고, 머리를 맑게 해 준다.

157. 커피와 수면과의 관계를 설명한 것이다. 틀린 것은?

① 카페인은 잠이 들기까지 걸리는 시간, 입면(入眠) 시간을 연장시킨다.

② 연구 결과는 뇌파의 변화와 카페인과는 직접적인 영향이 없었다.

③ EEG수치 변화는 깊은 수면을 취하지 못한다는 것을 의미한다.

④ 카페인은 숙면을 방해하여 총 수면 시간을 감소시킨다.

해설 • 수많은 연구 결과 카페인에 의해 뇌파가 변화한다고 밝혀졌다.

158. 커피가 담석증의 발병 가능성을 감소시키는 이유로 틀린 것은?

① 카페인이 담석이 발생하지 않도록 혈관을 수축시키기 때문이다.

② 카페인이 콜레스테롤이 담석으로 굳어지지 않도록 하기 때문이다.

③ 우리 몸의 신진대사를 증가시켜 지방축적을 낮추기 때문이다.

④ 담석 형성을 진행시키는 분비물의 흡수를 낮추는 역할을 수행하기 때문이다.

정답 150. ④ 151. ③ 152. ④ 153. ③ 154. ① 155. ④ 156. ② 157. ② 158. ①

159. 커피에 곁들이는 재료 중 다이어트에 가장 도움이 되지 않는 것은?

① 각설탕　② 프림
③ 시럽　④ 계피

160. 커피가 다이어트를 돕는 이유를 설명한 것이다. 바르지 않는 것은?

① 지방을 분해하고 이뇨작용을 활발하게 하기 때문이다.
② 혈액순환을 원활하게 하고 쓸모없는 노폐물을 몸밖으로 배출해주기 때문이다.
③ 커피가 혈관을 확장시켜 신진대사를 더디게 하기 때문이다.
④ 인체의 에너지 소비량을 10% 증가시키기 때문이다. 커피는 혈관을 수축시키는 작용을 하기 때문에 신진대사를 증가시켜 다이어트의 효과가 있다.

161. 유기농 커피로 관장을 함으로써 체중을 감량시키는 요법을 무엇이라 하는가?

① 추나요법　② 킬레이션 요법
③ 거슨요법　④ 흡입요법

해설 • 유기농 야채즙과 곡식으로 구성된 무염식이와 제독을 위한 커피관장을 큰 특징으로 하는 요법이 거슨요법이다.

162. 커피관장이 다이어트에 도움이 되는 이유를 설명한 것이다. 틀린 것은?

① 커피관장을 함으로써 체내에 축적된 각종 독소들이 빠져나가기 때문이다.
② 커피의 풍부한 무기물질과 독특한 성분들이 지방분해를 도와주기 때문이다.
③ 커피관장이 지방분해에 뛰어난 효과를 내는 것은 팔미테이트와 카페인 성분 때문이다.
④ 카페인을 많이 마시면 담즙이 분비되는 것을 도와주어 지방을 효과적으로 분해하기 때문이다.

해설 • 카페인은 많이 마시면 해롭지만 직장을 통해 간으로 바로 흡수되면 담즙이 분비되는 것 을 도와주기 때문에 지방을 효과적으로 분해시킨다.

163. 다이어트에 도움이 되는 커피의 팔미테이트 성분이 가지는 기능을 바르게 설명 한 것은?

① 해독기능을 가진 효소들을 활성화시키는 성질 때문이다.
② 생리대사 기능을 활발하게 하기 때문이다.
③ 운동에너지를 증가시키기 때문이다.
④ 우리 몸의 근육을 성장시키기 때문이다.

164. 커피관장법에 관한 설명이다. 바르지 못한 것은?

① 힘들게 굶지 않고 지방을 분해함으로 요요현상 없는 다이어트법이다.
② 장을 깨끗이 씻어내므로 변비가 없어진다.
③ 독소가 몸 밖으로 배출되므로 여드름이나 기미 등의 피부 트러블이 없어진다.
④ 혼자서도 손쉽게 할 수 있으나 통증이 있다는 것이 단점이다.

165. 커피의 분쇄시점과 분쇄입도와 산패와의 관계이다. 바르지 못한 것은?

① 분쇄된 커피는 공기와의 접촉면이 많아지므로 빠르게 산패가 진행된다.
② 분쇄된 커피는 내부에 남아 있었던 탄산가스와 휘발성 향의 방출로 빠르게 진행된다.
③ 분쇄커피에 비해 원두커피가 그 신선도 유지기간이 짧다.
④ 커피를 추출하기 직전에 분쇄해야 신선도의 유지에 도움이 된다. 원두상태의 커피에 비해 분쇄커피는 그 신선도 유지기간이 1/4 미만인 것으로 알려져 있다.

166. 커피의 유통기한에 관한 설명이다. 틀린 것은?

① 커피 선진국일수록 출고에서 소비자에게 전달되는 기간이 매우 짧다.
② 유통기한이란 그 신선도와 그에 따른 맛까지도 보장하는 기한이다.
③ 우리나라에서 커피의 유통기간은 제조자가 정하도록 되어 있다.
④ 우리나라의 경우 1년이나 2년으로 표기하는 경우가 많다.

해설 • 식품으로서의 가치와 안전성을 인정받을 수 있는 최소한의 품질상태일 뿐 신선도와 그에 따른 맛까지도 보장하는 기한이 아니다.

167. 우리나라 커피의 유통기간에 관한 설명이다. 바르지 못한 것은?

① 커피의 유통기간을 제조자가 정한다.
② 1년이나 2년으로 표기하는 경우가 많다.
③ 제조일자에 대한 엄격한 기준 시점이 적용되고 있다.
④ 일반적으로 포장이 완료된 시점을 제조일자로 하고 있다.

해설 • 우리나라의 경우 제조일자에 대한 엄격한 기준 시점이 없다.

정답 159. ① 160. ② 161. ③ 162. ④ 163. ① 164. ④ 165. ③ 166. ② 167. ③

168. 커피의 신선도에 영향을 주는 요소가 아닌 것은?

① 산소　　② 온도
③ 압력　　④ 습도

해설 • 커피의 신선도는 산소와의 접촉정도에 따라 가장 큰 영향을 받고, 기타 보관 시의 주변 온도와 습도에 따라 영향을 받는다.

169. 커피의 신선도에 영향을 주는 성분으로 바르게 묶인 것은?

㉠ 산소	㉡ 부피	㉢ 습도	㉣ 압력

① ㉠, ㉡　　② ㉡, ㉢
③ ㉢, ㉣　　④ ㉠, ㉢

170. 커피를 볶으면 지속적으로 어떤 물질이 방출되어 커피에 산소 침투를 막는다. 그 물질로 옳은 것은?

① CO_2 gas　　② CH_4 gas
③ NO_2 gas　　④ SO_2 gas

해설 • 커피를 볶은 후부터 지속적으로 CO2 gas가 방출되는데 CO2 gas는 커피로 침투하는 산소를 차단하는 역할을 한다.

171. 커피를 볶을 때 방출되는 CO_2 gas의 역할로 옳은 것은?

① 커피 속의 온도를 일정하게 유지하는 역할을 한다.
② 커피로 침투하는 습도를 차단하는 역할을 한다.
③ 커피로 침투하는 산소를 차단하는 역할을 한다.
④ 커피가 분쇄되지 않도록 커피 내부의 압력을 조절한다.

해설 • CO_2 gas는 커피로 침투하는 산소를 차단하는 역할을 한다.

172. 원두 상태의 커피가 가루 상태의 커피보다 향이 월등히 오래가는데 그 이유로 옳은 것은?

① 원두 상태가 공기와 접촉하는 면이 적어지기 때문이다.
② 가루 상태가 습기 침투 가능성이 적어지기 때문이다.
③ 가루 상태는 일정 온도를 유지할 수 없기 때문이다.
④ 원두 상태가 보관이 용이하기 때문이다.

해설 • 원두 상태의 커피는 가루 상태보다 공기 접촉 면이 적어 향이 훨씬 오래 간다.

173. 커피의 신선도를 유지하는 방법이다. 틀린 것은?

① 2주 이내에 사용할 커피는 잘 밀봉하여 신선하고 어두운 곳에 보관한다.
② 커피 원두를 소량으로 구입하여 며칠 이내에 소비하는 것이다.
③ 커피생산자는 대량포장으로 커피를 공급하도록 해야 한다.
④ 일단 개봉된 커피는 최대한 빠른 시일 내에 소진한다.

해설 • 커피생산자는 소량포장으로 커피를 공급하도록 해야 한다.

174. 커피의 보관방법을 열거한 것이다. 바르지 않는 것은?

① 일단 개봉된 커피봉투는 공기를 최대한 뺀 후 개봉 부위를 테이프로 막고 꼭꼭 접어 보관하는 것이 좋다.
② 지퍼백의 경우 공기를 최대한 빼낸 후 지퍼를 닫고 나머지 부분은 접어서 보관한다.
③ 실온상태로 그늘이 지고 서늘하면서 바람이 잘 통하는 장소에 보관한다.
④ 장기간 보관할 경우에는 냉장 보관한다.

해설 • 장기간 보관할 경우에는 냉동 보관한다.

정답 168. ③ 169. ④ 170. ① 171. ③ 172. ① 173. ③ 174. ④

175. 일반적인 커피 보관방법에 관한 설명이다. 바르지 못한 것은?

① 커피는 보관 기간에 따라 냉동과 냉장보관으로 구분한다.
② 장기간 보관할 경우에는 냉동 보관을, 단기간 보관할 경우에는 냉장 상태로 보관하는 것이 좋다.
③ 밸브봉투에 담긴 분쇄커피인 경우 통풍을 위하여 밸브 구멍부위에 작은 통로를 만들면 좋다.
④ 냉동·냉장 보관한 커피를 사용할 때에는 밀폐된 커피 용기를 꺼내어 실내온도와 같아지게 한 뒤에 개봉하여 사용하는 것이 좋다.

해설 • 밸브봉투에 담긴 분쇄커피인 경우에는 구입 즉시 밸브 구멍부위를 테이프로 밀봉하는 것이 좋다. 밸브를 통해 공기가 유입되어 커피의 산패를 촉진시킬 수 있기 때문이다.

176. 커피 보관을 위해 사용하는 밀폐용기에 관한 설명이다. 바르지 못한 것은?

① 밀폐용기에서 커피가 신선도를 유지하려면 용기 속에 커피가 가득 차 있어야 한다.
② 밀폐용기 내의 여유 공간이 있더라도 커피가 내뿜은 탄산가스와 향이 가득차 있어 산패지연과 향 보존에 어느 정도의 역할을 한다.
③ 밀폐용기를 사용하려면 플라스틱으로 된 것이 좋다.
④ 밀폐용기는 습기의 유입을 막아 커피의 산패를 늦추는 효과가 있으나 소비자의 기대치 만큼의 효과를 기대하기는 어렵다.

해설 • 밀폐용기를 사용하려면 도자기로 된 것이 좋다. 플라스틱으로 된 것은 향과 기름을 흡수하기 때문에 시간이 지나면 나쁜 냄새가 난다.

177. 일반적인 커피의 보관과 사용에 관한 설명이다. 틀린 것은?

① 차가운 커피를 바로 개봉하여 그대로 두면 이슬이 맺혀 커피 맛의 변질을 가속화시킨다.
② 커피숍은 판매량이 많아 1kg 이상 많은 양을 포장 보관하고 개봉하여 판매하는 것이 좋다.
③ 그라인더의 용량이 크더라도 한두 시간 정도의 커피 사용량만을 넣고 사용하는 것이 좋다.
④ 포장 단위는 반드시 커피의 신선도를 고려해야 한다.

해설 • 하루에 1~2kg 정도의 커피를 사용하는 에스프레소 커피숍이더라도 500g을 초과하는 포장단위는 좋지 않다.

178. 커피의 보관과 사용에 관한 설명이다. 바르지 못한 것은?

① 차가운 분쇄커피는 그대로 사용해야 커피의 맛과 향을 제대로 끌어낼 수 있다.
② 냉동·냉장 보관하는 방법은 갓 볶은 신선한 커피이어야 의미가 있다.
③ 볶은지 2주 이상 경과된 커피는 냉동·냉장 보관하더라도 효과가 없다.
④ 포장봉투는 가능한 한 여유 공간이 없어야 한다.

해설 • 차가운 분쇄커피를 그대로 사용하면 뜨거운 물을 부을 때 추출온도가 낮아져서 커피의 맛과 향을 제대로 끌어낼 수 없게 된다.

179. 커피의 보관법 중 봉투를 이용하고자 할 때 바르지 못하게 설명한 것은?

① 포장봉투에 커피를 담은 후 가능한 공기를 모두 빼내고 밀봉해야 한다.
② 봉투가 내용물에 비해 너무 크면 좋지 않다.
③ 일단 개봉되었던 커피라고 하더라도 밀봉만 튼튼히 하면 처음과 같은 향과 맛이 유지된다.
④ 봉투 안의 여유 공간을 최소화하는 것이 좋다.

해설 • 일단 개봉되었던 커피는 아무리 밀봉을 잘해도, 다시 개봉하였을 때 처음 때와 같은 풍부한 커피향을 결코 느낄 수 없다.

180. 커피의 신선도를 결정하는 가장 중요한 시점은 언제인가?

① 상품으로 포장된 시점　② 로스팅 시점
③ 커피를 구입하여 보관하는 시점　④ 커피의 추출 시점

181. 커피의 신선도에 관한 설명이다. 바르지 못한 것은?

① 전기 커피메이커에 오래 두고 데워 마시는 것은 좋지 않다.
② 추출된 커피는 20분 이내에 마시는 것이 맛과 향이 살아 있는 커피를 즐기는 방법이다.
③ 커피메이커의 열판 위에서 20분 이상 경과되면 커피의 맛과 향은 변질되게 된다.
④ 분쇄된 커피의 경우 전기 커피메이커로 추출해 놓고, 열판 위에서 커피를 졸여가면서 마시는 것이 더 좋다.

정답 175. ③ 176. ③ 177. ② 178. ① 179. ③ 180. ② 181. ④

182. 커피숍에서 신선한 커피를 사용할 수 있는 방법이다. 거리가 먼 것은?

① 로스팅된 지 10일 이내의 커피를 분쇄상태로 구입한다.
② 구입한 커피 원두는 가능한 빨리 소비한다.
③ 커피원두를 밀폐상태로 어둡고 서늘한 곳에서 실온보관한다.
④ 커피를 추출하기 직전에 적정량의 원두만을 분쇄하여 사용한다.

해설 • 로스팅된 지 일주일 이내의 커피를 원두상태로 구입한다.

183. 커피의 산패에 관한 설명이다. 거리가 먼 것은?

① 산패란 유기물이 산화되어 지방산을 발생시키고 그로 인해 맛과 향이 변하는 현상이다.
② 커피가 공기 중의 산소와 접촉하여 산화되면서 그 맛과 향이 변질되는 것을 말한다.
③ 산패란 커피가 변질되는 것으로 부패와 같은 개념이다.
④ 산패에 영향을 미치는 것은 빛, 산소, 습도가 가장 치명적인 것들이다.

해설 • 산패는 부패와는 조금 다른 개념이다. 부패는 물질 그 자체가 변질되는 현상이지만 산패란 물질은 변질되지 않더라도 산화되어 맛과 향이 변질됨을 말한다.

184. 커피의 산패에 관한 설명이다. 거리가 먼 것은?

① 산패의 관점에서 본다면 생두 상태의 커피는 몇 년 동안도 저장할 수 있다.
② 커피는 로스팅이 되고 나면 매 순간마다 변해 간다.
③ 로스팅 시점으로부터 15~20일 정도 경과하면 산패과정에 접어들었다고 할 수 있다.
④ 분쇄상태가 아니고 가공을 거치지 않은 원두상태라면 산패되는 기간이 훨씬 짧아지게 된다.

해설 • 보관 상태가 미흡하거나 원두상태가 아니고 가공을 거친 분쇄상태라면 산패의 기간은 훨씬 짧아지게 된다.

185. 커피의 산패과정으로 맞는 것은?

① 증발단계 .. 성분간 반응하여 원래 향미 상실 .. 내부 성분 변질
② 성분간 반응하여 원래 향미 상실 .. 증발단계 .. 내부 성분 변질
③ 증발단계 .. 내부 성분 변질 .. 성분간 반응하여 원래 향미 상실
④ 내부 성분 변질 .. 증발단계 .. 성분간 반응하여 원래 향미 상실

186. 커피의 산패에 관한 설명이다. 바르지 못한 것은?

① 커피의 산패과정은 생산, 유통, 소비의 모든 단계에 걸쳐 진행된다.
② 커피의 산패는 유통과 소비단계보다는 생산단계에서 더욱 심각하게 진행된다.
③ 커피의 산패를 지연시키기 위해 다양한 포장기술도 개발되었다.
④ 산패 자체를 방지하는 방법은 없다.

187. 커피의 로스팅과 산패에 관한 설명이다. 바르지 못한 것은?

① 강한 로스팅일수록 산패가 빨리 진행된다고 볼 수 있다.
② 강한 로스팅이 다공질 조직이 되며 함수율이 낮다.
③ 함수율이 낮다는 것은 커피가 그만큼 건조함을 의미한다.
④ 원두표면의 기름은 습기를 차단한다.

해설 • 원두표면의 기름은 습기를 차단한다기보다는 기름기 그 자체가 산소와 접촉하면서 오히려 더 산패를 재촉하게 된다.

188. 우리가 알고 있는 커피의 유통기한에 속하지 않는 것은?

① 생산 ~ 건조 ② 로스팅 ~ 출고
③ 출고 ~ 소비자 ④ 구매자 ~ 사용기간

189. 커피의 유통과정 중 선진국일수록 그 기간이 짧은 것은?

① 생산 ~ 건조 ② 로스팅 ~ 출고
③ 출고 ~ 소비자 ④ 구매자 ~ 사용기간

190. 커피의 맛과 향에 관한 설명이다. 바르지 못한 것은?

① 전문가가 아니면 세분화된 커피향의 종류를 식별하는 것은 쉽지 않다.
② 커피의 향은 아로마와 플레버로 구분한다.
③ 아로마는 미각적으로 느끼는 것이고 플레버는 후각적으로 느끼는 것이다.
④ 커피의 맛과 향에는 아로마, 플레버 외에도 바디라는 개념이 있다.

정답 182. ① 183. ③ 184. ④ 185. ① 186. ② 187. ④ 190. ③

191. 커피의 맛과 향에 관한 용어 중 후각적인 느낌으로 옳은 것은?

① 아로마
② 플레버
③ 바디
④ 블랜드

192. 커피의 맛과 향에 관한 용어 중 맛과 향의 복합적인 느낌으로 옳은 것은?

① 에프터테이스트
② 플레버
③ 바디
④ 블랜드

193. 커피의 맛과 향에 관한 용어 중 미각적인 느낌으로 옳은 것은?

① 비터
② 플레버
③ 바디
④ 더티

194. 커피의 맛과 향에 관한 용어 중 Aftertaste의 의미를 바르게 설명한 것은?

① 커피를 삼킨 후에 입 안에서 지속되는 커피의 맛과 향을 말한다.
②'산미'라고도 부르며 신맛이라기보다는 새콤한 맛을 뜻한다.
③ 전체적인 향의 뜻으로 향기, 아로마, 플레버, 후미의 총괄적 개념이다.
④ 특별히 어떤 강한 맛이 없는 밋밋하고도 약한 맛의 표현이다.

195. 커피의 맛과 향에 관한 용어 중 Bland의 의미를 바르게 설명한 것은?

① 커피를 삼킨 후에 입 안에서 지속되는 커피의 맛과 향을 말한다.
② '산미'라고도 부르며 신맛이라기보다는 새콤한 맛을 뜻한다.
③ 전체적인 향의 뜻으로 향기, 아로마, 플레버, 후미의 총괄적 개념이다.
④ 특별히 어떤 강한 맛이 없는 밋밋하고도 약한 맛의 표현이다.

196. 커피의 맛과 향에 관한 용어 중 Bouquet의 의미를 바르게 설명한 것은?

① 중간 정도의 로스팅과정에서 생성되는 버터사탕, 꿀과 같은 종류의 냄새를 표현한다.
② 강한 로스팅 커피에서 느껴지는 탄맛을 뜻한다.
③ 전체적인 향의 뜻으로 향기, 아로마, 플레버, 후미의 총괄적 개념이다.
④ 달콤한 맛과 흡사하며 혀끝에서 살짝 느껴지는 맛이다.

197. 커피의 맛과 향에 관한 용어 중 Body의 의미를 바르게 설명한 것은?

① 농도와 비슷한 개념으로 입 안 가득히 느껴지는 느낌이며 진하다, 연하다, 중후하다 등으로 표현된다.
② 흙냄새, 텁텁하고 시큼한 맛, 곰팡이 냄새 등 불쾌한 맛이다.
③ 거칠고 조화롭지 못한 맛이다.
④ 달콤한 맛과 흡사하며 혀끝에서 살짝 느껴지는 맛이다.

198. 커피의 맛과 향에 관한 용어 중 Delicate의 의미를 바르게 설명한 것은?

① 특별히 어떤 강한 맛이 없는 밋밋하고도 약한 맛의 표현이다.
② 흙냄새, 텁텁하고 시큼한 맛, 곰팡이 냄새 등 불쾌한 맛이다.
③ 거칠고 조화롭지 못한 맛이다.
④ 달콤한 맛과 흡사하며 혀끝에서 살짝 느껴지는 맛이다.

199. 커피의 맛과 향에 관한 용어 중 Dirty의 의미를 바르게 설명한 것은?

① 특별히 어떤 강한 맛이 없는 밋밋하고도 약한 맛의 표현이다.
② 흙냄새, 텁텁하고 시큼한 맛, 곰팡이 냄새 등 불쾌한 맛이다.
③ 거칠고 조화롭지 못한 맛이다.
④ 달콤한 맛과 흡사하며 혀끝에서 살짝 느껴지는 맛이다.

200. 커피의 맛과 향에 관한 용어 중 Mild의 의미를 바르게 설명한 것은?

① 농도와 비슷한 개념으로 입 안 가득히 느껴지는 느낌이며 진하다, 연하다, 중후하다 등으로 표현된다.
② 흙냄새, 텁텁하고 시큼한 맛, 곰팡이 냄새 등 불쾌한 맛이다.
③ 쓴맛, 신맛, 단맛, 향미 등 전체적인 커피의 느낌이 부드럽고 조화를 이루는 맛의 표현이다.
④ 생두 자체가 품고 있었던 냄새성분으로 약하게 로스팅되었을 때 강조되는 향이다.

정답 191. ① 192. ② 193. ③ 194. ① 195. ④ 196. ③ 197. ① 198. ④ 199. ② 200. ③

201. 커피의 맛과 향에 관한 용어 중 Rich의 의미를 바르게 설명한 것은?

① 주로 커피를 삼킬 때 느껴지는 고소한 향미로 땅콩 같은 볶은 견과류에서 느껴지는 냄새다.
② 맛과 향, 후미 등 커피의 느낌을 평가하는 전체적인 부분에 사용되며 그 맛과 향이 진하고 풍부할 때 사용된다.
③ 혀에서 느껴지는 날카로우면서도 소금기가 있는 듯한 메마른 느낌을 표현한다.
④ 생두 자체가 품고 있었던 냄새성분으로 약하게 로스팅되었을 때 강조되는 향이다.

202. 커피의 맛과 향에 관한 용어 중 Dry-Aroma의 의미를 바르게 설명한 것은?

① 농도와 비슷한 개념으로 입 안 가득히 느껴지는 느낌이며 진하다, 연하다, 중후하다 등으로 표현된다.
② 흙냄새, 텁텁하고 시큼한 맛, 곰팡이 냄새 등 불쾌한 맛이다.
③ 로스팅된 커피원두로부터 기체상태로 발산되는 향기를 의미한다.
④ 달콤한 맛과 흡사하며 혀끝에서 살짝 느껴지는 맛이다.

203. 커피의 맛과 향에 관한 용어 중 Cup-Aroma의 의미를 바르게 설명한 것은?

① 로스팅된 커피원두로부터 기체상태로 발산되는 향기를 의미한다.
② 커피의 기본적인 맛은 극단적으로 말하면 쓴맛이 강약과 질에 있다고 할 수 있다.
③ 전체적인 향의 뜻으로 향기, 아로마, 플레버, 후미의 총괄적 개념이다.
④ 추출된 커피로부터 증발되는 향기를 의미하며 모두 후각으로 느끼는 느낌이다.

204. 커피의 맛과 향, 로스팅의 관계를 설명한 것이다. 틀린 것은?

① 로스팅의 강약 정도는 추출된 커피의 맛과 향에 결정적인 영향을 미친다.
② 숙련된 커피 로스터는 맛과 향을 미리 예측하고 로스팅의 정도를 결정해야 한다.
③ 같은 종류의 원두는 로스팅의 정도와 방법도 같게 해야 한다.
④ 블랜드 커피를 로스팅할 경우 원두별 맛과 향의 정도를 어떻게, 어느 정도에서 조화시킬 것인가까지 계산해야 한다.

해설 • 같은 원두일지라도 어떤 맛과 향을 목적하느냐에 따라 로스팅의 정도가 달라진다.

205. 커피와 함께하는 물에 관한 설명이다. 바르지 못한 것은?

① 커피음료는 99%가 물로 이뤄져 있다.

② 수돗물은 염소소독으로 인하여 냉동시켰다가 해동하여 사용하는 것이 좋다.

③ 수돗물의 염소냄새를 완전히 제거할 수 없을 경우에는 정수기를 설치하는 것이 좋다.

④ 물탱크의 물은 일단 저장해 놓았다가 사용하는 것이 좋다. 수돗물은 소독 과정에 사용된 염소에서 강한 냄새가 있기 때문에 언제나 끓여서 사용해야 한다.

206. 커피를 맛있게 마시는 방법에 관한 설명이다. 바르지 못한 것은?

① 연수보다는 광물질이 섞인 경수를 사용하는 것이 좋다.

② 물의 온도는 섭씨 85도~95도가 최적이다.

③ 물과 커피의 배합비는 인스턴트 커피의 경우 1인분에 커피 1.5g~ 2g정도가 적당하다.

④ 커피에 크림을 넣는 경우 설탕을 먼저 넣고 저은 다음에 넣는다.

해설 • 광물질이 섞인 경수보다는 연수가 적당하다.

207. 커피를 맛있게 마시는 방법에 관한 설명이다. 바르지 못한 것은?

① 레귤러 커피의 경우 10g 내외의 커피를 130~150cc의 물을 사용하여 100cc를 추출하는 것이 좋다.

② 커피를 잔에 따랐을 때의 최적온도는 66℃ 내외가 되면 좋다.

③ 커피에 크림을 넣는 경우 설탕과 함께 넣어 저으면 된다.

④ 커피는 다시 데우지 말고 그때그때 마실 만큼만 만든다.

해설 • 커피에 크림을 넣는 경우, 액상 또는 분말 어느 경우에도 설탕을 먼저 넣고 저은 다음에 넣는다.

정답 201. ② 202. ③ 203. ④ 204. ③ 205. ② 206. ① 207. ③

208. 커피를 맛있게 마시는 방법에 관한 설명이다. 바르지 못한 것은?

① 커피맛과 향을 완벽하게 얻기 위해 가장 짧은 시간에 추출한다.
② 한 번 걸러낸 원두는 재사용하지 않도록 한다.
③ 커피메이커에 알맞은 굵기로 원두를 갈도록 한다.
④ 냄새가 나는 물은 사용하지 않는다.

해설 • 커피맛과 향의 완벽한 추출을 위해서는 충분한 시간이 필요하다. 맛과 향이 담긴 섬유조직이 팽창되고 와해되어야만 하기 때문이다.

209. 커피를 맛있게 마시기 위한 여러 온도에 관한 설명 중 바르지 못한 것은?

① 물의 온도는 섭씨 85℃~95℃가 최적이다.
② 물의 온도가 100℃가 넘으면 카페인이 변질된다.
③ 물의 온도가 70℃ 이하이면 독특한 에스프레소 커피의 맛이 살아난다.
④ 커피향은 86℃의 온도에서 가장 잘 유지된다.

해설 • 물의 온도 70℃ 이하에서는 타닌의 떫은 맛이 난다.

210. 커피에 크림을 넣는 경우에 관한 설명이다. 틀린 것은?

① 설탕을 먼저 넣고 저은 다음에 크림을 넣는다.
② 커피의 온도가 85℃ 이하로 떨어진 후에 크림을 넣어야 한다.
③ 고온의 커피에 넣으면 크림의 단백질이 걸죽한 형태로 응고되는 현상이 나타난다.
④ 설탕을 먼저 넣고 저은 다음에 크림을 넣는 것은 분말커피에는 해당되지 않는다.

해설 • 액상 또는 분말 어느 경우에도 설탕을 먼저 넣고 저은 다음에 넣는다.

211. 커피와 함께하면 좋은 식품 중 일반적으로 가장 잘 어울리는 식품으로 옳은 것 은?

① 초콜릿 ② 버터 ③ 우유 ④ 술

212. 커피에 우유를 넣는 경우에 관한 설명이다. 틀린 것은?

① 커피와 가장 잘 어울리는 식품은 우유다.
② 커피의 단점이 우리 몸의 비타민을 파괴하는데 우유가 이를 보완해 준다.
③ 커피에 우유를 넣어 마시는 유명한 카페오레도 원래 의료용으로 개발되었다.
④ 부드러운 커피의 맛이 나고, 우유의 유당으로 단맛까지 난다.

해설 • 커피의 단점 중 하나는 칼슘의 일부를 소변으로 배출시키는 것인데 우유에는 칼슘 함량이 높아 커피의 부족분을 채워줄 수 있다.

213. 커피에 크림을 넣는 경우에 관한 설명이다. 바르지 못한 것은?

① 우유를 사용하면 수분이 많아 커피를 많이 희석시키기 때문에 크림을 많이 사용한다.
② 분말크림은 지방 함량이 매우 높기 때문에 다이어트 시 피해야 할 품목이다.
③ 분말크림은 인스턴트 커피와 잘 어울린다.
④ 액상크림은 원두커피와는 잘 어울린다.

해설 • 액상크림은 동물성크림으로 지방 함량이 매우 높기 때문에 다이어트를 하는 사람에게는 피해야 할 품목이다.

214. 식품위생은 음식물과 관련 있는 비위생적인 요소를 제거해야 하는데 그 요소가 아닌 것은?

① 첨가물 ② 기구
③ 용기 ④ 업장 외부

해설 • 업장 외부가 아닌 포장이다.

215. 세균이 생존·증식하기 위한 필수 조건이 아닌 것은?

① 수분 ② 영양
③ 토양 ④ 온도

216. 다음은 어떤 식중독에 대한 설명인가?

> 사람이 균을 가지고 있을 때 식품을 오염시킬 수도 있고, 때로는 닭고기나 달걀 등에 처음부터 균이 존재하는 경우도 있으며, 병에 걸린 동물의 분변이 식품에 오염되는 경우도 있다.

① 장염비브리오 식중독 ② 살모넬라 식중독
③ 웰치균 식중독 ④ 포도상구균 식중독

217. 포도상구균 식중독의 독소는?

① 엔테로톡신 ② 삭시톡신
③ 뉴로톡신 ④ 테트로도톡신

정답 208. ① 209. ③ 210. ④ 211. ③ 212. ② 213. ② 214. ④ 215. ③ 216. ② 217. ①

218. 다음은 무엇에 대한 설명인가?

> 식품관리자들에게 잠정적인 위험요인을 사전에 알려주어 즉각적인 조치를 취할 수 있도록 고안된 품질관리를 위해 예방체계로 미생물적인 관리에 역점을 두고 있다. 쥐, 파리, 바퀴벌레 등에 의해 식품에 오염된다.

① HAOOP ② HATSL
③ HACCP ④ HECCO

219. 커핑 시 일반적으로 몇 온스의 컵을 사용하는가?

① 1온스 ② 2온스
③ 4온스 ④ 6온스

220. 커핑 시 후각평가 항목이 아닌 것은?

① 원두의 향 ② 분쇄 커피의 향
③ 입속에 퍼지는 커피 향 ④ 바디감

221. 감칠맛이 많이 느껴지는 커피품종은?

① 케냐 ② 콜롬비아
③ 블루 마운틴 ④ 코스타리카

222. 덜 볶은 콩이나 오래 추출한 커피에서 발생하는 맛은?

① 떫은 맛 ② 쓴맛
③ 거친 맛 ④ 단맛

223. 커핑 물붓기를 할 때 적정 물온도는?

① 70~75℃ ② 75~80℃
③ 83~87℃ ④ 93~95℃

224. SCAA 컵핑 평가에서 가루상태의 냄새를 나타내는 것은?

① Fragrance ② Aroma
③ Flavor ④ Aftertaste

225. 에스프레소 커피를 중심으로 하는 높은 수준의 커피에 대한 경험과 지식을 가지고, 커피의 종류와 에스프레소, 품질, 종류, 로스트 정도, 장비의 관리, 라떼 아트 등의 커피에 대한 지식을 바탕으로 숙련된 커피를 만들어 내는 사람을 무엇이라고 하는가?

① 바리스타 ② 로스터
③ 바르멘 ④ 웨이터

226. "커피는 악마와 같이 검고, 지옥과 같이 뜨거우며, 천사와 같이 순수하고, 키스 처럼 달콤하다…"라고 하였다. 라고 한 프랑스 작가는?

① 키넨 ② 막스마라
③ 돈키호테 ④ 타테랑

227. 포터필터를 장착하는 곳은?

① 그룹헤드 ② 개스킷
③ 도징 ④ 넉 박스

228. 더블과 같은 뜻으로 사용되는 것은?

① 리스트레또 ② 에스프레소
③ 원샷 ④ 도피오

229. 커피에서 좀 저자극적인 맛이 나도록 하기 위해 커피를 습기가 많은 온도에서 장시간 둠으로써 열매를 숙성시키는 것으로 이것을 바로'숙성된 커피(aged coffee)'라고 불리우는 것은?

① 케냐 ② 모카자바
③ 몬수닝 ④ 마키아또

정답 218. ③ 219. ④ 220. ④ 221. ③ 222. ① 223. ④ 224. ① 225. ① 226. ④ 227. ① 228. ④ 229. ③

230. 커피에 휘핑한 크림을 넣어서 부드럽게 마시는 오스트리아 빈 도시의 전통 커피는?

① 비엔나 ② 캐러멜 마키아또
③ 프라프치노 ④ 카페오레

231. 오스트리아 빈에서 오후 3시에서 5시 사이에 커피를 마시는 시간은 무엇이라고 하는가?

① 슈파르제 ② 아우스 레인
③ 아우스 바인 ④ 야우제

232. 에스프레소의 표면에 떠 있는 황금색의 거품을 무엇이라고 하는가?

① 크레마 ② 크레송
③ 프리마 ④ 크레이어

233. 에스프레소 추출 시 분쇄 후 포타필터의 상단부분을 두드려서 원두를 고르는 단계를 무엇이라고 하는가?

① 태핑 ② 탬핑
③ 추출 ④ 블랜드

234. 에스프레소 추출 시 분쇄 후 원두를 다지는 단계를 무엇이라고 하는가?

① 태핑 ② 탬핑
③ 분쇄 ④ 혼합

235. 에스프레소 추출 시 두 잔을 추출하려면 몇 g의 원두가 필요한가?

① 5g ② 8g
③ 10g ④ 15g

236. 1차 탬핑 시 가하는 힘의 무게는?

① 2~3kg ② 5kg
③ 7kg ④ 10kg

237. 에스프레소에 관한 설명이다. 바르지 않는 것은?

① Espresso란 빠르다는 에티오피아어에서 나온 말이다.
② 커피메이커나 드립퍼로는 에스프레소를 만들기 힘들다.
③ 제대로 추출된 에스프레소는 우선 양이 적고 맛이 매우 진하다.
④ 에스프레소에는 크레마라는 황금색 크림층이 윗부분에 형성된다.

해설 • Espresso란 빠르다는 이탈리아어에서 나온 말이다.

238. 에스프레소에 관한 설명이다. 바르지 않는 것은?

① 드립식에 비해 에스프레소의 추출이 1~2분 정도 훨씬 느리다.
② 약 9기압 정도의 증기를 투과시켜 추출한다.
③ 크레마가 에스프레소의 맛을 좌우한다 해도 과언이 아니다.
④ 에스프레소는 그냥 마셔도 커피 고유의 향과 감칠맛이 난다.

해설 • 드립식(1~2분)에 비해 에스프레소의 추출은 20초 정도 훨씬 빠르다.

239. 에스프레소에 관한 설명이다. 바르지 않는 것은?

① 에스프레소의 진정한 매력은 짙은 감칠맛과 폭발적인 향에 있다.
② 에스프레소의 맛과 향은 원두의 단백질 성분 때문이다.
③ 휘발성 향은 에스프레소로 만들어지면서 공기 중으로 방출된다.
④ 이탈리아에서는 에스프레소에 아무것도 첨가하지 않은채 그대로 마신다.

해설 • 에스프레소의 맛과 향은 원두의 지방성분 때문이다.

240. 에스프레소의 크레마(crema)에 관한 설명이다. 틀린 것은?

① 크레마는 에스프레소를 추출하는데 있어 가장 중요한 요소이다.
② 크레마는 에스프레소의 품질을 시각적으로 판단할 수 있는 기준이 된다.
③ 영어로 프리마라는 뜻이다.
④ 크레마는 처음 추출될 때는 짙은 갈색이다.

해설 • 영어로 크림이란 뜻.

정답 230. ① 231. ④ 232. ① 233. ① 234. ② 235. ④ 236. ① 237. ① 238. ① 239. ② 240. ③

241. 에스프레소의 크레마(crema)에 관한 설명이다. 틀린 것은?

① 크레마는 시간이 지나면서 점점 엷은 갈색으로 변한다.
② 가장 좋은 상태의 크레마는 갈색띠가 3~4mm 정도 형성된 것이다.
③ 좋은 상태의 크레마는 표면에는 호랑이 줄무늬가 형성된다.
④ 크레마는 처음 추출될 때는 검은색에 가깝다.

해설 • 크레마는 처음 추출될 때는 짙은 갈색이다.

242. 에스프레소 기계 중 보일러에 물이 얼마나 들어 있는가를 표시해 주는 것은?

① 압력 게이지 ② 분산스크린
③ 스팀노즐 ④ 워터 레벨 게이지

243. 에스프레소 기계 중 스팀과 물의 압력레벨을 표시해 주는 장치는?

① 워터노즐 ② 압력 게이지
③ 개스킷 ④ 포타필터

244. 에스프레소 기계 중 분산 스크린(디퓨저)의 역할은?

① 추출할 때 고온·고압의 물이 새지 않도록 차단하는 역할을 한다.
② 바스켓필터의 커피에 물이 고르게 분배되도록 해준다.
③ 에스프레소에 필요한 적절한 온도로 가열하고 저장하는 역할을 한다.
④ 보일러에 물이 얼마나 들어 있는가를 표시하는 역할을 한다.

245. 에스프레소 기계 중 개스킷의 역할은?

① 필터홀더에 커피를 담아 눌러줄 때 사용하는 역할을 한다.
② 원두를 분쇄하는 역할을 한다.
③ 추출할 때 고온·고압의 물이 새지 않도록 차단하는 역할을 한다.
④ 바스켓필터의 커피에 물이 고르게 분배되도록 해준다.

246. 에스프레소 기계 중 에스프레소에 필요한 적절한 온도로 가열하고 저장하는 역 할을 하는 장치는?

① 보일러 ② 개스킷
③ 분산스크린 ④ 그라인더

247. 에스프레소 기계 중 탬퍼를 설명한 것으로 바른 것은?

① 바스켓필터, 블랭크필터로 구성
② 필터홀더에 커피를 담아 눌러줄 때 사용하는 도구
③ 회전하는 2개의 날로 이루어짐
④ 디퓨저라고도 함

248. 에스프레소 기계 중 원두를 분쇄하는데 사용하는 기계는?

① 보일러 ② 개스킷
③ 분산스크린 ④ 그라인더

249. 에스프레소 추출 시 분쇄에 관한 설명이다. 바르지 않는 것은?

① 입자의 크기는 0.5mm 정도가 좋다.
② 원두를 미세하게 분쇄해야 한다.
③ 그라인더는 숫자가 낮을수록 굵기가 굵어진다.
④ 입자가 너무 고우면 쓴맛이 강한 커피가 된다.

해설 • 일반적으로 그라인더는 숫자가 낮을수록 굵기가 가늘어지며 숫자가 높을수록 굵어진다.

250. 에스프레소 머신기구를 이용할 경우 한잔에 들어가는 일반적인 커피의 양으로 바른 것은?

① 4.5g ~ 5.5g ② 6g ~ 7g
③ 8g ~ 9g ④ 9g ~ 10g

251. 다음은 탬핑에 관한 설명이다. 바르지 않는 것은?

① 탬핑이란 필터홀더에 커피를 담아 꾹꾹 눌러 다지는 작업을 말한다.
② 커피가 단단하게 눌리면 그만큼 향이 충분하게 우러난다.
③ 필터 주위에 원두가루가 묻지 않도록 주의해야 한다.
④ 원두가 묻었을 경우에는 반드시 닦아주어야 하지만 균형은 중요하지 않다.

정답 241. ④ 242. ④ 243. ② 244. ② 245. ③ 246. ① 247. ② 248. ④ 249. ③ 250. ② 251. ④

252. 에스프레소 커피의 추출량에 대한 설명이다. 바르지 못한 것은?

① 사용되는 커피의 양은 보통 드립커피를 만들 때 양의 2/3이다.
② 드립식보다 물을 훨씬 많이 넣는다.
③ 에스프레소 커피는 약 1oz 즉, 30㎖를 기본 추출량으로 한다.
④ 추출량을 초과하여 커피를 추출하면 맛과 향이 떨어진다.

해설 • 드립식보다 물을 훨씬 적게 넣는다.

253. 에스프레소 추출 시 너무 진한 크레마(Dark Crema)가 추출되었다. 원인이 될 수 없는 것은?

① 물의 온도가 95℃보다 높은 경우
② 펌프압력이 기준압력보다 낮은 경우
③ 포타필터의 구멍이 너무 큰 경우
④ 물공급이 제대로 안 되는 경우

254. 에스프레소 머신의 일일 점검사항이 아닌 것은?

① 보일러 압력
② 물의 온도 체크
③ 개스킷의 마모상태
④ 분사홀더의 세척상태

255. 에스프레소 머신에 장착되는 순서대로 위로부터 나열된 것은?

A : Filter	B : Shower	C : Filter Holder
D : Shower Support	E : Gasket	

① E - B - D - A - C
② D - B - A - C - E
③ E - D - B - A - C
④ E - C - A - D - B

256. 커피 위에 앉은 우유거품의 모습이 이탈리아 카푸친 수도회의 수도사 머리를 감추기 위해 쓴 모자와 비슷하다고 하여 붙여진 이름은?

① 카푸치노
② 프라프치노
③ 룽고
④ 카페라떼

257. 영어의 마크(Mark)와 같은 어원으로 이탈리아어인데 점을 찍다, 표시를 하다등의 뜻을 가진 커피는?

① 비엔나　② 카페오레
③ 프라프치노　④ 마키야또

258. 비엔나 커피를 응용해서 만든 휘핑크림 위에 정열적인 붉은색 체리를 올려 보기에 화려하고 맛은 상큼한 커피는?

① 카페 플라멩코　② 러시안 커피
③ 스페인 커피　④ 카페라떼

259. 물 대신 커피 추출액으로 홍차를 우려내 홍차와 커피의 향을 함께 즐길 수 있 는 커피는?

① 카페커피　② 티 카페
③ 스노우 커피　④ 버터커피

260. 위스키가 들어간 커피로 컵의 입술이 닿는 부문에 레몬즙과 입자가 굵은 설탕을 묻히는 커피는?

① 커피슈가　② 커피샤워
③ 커피 밀크 셰이크　④ 커피 플로트

261. 아이스커피와 브랜디, 카카오 향이 같이 어우러져 가장 전통적인 분위기를 내는 커피는?

① 아이리쉬 커피　② 커피 플로트
③ 커피 알렉산더　④ 커피 프로스티

정답 252. ② 253. ③ 254. ③ 255. ③ 256. ① 257. ④ 258. ① 259. ② 260. ② 261. ③

출제예상문제

01. 다음은 커피의 품종에 관하여 설명한 것이다. 바르게 연결된 것은?

> 세계에는 60여 종의 커피가 있는데, 그 중 가장 많이 재배되고 있는 것이 (㉠)종과 (㉡)종이다. (㉠)종은 전 세계 커피 생산의 약 75%를 차지하며, 아로마(aroma), 바디(body), 부드러움(smooth), 새콤함(acidity), 초콜릿 맛(chocolate taste)이 다른 종에 비해 풍부하다. (㉡)종은 강한 생명력을 가진 품종으로서 병의 저항력이 강하고, 거칠고(harsh), 쓴맛(bitter)이 강하며, 대부분 인스턴트 커피에 많이 사용된다.

① ㉠ - 아라비카, ㉡ - 로부스타
② ㉠ - 아라비카, ㉡ - 리베리카
③ ㉠ - 리베리카, ㉡ - 로부스타
④ ㉠ - 로부스타, ㉡ - 아라비카

02. 커피의 과실을 형태학적으로 분류하면 무엇인가?

① 핵과 (核果)
② 견과 (堅果)
③ 장과 (漿果)
④ 건과 (乾果)

03. 생두를 얻기 위해 커피 과육에서 껍질을 벗겨내는 가공 방식에 해당하지 않는 것은?

① 세미 워시드
② 세척법
③ 자연건조법
④ 자연가공법

04. 탬핑을 하는 가장 큰 이유는 ?

① 물이 통과할 때 균일한 커피 표면 유지를 위해
② 필터에 커피를 고르게 채우기 위해
③ 두꺼운 크레마를 얻기 위해
④ 물과의 접촉 면적을 늘리기 위해

05. 우리나라에서 처음 커피를 마신 사람으로 알려진 많은 주장은 고종(高宗)이다. 고종은 덕수궁 내에 우리 나라 최초의 로마네스크풍의 건물을 지어 이곳에서 커피와 다과를 즐겼다고 한다. 이곳은?

① 경복궁 ② 다원
③ 덕수궁 ④ 정관헌

06. 커피에 쓴맛을 부여하는 알칼로이드 물질은 무엇일까?

① 카페인 ② 나리진
③ 알칼로이드 ④ 니신

07. 디카페인(Decaffeinated) 커피 추출 방법이 아닌 것은?

① H2O - European Process ② Swiss - Water Process
③ Traditional Process ④ CO2 - Water Process

08. 현재 우리가 알고 있는 커피가'커피'라고 불리워지기 시작한 시기는?

① 1550년 무렵부터 ② 1650년 무렵부터
③ 1750년 무렵부터 ④ 1850년 무렵부터

09. 커피의 다양한 맛과 그 맛의 근원이 되는 성분이다 틀린 것은?

① 신맛 - 지방산 ② 쓴맛 - 카페인
③ 단맛 - 당질 ④ 떫은 맛 - 리놀레산

10. 커피의 다양한 맛 중 신맛의 원인이 되는 지방산이 포함되지 않는 것은?

① 휘발성 유기산 ② 올레산
③ 팔미트산 ④ 스테아르산

11. 오늘날 상업적으로 재배되는 커피의 3대 원종에 속하지 않는 것은?

① 아라비카 ② 로부스타
③ 레귤러 ④ 리베리카

정답 01. ① 02. ① 03. ④ 04. ① 05. ④ 06. ① 07. ① 08. ② 09. ④ 10. ① 11. ③

12. 1861년 아프리카 동부의 우간다와 에티오피아에서 발생, 실론과 마이소올에 전염되어 커피나무를 전멸시킨 것은?

① 사비병　　② 알레르기병
③ 흑사병　　④ 각질병

13. 북위 25도에 북회귀선, 남위 25도에 남회귀선 사이에 지구를 일주하는 환상지대에 위치한 70여개 국에서 커피가 생산되는데 이 지역을 가르키는 말로 바르게 짝지어진 것은?

> ㉠ 커피존(Coffee Zone)　　㉡ 커피에어리어(Coffee Area)
> ㉢ 커피벨트(Coffee Belt) ㉣ 커피그라운드(Coffee Ground)

① ㉠, ㉡　　② ㉠, ㉣
③ ㉠, ㉢　　④ ㉢, ㉣

14. 커피의 향미를 표현하는 용어가 아닌 것은?

① bland　　② low
③ acidity　　④ bitter

15. 커피가 공기 중의 산소와 반응하여 변패되는 현상을 자동산화라고 한다. 아래의 성분 중에서 자동산화반응을 일으키는 커피의 성분은?

① 포화지방산　　② 불포화지방산
③ 타닌　　④ 당질

16. 커피의 보관방법 중 향미 유지를 위한 가장 좋은 방법은?

① 분쇄된 커피는 사용 후 그 상태로 보관한다.
② 공기와의 접촉을 최소화한다.
③ 햇볕이 잘 드는 곳에 보관한다.
④ 반드시 냉동고에 보관한다.

17. 커피를 최초로 볶아서 즐기기 시작한 나라는?

① 미국　　② 터키
③ 브라질　　④ 에티오피아

18. 커피의 향미를 평가하는 순서로 가장 적당한 것은?

① 감촉, 맛, 향기　　② 색상, 감촉, 맛
③ 향기, 맛, 감촉　　④ 맛, 향기, 감촉

19. 다음은 무엇에 관한 설명인가?

> 뜨거운 물속에 흑설탕을 넣고 끓여서 녹인 후 불을 끄고 커피가루를 넣고 저은 뒤 가루가 모두 가라앉을 때 까지 5분쯤 두었다가 맑은 커피만을 마시는 것

① 러시안 커피(Russian Coffee)　　② 콜롬비아의 틴토(tinto)
③ 카푸치노　　④ 카페라떼

20. 커피열매 속에는 대부분 두 쪽의 열매가 들어 있다. 그런데 씨가 하나밖에 없는 경우가 있고 그 모양이 둥근 형태인데 이것을 무엇이라 하는가?

① 피토리　　② 피어리
③ 피베리　　④ 피코리

21. 커피콩의 구입시 포장에 명시된 상품명인 Brazil Santos NO, 2 screen 19 등의 screen 19의 의미는?

① 결점두의 혼입량　　② 커피콩의 크기에 의한 분류
③ 투명정도에 의한 분류　　④ 커피콩의 모양에 의한 분류

22. 다음에 열거한 것 중 커피열매의 내부구조와 관련이 없는 것은?

① 센터 컷(center cut)　　② 체리(cherry)
③ 은피　　④ 내과피

정답 12. ① 13. ③ 14. ② 15. ② 16. ② 17. ② 18. ③ 19. ② 20. ③ 21. ② 22. ②

23. 다음은 커피의 정제법 중 건식법에 대한 설명이다. 틀린 것은?

① 정제 기간이 약 2주 정도 필요하다.
② 비용이 많이 들기는 하지만 좋은 품질의 커피를 얻을 수 있다.
③ 아주 오랜 옛날부터 사용되던 방식으로 인공건조와 자연건조가 있다.
④ 건조탑이라는 설비를 필요로 하는 것은 건식법 중 인공건조에 해당한다.

해설 • ②는 습식법에 대한 설명이다.

24. 다음은 커피의 정제법 중 건식법에 대한 설명이다. 틀린 것은?

① 대부분 아라비카 커피의 생산국에서 사용되고 있는 방법이다.
② 보통 50℃의 열풍으로 3일정도 건조시킨다.
③ 체리의 윗부분과 아랫부분을 자주 고루 섞어 주어야 하며, 밤에는 이슬을 피하기 위해 한 곳에 모아 덮개를 씌워주어야 한다.
④ 별도의 설비에 대한 투자가 필요하지 않을 수도 있는 방법이다.

25. 아래 보기의 조건으로 만들어진 커피를 무엇이라고 부르는가?

> ㉠ 그린빈(green bean) 상태의 커피콩을 증기로 쪄서 수분률이 50~60%가 되게 한다.
> ㉡ 솔벤트, 물, CO_2 등을 사용하여 커피와 카페인을 분리한다.
> ㉢ 다시 커피성분을 넣고 열풍 건조시켜 수분률을 다시 13%로 맞춘다.

① 초이스 커피　　② 디카페인 커피
③ 향 커피　　④ 인스턴트 커피

26. 커피의 품종 중 리베리카종에 대한 설명으로 맞지 않는 것은?

① 에티오피아가 원산지이다.
② 열매의 크기가 크고 강하여 재배하기 쉽다.
③ 저지대에서도 잘 자란다.
④ 수출보다는 대개 자국 소비에 그치며 쓴맛이 지나치게 강하다.

27. 커피의 품종 중 아라비카종에 대한 설명으로 맞는 것은?

① 병충해에 강하다.
② 인스턴트 커피에 주로 사용한다.
③ 성장속도는 느리나 향미가 풍부하다.
④ 열매의 모양이 둥글다.

28. 커피의 품종 중 로부스타종에 대한 설명으로 맞는 것은?

① 적정 성장 온도는15~24℃이다.
② 카페인 함유량이 적다(0.8~1.4%).
③ 해발 1,000~2,000m 정도에서 자란다.
④ 주로 인스턴트 커피 및 배합용으로 사용된다.

29. 커피 생산지로서의 브라질에 관한 설명이다. 바르지 못한 것은?

① 아라비카를 생산할 뿐 로부스타는 생산하지 않는다.
② 커피의 대부분은 상파울루의 산토스(Santos) 항구로 집결되어 수출된다.
③ 상파울루(San Paulo)는 브라질의 주요 커피산지 중 하나이다.
④ 브라질의 유명커피로는'Brazil Santos NY 2'가 있다.

30. 다음 식자재의 관리 중 가장 기본이 되는 방법은?

① 먼저 입고된 식자재를 먼저 사용한다.
② 가능한 남기는 것이 없도록 철저히 계량하여 사용한다.
③ 식자재가 고가인 것을 먼저 사용한다.
④ 유통기간이 가까워지는 식자재는 냉동 보관 후 필요한 만큼만 해동하여 사용한 다.

31. 글라스(Glass)를 잡을 때 어느 부분을 잡아야 가장 위생적으로 합당한가?

① 글라스의 상단 ② 글라스의 입술 닿는 가장 자리
③ 글라스의 하단 ④ 글라스의 어떤 부분도 무관하다.

정답 23. ② 24. ① 25. ② 26. ① 27. ③ 28. ④ 29. ① 30. ① 31. ③

41. 커피의 황제, 세계 최고의 커피, 부드럽고도 조화로운 맛 타 지역 커피에 비해 밀도가 높은 커피는?

① 블루 마운틴　　② 안티구아
③ 엑셀소　　④ 산토스

42. 커피 전문점 관리에 있어서 바람직하지 못한 것은?

① 연령, 소득 등 인구통계학 특성에 따라 목표고객을 분석한다.
② 영업시간대 별 매출분석을 통해 미리 예측한다.
③ 업장규모는 가급적 크게 구성한다.
④ 경쟁업체분석을 수시로 점검한다.

43. 에스프레소 기계, 드립퍼(Dripper), 사이폰(Syphon) 등의 사용하는 커피기구에 따라 커피 분쇄도를 다르게 하는 이유는?

① 커피 분말입자의 크기에 따라 미분의 생성도가 달라지므로
② 추출시 필요한 커피의 용량을 정확히 측정할 수 있으므로
③ 커피 분말입자의 크기에 따라 뜨거운 물이 접촉하는 표면적이 달라지므로
④ 커피 분말입자의 크기를 다르게 하여 많은 양의 커피를 추출하기 위하여

44. 바람직한 바리스타(Barista)의 행동이 아닌 것은?

① 커피 제조 시 계량법을 지키지 않는다.
② 일일 판매할 재료의 양과 품질이 적당한지 확인한다.
③ 영업장의 환기 및 기물 등의 청결을 깨끗이 유지관리 한다.
④ 영업장 내에 필요한 물품재고를 항상 파악한다.

45. 추출을 위한 분쇄 방법 중 틀린 설명은?

① 선택한 추출방법에 알맞은 분쇄 입자를 선택해야 한다.
② 분쇄 입자의 크기가 균일해야 양질의 성분을 일정하게 추출할 수 있다.
③ 미분이 많이 함유되어 있을 때 좋은 맛의 커피를 추출할 수 있다.
④ 적합한 분쇄는 양질의 원두, 적절한 로스팅, 올바른 추출법과 함께 좋은 커피를 얻기 위한 중요한 요소이다.

46. 커피 배전 시 일어나는 물리적 현상이 아닌 것은?

① 원두 크기의 변화는 없다.
② 온도의 상승으로 원두와 실버스킨이 분리된다.
③ 수분이 증발하고 내부 조직이 팽창되면서 1차 크랙이 발생한다.
④ 1차 크랙 발생 후 2차 크랙이 발생한다.

47. 에티오피아에서 생산되는 커피가 아닌 것은?

① 하라(Harrar) ② 이르가체페(Yirgacheffe)
③ 시다모(Sidamo) ④ 코나(Kona)

48. 어느 커피 생산지에 관한 설명이다. 맞는 것은?

> ㉠ 커피의 80%는 일본으로 수출되고, 나머지 20%를 가지고 세계가 나누어 먹고 있다.
> ㉡ 커피의 황제라고 불리는 블루마운틴 커피를 생산한다. ㉢ 일본의 투자로 기계적인 생두의 고속 습식가공법으로 생두를 가공한다.

① 브라질 ② 과테말라
③ 자메이카 ④ 푸에르토리코

49. 에티오피아에서 생산되는 커피 중'에티오피아의 축복'이라고 불려지는 것은?

① 하라(Harrar) ② 이르가체페(Yirgacheffe)
③ 시다모(Sidamo) ④ 코나(Kona)

50. 다음 문장 중 배전과 맛의 변화를 적절히 설명한 것은?

① 강배전일수록 쓴맛이 강하다.
② 강배전일수록 신맛이 강하다.
③ 약배전일수록 탄맛이 강하다.
④ 약배전일수록 단맛이 강하다.

정답 41. ① 42. ③ 43. ③ 44. ① 45. ③ 46. ① 47. ④ 48. ③ 49. ① 50. ①

51. 커피의 배전(Roasting)은 온도와 시간에 따라 저온-장시간 배전과 고온-단시간 배전으로 분류될 수 있다. 다음 중 이 두 가지 배전의 비교 설명으로 옳은 것은?

① 저온 - 장시간 배전은 팽창이 크고 밀도가 작은 반면, 고온-단시간 배전은 팽창이 적어 밀도가 크다.
② 저온 - 장시간 배전 시 1잔당 커피사용량은 10~20% 덜 쓰게 돼서 경제적이다.
③ 고온 - 단시간 배전의 볶는 온도는 200℃가 좋다.
④ 저온 - 장시간 배전은 고온-단시간 배전보다 수용성 성분이 적어진다.

52. 생두를 볶는 과정에서 부피가 가장 커지는 단계는?

① 시나몬
② 풀씨티
③ 하이
④ 프렌치

53. 에스프레소 기계의 증기압력을 만드는 부품은?

① 급수펌프
② 보일러
③ 분사필터
④ 압력 게이지

54. 다음 중 커피를 추출하는 방식 중 보일링(Boiling)법에 해당하는 것은?

① 에스프레소
② 페이퍼드립
③ 프렌치 프레스
④ 이브릭

55. 에스프레소 추출 전'물 흘려보내기'동작에 대한 내용이다 틀린 것은?

① 샤워망에 묻어 있을 수 있는 찌꺼기를 제거하기 위한 동작이다.
② 머신의 정상작동 여부를 확인하는 동작이다.
③ 과열되어 있을 수 있는 추출수를 제거하기 위한 동작이다.
④ 드립트레이(Drip tray)를 씻어내어 잔 밑부분의 청결을 유지하기 위한 동작이다.

56. 추출된 에스프레소의 평가시 관능적(Sensory) 평가에 대한 설명으로 틀린 것은?

① 크레마의 컬러는 붉은색이 감도는 브라운색이 좋다.
② 크레마는 지속력과 복원력이 높을수록 좋다고 평가한다.
③ 신맛, 쓴맛 그리고 짠맛이 균형잡힌 에스프레소를 훌륭하다고 평가한다.
④ 에스프레소의 body감이 높을수록 훌륭하다고 평가한다.

57. 그라인더에 적절한 굵기의 커피를 분쇄하여 배출레버의 동작에 의해 일정한 양의 커피가 배출되도록 하는 일련의 행위를 무엇이라 하는가?

① Grinding ② Cupping
③ Packing ④ Dosing

58. 커피 명에 보통 decaf 표시를 하는 커피는 다음 중 어느 것인가?

① 향커피 ② 콜롬비아 커피
③ 레귤러 커피 ④ 카페인제거 커피

59. 다음 연결 중 틀린 것은?

① Romano - cheese ② Shakerrato - shaking
③ Freddo - ice ④ Lungo - long

60. 커피과실에서 생콩(green beans)을 꺼내는 과정을 정제(精製)라고 하는데, 건식법을 이용한 정제과정에 대한 설명 중 틀린 것은?

① 건조과정 중 발효를 방지하기 위하여 매일 여러 번 섞어 주어야 한다.
② 수확한 과실을 건조장에서 넓게 펴고, 수분함량이 20%이하가 될 때까지 건조시킨다.
③ 건조에 소요되는 일수는 과실의 숙도에 상관없이 일정하다.
④ 아라비카종이나 로부스타종이나 모두 사용된다.

61. 로스팅 단계 중 강배전(Dark Roast)에 대한 설명 중 틀린 것은?

① 커피의 볶음정도를 강하게 할수록 커피원두의 무게는 줄어든다.
② 카페인 양은 감소한다.
③ 이산화탄소는 증가하며 엷은 풋냄새 향은 증가한다.
④ 오일(커피 지방성분)의 양은 일정량이 늘어난 후 줄어든다.

정답 51.④ 52.④ 53.② 54.④ 55.④ 56.③ 57.④ 58.④ 59.① 60.③ 61.③

62. 다음 추출 방식 중 투과법에 해당하지 않는 것은?

① 이브릭　　② 페이퍼드립
③ 융드립　　④ 에스프레소

63. 다음은 추출기구에 대한 설명이다. 추출기구의 명칭은 무엇인가?

> 가정식 에스프레소커피 추출기구로 끓는 물의 증기압력에 의해 상단으로 물이 올라가는 과정에서 커피 층을 통과하여 커피가 추출되는 원리로 '스토브 탑(Stove-Top)'이라고 부른다.

① 모카포트　　② 사이폰
③ 에스프레소　　④ 프렌치 프레스

64. 신선한 커피를 핸드 드립으로 추출하면 표면이 부풀어오르거나 추출액 표면에 거품이 생기는 이유는 커피에 함유된 어떤 성분에 의한 것일까?

① 유기산　　② 탄산가스
③ 지질　　④ 아미노산

65. 다음 중 에스프레소 추출속도에 영향을 미치는 요인이 아닌 것은?

① 분쇄된 원두의 입자 크기 ② 물의 양
③ 분쇄된 원두의 양 ④ 탬핑의 강도

66. 추출시간을 짧게 잡아서 만든 농축된 커피로서 커피가 가장 농후하게 나오는 피크시점 직후에서 추출을 끊어 만든 이탈리아식 커피는?

① 룽고　　② 에스프레소
③ 리스트레또　　④ 도피오

67. 다음 중 향커피에 속하지 않는 것은?

① 헤이즐넛　　② 아이리쉬
③ 바닐라 넛 크림　　④ 에스프레소

68. 커피를 뽑아서 잔에 담아 낼 때, 잔의 세척이 불완전하여 세제가 남아 있을 때 나타날수 있는 향미의 결함은?

① 흙냄새 ② 비린내
③ 누린내 ④ 곰팡내

69. 커피의 추출방법과 이에 관련되는 보기가 적절하게 연결되지 않은 것은?

① 가압추출법 - 에스프레소 ② 여과법 - 핸드 드립
③ 우려내기 - 프렌치 프레스 ④ 달임법 - 프렌치 커피

70. 이탈리아식의 진한 커피로 회교도들이 즐겨 마셨다고 하며 일본에서는 리치커피라고도 불리워지는 커피는?

① 비엔나 커피 ② 카페로열
③ 카페로망 ④ 아이리쉬 커피

71. 다음에 설명하는 커피로 맞는 것은?

> 커피 플람베(빙수 얼음과 아이스크림, 콘덴스 밀크를 이용한 커피)의 응용으로 어린아이 또는 여성에게 알맞은 메뉴이며 아이스커피와 아이스크림의 앙상블이 매력적인 여름철 커피이다.

① 커피스노우볼 ② 카페로열
③ 카페로망 ④ 아이리쉬 커피

72. 로부스타 커피(Coffea Canephora)의 원산지로 알려진 나라는?

① 탄자니아 ② 콩고
③ 에티오피아 ④ 예멘

정답 62. ① 63. ① 64. ② 65. ② 66. ③ 67. ④ 68. ② 69. ④ 70. ③ 71. ① 72. ②

73. 다음에 설명하는 커피로 맞는 것은?

> 남국의 정열적인 무드가 살아 있는 커피로 화이트 럼을 사용하는 것이 특색이다. 사용하는 컵도 대단히 정열적인 느낌을 주는데, 한마디로 자주색의 컵과 진한 밤색의 커피와 노란 레몬의 빛깔이 조화를 뿜어내는 강렬한 이미지의 커피이다.

① 커피스노우볼
② 카페로열
③ 트로피컬 커피
④ 아이리쉬 커피

74. 다음에 설명하는 커피로 맞는 것은?

> 미국에서는 골드커피, 일본에서는 쿨커피라고 불리는 이 커피는 여름철에 제일 많이 찾는 메뉴로서, 이 커피의 생명은 커피의 쓴맛에 있다.

① 커피 스노우볼
② 아이스커피
③ 트로피컬 커피
④ 아이리쉬 커피

75. 원두의 신선도를 저하시키는 요인과 가장 관계가 먼 것은?

① 시간
② 탄소
③ 산소
④ 온도

76. 커피를 많이 마시면 가장 많이 보충해 주어야 할 영양소 및 무기질은?

① 칼슘
② 비타민 B
③ 칼륨
④ 나트륨

77. 다음 중 커피를 담는 기구의 가장 위생적인 세척순서는?

① 찬물 → 비눗물 → 더운물
② 비눗물 → 더운물 → 찬물
③ 비눗물 → 찬물 → 더운물
④ 더운물 → 비눗물 → 찬물

78. 커피의 향미를 표현하는 용어 중 커피 원두(Bean)이나 가루를 코로 들이마셔서 맡게 되는 향기로서 플로랄(Floral), 스파이시(Spicy) 등으로 표현할 수 있는 용어는?

① Fragrance ② After Taste
③ Flavor ④ Fruity

79. 과테말라에서 생산되는 생두의 상품명 뒤에 붙게 되는 SHB(Strictly Hard Bean)또는 HB(Hard Bean) 등은 무엇을 의미하나?

① 생두의 재배 방법 ② 생두의 결점두 비율
③ 생두의 경작 고도 ④ 생두의 성숙 정도

80. 다음 성분 중에서 커피 생두(Green Bean)에 가장 많이 함유되어 있는 성분은?

① 단백질 ② 지질
③ 탄수화물 ④ 무기질

81. 원두를 이용, 우리가 마시는 음료를 만들기 위해서는 배합(blending)을 거친 후 세 가지 공정을 반드시 거쳐야 하는데 그 공정에 속하지 않는 것은?

① 배전(roasting) ② 분쇄(grinding)
③ 제조(making) ④ 추출(brewing)

82. 두 가지 종류 이상의 커피를 혼합하는 것으로, 궁합이 잘 맞는 커피들끼리 혼합하여 맛과 향의 상승효과를 얻고자 함이 그 목적인 과정을 무엇이라 하는가?

① 배전(roasting) ② 분쇄(grinding)
③ 배합(blending) ④ 추출(brewing)

83. 사이폰(Siphon) 추출방식이라고도 하면 커피가 만들어지는 과정을 지켜볼 수 있어 시각적 효과가 좋은 커피 추출방법을 무엇이라 하는가?

① 달임법 ② 우려내기
③ 모카포트방법 ④ 진공식추출방법

정답 73. ③ 74. ② 75. ② 76. ① 77. ② 78. ① 79. ③ 80. ③ 81. ③ 82. ③ 83. ④

84. 과소추출(under extraction)의 원인과 이에 따른 현상에 대한 설명이다. 틀린 것은?

① 너무 굵은 입도의 분쇄커피의 사용
② 적정량보다 적은 양의 커피를 사용
③ 과다추출(over extraction)보다 오랜 크레마의 지속성
④ 기준온도보다 낮은 추출 온도

85. 추출압력이 낮은 상태에서 긴 시간 동안 추출된 커피의 특징이다. 틀린 것은?

① 짙은 갈색의 크레마와 하얀점
② 얇은 층의 크레마와 검은띠의 형성
③ 강하고 쓴 신맛
④ 얇은 층의 크레마와 큰 거품 형성

86. 머신을 사용하여 추출한 에스프레소를 순수한 물과 비교하였을 때 틀린 것은?

① 굴절률이 증가한다.
② 점도가 낮아진다.
③ pH가 낮아진다.
④ 밀도가 높아진다.

87. 생두를 볶아서 분쇄한 커피(ground coffee)로부터, 물을 이용하여 맛과 향을 내는 가용성 성분을 최대한 용해시켜서 뽑아내는 과정을 무엇이라 하는가?

① 배전(roasting)
② 분쇄(grinding)
③ 배합(blending)
④ 추출(brewing)

88. 다음 크레마의 설명 중 틀린 것은?

① 향기의 발산을 방해한다.
② 바로 로스팅한 신선한 원두에서는 더 두껍게 나타난다.
③ 커피 추출 시 나오는 아교질과 커피오일의 결합체이다.
④ 크레마는 샷글라스에서 3~4mm 정도 형성되면 아주 좋은 상태이다.

89. 탬핑(Tamping)에 관한 내용 중 틀린 것은?

① Tamping 전 바스켓 내의 커피가 수평이 되도록 하는 작업이다.
② 적절한 압력을 유지하는 훈련이 필요하다.
③ 필터바스켓 내의 커피가 한쪽으로 치우치지 않도록 주의한다.
④ 완벽한 에스프레소의 추출을 위해서 오랜 Tamping 시간이 필요하다.

90. 다음 중 커피 추출 시 사용하는 물에 관한 내용이다. 가장 올바른 것은?

① 정수된 물보다는 수돗물을 사용하는 것이 바람직하다.
② 신선하고 좋은 맛이어야 하며 냄새와 불순물이 없어야 한다.
③ 이산화탄소가 남아있지 않은 깨끗한 물이 좋다.
④ 100ppm 이상의 미네랄이 함유되어 있는 물이 좋다.

91. 체리 속 생두는 보통 두 개가 서로 마주보고 있다. 이 경우 서로 마주보는 방향은 평평 한데 이런 형태의 생두를 무엇이라 하는가?

① 피베리(Peaberry) ② 홀 빈(Whole bean)
③ 플랫 빈(Flat bean) ④ 커플 빈(Couple bean)

92. 아라비카 원종에 가장 가까운 품종으로 콩의 모양이 긴 편이며 좋은 향과 신맛을 가지고 있으며 그늘 경작법(Shading)이 필요하며 생산성이 낮은 품종은?

① 문도노보(Mundo-Novo) ② 카투라(Caturra)
③ 타이피카(Typica) ④ 켄트(Kent)

93. 로스팅 후 원두의 물리적 변화에 대한 설명 중 옳은 것은?

① 명도값의 증가 ② 부피의 증가
③ 수분 함량의 증가 ④ 압축 강도의 증가

94. 로스팅 단계를 달리한 원두 중에서 L값(명도)이 가장 높은 단계부터 순서대로 올바르게 배열된 것은?

① 미디엄로스트 > 라이트로스트 > 풀시티로스트 > 프렌치로스트
② 라이트로스트 > 미디엄로스트 > 풀시티로스트 > 프렌치로스트
③ 풀시티로스트 > 라이트로스트 > 미디엄로스트 > 프렌치로스트
④ 라이트로스트 > 풀시티로스트 > 미디엄로스트 > 프렌치로스트

정답 84. ③ 85. ④ 86. ② 87. ④ 88. ① 89. ④ 90. ② 91. ③ 92. ③ 93. ② 94. ②

95. 커피 추출기구중 일반적으로 분쇄된 원두의 입자가 작은 순서대로 나열한 것중 옳은 것은?

㉠ 사이폰	㉡ 커피메이커
㉢ 퍼컬레이터	㉣ 이브릭

① ㉠ - ㉡ - ㉢ - ㉣　　② ㉣ - ㉡ - ㉠ - ㉢
③ ㉠ - ㉣ - ㉡ - ㉢　　④ ㉣ - ㉠ - ㉡ - ㉢

96. 댐퍼(Damper) 역할과 관계없는 것은?

① 은피를 배출하는 역할
② 드럼 내부의 열량을 조절하는 역할
③ 드럼 내부의 공기 흐름을 조절하는 역할
④ 흡열과 발열 반응을 조절하는 역할

97. 추출이 용이하게 적당량의 분쇄된 커피를 필터홀더에 담는 일련의 과정을 패킹(Packing)이라 하는데 이 과정과 관련이 없는 것은?

① Infusion　　② Dosing
③ Tapping　　④ Tamping

98. 에스프레소 추출 시 추출시간이 50초 이상 걸렸다. 이를 개선하는 방법 중 맞는 것은?

① 커피의 분쇄를 조금 가늘게 조정한다.
② 추출 시 탬핑(Tamping)압력을 강하게 한다.
③ 모터펌프의 추출압력을 높인다.
④ 사용 원두의 양을 조금 늘린다.

99. 원두의 품위 유지를 위한 포장기술이 아닌 것은?

① 탈취형 포장　　② 진공 포장
③ 가스흡수제의 이용　　④ 가스치환 포장

100. 가장 좋은 맛의 에스프레소 커피를 추출하기 위해 적절한 물의 온도는?

① 65 ~ 70℃　　② 75 ~ 80℃
③ 90 ~ 95℃　　④ 95 ~ 100℃

101. 우유 스티밍(Steaming) 과정에 대한 설명 중 부적절한 것은?

① 메뉴에 알맞은 만큼의 우유를 사용한다.
② 우유의 최종 온도는 섭씨 65~70℃를 넘기지 않는다.
③ 공기유입을 최대한 많이 하기 위해 스팀피처를 가능한 큰 사이즈로 선택한다.
④ 항상 신선하고 차가운 우유를 사용해야 된다.

102. 커피를 분쇄할 때, 분쇄 커피 입자의 크기를 결정하기 위하여 가장 중요하게 고려해야 될 사항은?

① 추출에 걸리는 시간 ② 커피의 종류
③ 커피의 볶음도 ④ 날씨

103. 다음 중 패킹(Packing)의 순서를 올바르게 설명한 것은 어느 것인가?

① 커피 담기 >탬핑(Tamping) >필터바스켓 상부 털기 >면 고르기
② 커피 담기 >면 고르기 >탬핑(Tamping) >필터바스켓 상부 털기
③ 커피 담기 >면 고르기 >필터바스켓 상부 털기 >탬핑(Tamping)
④ 커피 담기 >필터바스켓 상부 털기 >탬핑(Tamping) >면 고르기

104. 에스프레소의 추출에서 적갈색 크레마가 나타나기 위한 필수 요건이 아닌 것은?

① 정확한 수평 ② 정확한 커피양
③ 강한 탬핑 ④ 정확한 분쇄도

105. 갓 로스팅된 커피에 함유된 가스성분으로 인해 일어나는 현상을 옳게 설명한 것은?

① 산소를 생성한다. ② 음이온을 방출한다.
③ 질소를 생성한다. ④ 향기 성분을 방출한다.

106. 탬핑(Tamping)을 하는 가장 중요한 이유는 무엇인가?

① 커피 케이크(Cake)의 고른 밀도를 유지하여 물이 균일하게 통과하기 위해
② 물과 접촉 면적을 확대하기 위하여
③ 두꺼운 크레마를 형성할 목적으로
④ 필터에 커피를 충분히 채우는 것이 중요하므로

정답 95. ④ 96. ④ 97. ① 98. ③ 99. ① 100. ③ 101. ③ 102. ① 103. ② 104. ③ 105. ④ 106. ①

107. 커피를 추출하기 위해 분쇄작업을 하는 이유로 옳은 것은?

① 짧은 시간에 효율적인 서비스 제공 ② 물에 접촉하는 커피의 표면적 확대
③ 커피원가의 절감 목적 ④ 커피의 화학적 성분의 분쇄

108. 에스프레소 크레마에 대한 설명이다. 틀린 것은?

① 크레마는 에스프레소의 품질을 시각적으로 판단할 수 있는 기준이 된다.
② 크레마는 에스프레소 추출하는데 있어서 가장 중요한 요소이다.
③ 영어로 프리마라는 뜻이다.
④ 크레마는 처음추출될 때에는 짙은 갈색이다.

109. 에스프레소 머신의 일일 점검사항이 아닌 것은?

① 보일러 압력 ② 물의 온도체크
③ 개스킷의 마모상태 ④ 분사홀더의 세척상태

110. 에스프레소 추출시 너무 진한 크레마가 추출되었다. 원인이 될 수 없는 것은?

① 펌프압력 기준압력보다 낮은 경우 ② 물의 온도가 95도 높은 경우
③ 포터필터의 구멍이 너무 큰 경우 ④ 물 공급이 제대로 안되는 경우

111. 우리가 알고 있는 커피의 유통기한에 속하지 않는 것은?

① 생산 ~ 건조 ② 로스팅 ~ 출고
③ 출고 ~ 소비자 ④ 구매자 ~ 사용기간

112. 커피의 유통과정 중 선진국일수록 그 기간이 짧은 것은?

① 생산 ~ 건조 ② 로스팅 ~ 출고
③ 출고 ~ 소비자 ④ 구매자 ~ 사용기간

113. 우리나라의 커피 유통기간에 관한 설명이다. 바르지 못한 것은?

① 커피의 유통기간을 제조자가 정한다.
② 1년이나 2년으로 표기하는 경우가 많다.
③ 제조일자에 대한 엄격한 기준 시점이 적용되고 있다.
④ 일반적으로 포장이 완료된 시점을 제조일자로 하고 있다.

114. 다음 중 커피는 어디에 속하는 음료인가?

① 기호음료 ② 영양음료
③ 청량음료 ④ 유성음료

115. 생두의 가운데 골처럼 파인 부분을 무엇이라 하나?

① 과육(Pulp) ② 외피(Outer skin)
③ 파치먼트(Parchment) ④ 센터 컷(Center cut)

116. 커피를 로스팅 하는 이유로 타당하지 않은 것은?

① 커피의 맛과 향을 얻기 위하여 ② 오래 보관하기 위하여
③ 커피추출을 쉽게 하기 위해서 ④ 커피의 독특한 색을 얻기 위해서

117. 커피를 볶을 때 기본적인 세 가지 단계에 속하지 않는 것은?

① 건조(Dry) ② 열분해(Pyrolysis)
③ 냉각(Cooling) ④ 포장(Packing)

118. 로스팅의 8단계 분류 중 프렌치로스트(French roast)에 해당하는 SCAA 구분 명칭은?

① Medium roast ② Moderately dark roast
③ Dark roast ④ Very dark roast

119. 지하수를 에스프레소 기계에 직접 연결해 사용하려고 한다. 이때 다음 중 기계에 치명 적인 무기질은?

① 철 ② 칼슘
③ 인 ④ 납

정답 107. ② 108. ③ 109. ③ 110. ③ 111. ① 112. ③ 113. ③ 114. ① 115. ④ 116. ② 117. ④ 118. ③ 119. ②

모의평가문제 (1)

01. SCAA에서 사용하고 있는 생두 등급 분류 기준이 아닌 것은?

① Cup Quality ② 결점생두의 수
③ 생두의 크기 ④ 생두의 무게

02. 커피나무의 생육 조건이다. 틀린 것은?

① 배수가 잘되고 미네랄이 적당히 함유된 토양이 적당하다.
② 아라비카보다 로부스타종이 기후 환경 적응력이 좋다.
③ Typica종은 저지대에서도 높은 생산성을 유지할 수 있다.
④ 서리와 강한 햇빛차단을 위해 Shade Tree(바나나나무)를 심어 생산성에 도움을 준다.

03. [Brazil Santos No.2, screen 19, strictly soft]에서 screen 19의 의미는?

① 결점두의 혼입량 ② 커피콩의 형태
③ 투명도의 정도 ④ 커피콩의 크기

04. 다음 설명 중 옳은 것은?

① Aged Bean으로 유명한 것으로 인도의 Monsooned Malabar AA가 있다.
② Long - Berry는 기형 생두의 일종이며 열매 속에 생두가 한 개밖에 없다.
③ Pea - Berry는 그해 생산된 생두를 지칭한다.
④ Past Crop은 수확한지 3년 이상 된 생두를 말한다.

05. 로부스타 품종의 특징이 아닌 것은?

① Coffea Robusta Linden이라는 학명을 가지고 있다.
② 나무의 높이가 10m 이상으로 아라비카종과 리베리카종의 중간성질을 가지고 있다.
③ 세계 각지에 70여 종의 재배 변이종이 분포되어 있다.
④ 병충해에 강하며, 인도네시아 등에 넓게 재배되고 있다.

06. 식물학적으로 본 커피에 관한 일반적인 내용이다. 바르게 설명한 것은?

① 커피나무는 꼭두서니과에 속하는 상록수로, 남아메리카 브라질이 원산지이다.
② 커피열매는 길이 15~18mm의 타원형으로 파치먼트라고 불린다.
③ 아라비카종은 평균 3%, 로부스타종은 약 1%의 카페인을 함유하고 있다.
④ 아라비카종의 경우 연평균 강우량 1,500~2,000mm의 규칙적인 비와 충분한 햇볕을 받아야 한다.

07. 수세식 공정 순서가 바른 것은?

① 수확 - 선별 - 세척(이물질 분리) - 과육제거 - 파치먼트 선별 - 발효조-수세 - 건조 - 창고
② 수확 - 선별 - 과육제거 - 수조 - 파치먼트 선별 - 발효조-수세 - 건조 - 창고
③ 수확 - 선별 - 과육제거 - 수조 - 발효조 - 파치먼트 선별 - 수세 - 건조 - 창고
④ 수확 - 선별 - 세척(이물질분리) - 과육제거 - 발효조 - 수세 - 건조 - 파치먼트 선별 - 창고

08. 커피 생산국과 그에 대한 설명으로 옳은 것은?

① 콜롬비아 - 코나커피로 유명하며, 산토스 항구에서 선적이 이루어져 일명 '산토스'라고도 부른다.
② 브라질 - Cafatero들에 의해 커피가 생산되며, 웰렌포드, 마비스 뱅크라는 농장을 가지고 있다.
③ 과테말라 - 화산재 토양으로 인해 독특한 향미를 가진 커피가 생산된다.
④ 케냐 - 유명한 커피로는 가요 마운틴, 술라웨시 토라자가 있다.

09. 여러 가지 추출 방법에 대한 설명으로 틀린 것은?

① 프렌치 프레스 - 저온으로 커피를 추출하는 방식으로 카페인이 용해되기 어렵다.
② 사이폰 - 진공 여과방식으로 추출방법 중 가장 이상적인 향미 성분을 추출하는 방법이다.
③ 모카포트 - 이탈리아 대부분의 가정에서 이용되며 수증기압을 이용해서 추출한다.
④ 핸드 드립 - 드리퍼와 종이필터를 사용하는 추출기구

23. 바리스타가 지켜야 할 사항이다. 관계없는 것은?

① 에스프레소 추출 후 크레마를 확인하라. ② 필터홀더의 온도 유지에 주의하라.
③ 커피는 항상 신선한 것을 사용하라. ④ 추출공식은 반드시 지켜라.

24. 커피의 전체적 향기를 일컫는 부케(Bouquet)를 구성하는 것이 아닌 것은?

① Fragrance ② Aroma
③ Aftertaste ④ Body

25. 추출에 대한 설명 중 틀린 것은?

① 케이크(분쇄커피 입자의 집합체)를 통한 액체의 흐름이다.
② 추출은 비가용성 물질의 유화 현상이다.
③ 추출에 중력은 관여하지 않는다.
④ 추출은 커피의 가용성 물질 용출 현상이다.

26. 에스프레소용 커피의 추출에 관여하는 수학적 인자에 관한 것 중 틀린 것은?

① 커피케익 내부의 온도 ② 수리학적 저항치
③ 커피케익 표면과 내부의 압력차 ④ 커피케익의 부피

27. 그라인더의 칼날 중 Flat cutter의 경우 분쇄 커피의 배출에 관여하는 힘은?

① 중력 ② 구심력
③ 밀착력 ④ 원심력

28. 일반적으로 출하되는 생두의 수분함량은?

① 8~9% ② 11~13%
③ 16~18% ④ 5~6%

29. Tamping을 하는 방법이다. 틀린 것은?

① Tamping 전의 홀더 내의 커피가 수평이 되도록 하는 작업이다.
② 빠른 시간에 이루어질수록 좋다.
③ 홀더 내의 커피가 치우치지 않도록 주의한다.
④ 에스프레소의 추출을 위해서는 반드시 Tamping이 필요하다.

30. 에스프레소 머신의 일일 점검사항이 아닌 것은?

① 보일러 압력 ② 물의 온도 체크
③ 개스킷의 마모상태 ④ 분사홀더의 세척상태

31. 볶은 커피의 다음 성분들 가운데, 커피를 마신 다음 혀에 남아 있는 커피의 잔류 성분들과 이들로부터 생긴 증기로부터 느낄 수 있는 향미를 만들어 내는 요소는?

① 지방질 같은 비용해성 액체와 수용성 고체 물질
② 케톤이나 알데하이드 계통의 휘발성 성분
③ 비휘발성 액체 상태의 유기 성분
④ 커피 추출 후에도 분쇄 커피의 모양을 유지하는 성분인 불용성 경질부분

32. 커피 생콩이 가지고 있는 향기는 커피의 품종과 산지의 지역적 특성에 따라 나타나는 그 커피만의 고유 향기라고 할 수 있다. 다음에 예시하는 향기 성분들 가운데 휘발성이 가장 강한 향기는?

① 감귤향기 ② 딸기향기
③ 꽃향기 ④ 허브향기

33. 볶은 커피콩에서 느낄 수 있는 향기는 생콩에 있던 향기와, 주로 중약배전의 커피에서 만나게 되는 당의 갈변 반응에 의해서 생성되는 향기, 강배전으로 진행되면서 나타나는 건열반응에 의해서 생성되는 향기로 분류할 수 있다. 다음 향기들 가운데 생콩에는 없던 향기는?

① 캐러멜 향기 ② 꽃향기
③ 딸기향기 ④ 허브향기

34. 다음 중 커피의 쓴맛을 내는 성분이 아닌 것은?

① 주석산 ② 카페인
③ 트리고넬린 ④ 클로로겐산

35. 볶은 커피콩에서 느낄 수 있는 향기는 생콩에 있던 향기와, 주로 중약배전의 커피에서 만나게 되는 당의 갈변 반응에 의해서 생성되는 향기, 강배전으로 진행되면서 나타나는 건열반응에 의해서 생성되는 향기로 분류할 수 있다. 다음 향기들 가운데 중간 정도 의 배전(중약, 중간, 중강배전까지를 포함) 시, 즉 갈변반응 시에 주로 나타나는 향기가 아닌 것은?

① 탄냄새(Carbony) ② 고소한 향기(Nutty)
③ 캐러멜 향기(Caramelly) ④ 초콜릿 향기(Chocolaty)

36. 볶은 커피콩에서 느낄 수 있는 향기는 생콩에 있던 향기와, 주로 중약배전의 커피에서 만나게 되는 당의 갈변 반응에 의해서 생성되는 향기, 강배전으로 진행되면서 나타나는 건열반응에 의해서 생성되는 향기로 분류할 수 있다. 다음 향기들 가운데 강한 배전시, 즉 건열반응 시에 주로 나타나는 향기가 아닌 것은?

① 캐러멜 향기(Caramelly) ② 송진향기(Terpeny)
③ 향신료 향기(Spicy) ④ 탄냄새(Carbony)

37. 커피의 삼대 품종이 아닌 것은?

① 브라질 ② 아라비카
③ 로부스타 ④ 리베리카

38. 다음 커피의 등급에 관한 단어들 중, 커피의 생산지 정보와 관계가 없는 것은?

① 콩의 크기 ② 품종
③ 가공방법 ④ 생산연도

39. 다음 커피의 등급에 관한 단어들 중, 커피의 품질 정보와 관계가 없는 것은?

① 색도 ② 향미
③ 결점도 ④ 품종

40. 다음 커피의 향미 특성을 표시하는 단어들 중, 가장 우수한 커피를 나타내는 단어는?

① Very Good ② Good
③ Satisfactory ④ Sufficient

41. 에스프레소용 커피의 크기에 대한 설명이다. 틀린 것은?

① 흐린 날은 기준보다 조금 굵게 맑은 날은 기준보다 조금 가늘게 갈아 준다.
② 밀가루보다 굵게 설탕보다 가늘게 분쇄하는 것이 일반적 기준이다.
③ 분쇄커피의 굵기는 추출시간과 밀접한 관계가 있다.
④ 일반적으로 그라인더의 숫자는 높을수록 커진다.

42. 다음 (　　) 안에 들어갈 내용으로 알맞는 것은?

> 에스프레소, 머신의 경우 일반적으로 압력 조절기의 나사를 (　　　　　　　　) 으로 돌리면 압력이 낮아지고, ()으로 돌리면 높아진다.

① 왼쪽, 오른쪽　　② 왼쪽, 왼쪽
③ 오른쪽, 오른쪽　　④ 오른쪽, 왼쪽

43. 탬핑을 하는 가장 큰 요인은?

① 필터에 커피를 잘 채우기 위해
② 물 통과를 위한 균일한 커피 표면 유지를 위해
③ 두꺼운 크레마를 얻기 위해
④ 물과의 접촉 면적을 늘리기 위하여

44. 바리스타가 추출 기구를 항상 청결하게 유지해야 할 이유가 아닌 것은?

① 고객에 대한 최소한의 배려　　② 보건 위생학적 이유
③ 정확한 그라인딩과 추출을 위해　　④ 법적인 이유로

45. 다음의 계량단위가 틀린 것은?

① 1oz(ounce) - 29.5ml　　② 1lb - 16oz
③ 1ts(티스푼) - 1/5oz　　④ 1cc - 1ml

46. 식음료 취급사항 중 알맞은 것은?

① 모든 뜨거운 음료는 60℃ 정도에서 보관한다.
② 유제품은 냉장 보관(0~10℃)하고 제조일부터 5일 내에 사용한다.
③ 차가운 음료의 이상적인 온도는 4~7℃에서 보관한다.
④ 냉동고의 온도는 될수록 낮게 하여 보관한다.

47. 다음 중 콜롬비아산 생두에 속하지 않는 것은?

① 슈프리모　② 엑셀소
③ 블루 마운틴　④ 메델린

48. 세계 최고의 습식 커피 생산국은?

① 콜롬비아　② 브라질
③ 자메이카　④ 인도네시아

49. 다음 중 모카종 커피가 아닌 것은?

① 이르가세페　② 하라
③ 엑셀소　④ 시다모

50. 에스프레소에 크림을 첨가한 이탈리아 커피는 무엇인가?

① Caffe correto　② Caffe con panna
③ Caffellatte　④ Caffe ristretto

51. 후미(Aftertaste)를 표현할 수 있는 용어가 아닌 것은?

① Carbony　② Chocolaty
③ Spicy　④ Herby

52. 다음 중 에티오피아산 생두에 속하지 않는 것은?

① 시다모　② 이르가체프
③ 사나니　④ 하라르

53. 디카페인 커피 제조에 사용되는 방법이 아닌 것은?

① 가스 주입법 ② 물추출법
③ 초임계추출법 ④ 용매추출법

54. 다음 중 커피의 등급을 분류하는 기준 중 재배지역의 표고에 의한 분류법이 아닌 것은?

① SHB ② EGW ③ AA ④ PW

55. 다음 중 성격이 다른 것은?

① Ristretto ② Caffe latte ③ Lungo ④ Doppio

56. 로부스타 커피(Coffea Canephora)의 원산지로 알려진 나라는?

① 콩고 ② 탄자니아 ③ 에티오피아 ④ 예멘

57. 에스프레소 머신의 증기 압력을 만드는 부품은?

① 급수펌프 ② 보일러
③ 분사필터 ④ 압력 게이지

58. 에스프레소 추출에 대한 동작이다. 틀린 것은?

① 최대한 빠른 시간에 추출을 완료한다.
② 컵은 항상 데워진 상태로 사용한다.
③ 포타필터 장착 후 반드시 컵을 내리고 추출버튼을 누른다.
④ 포타필터 장착 전 물흘리기를 반드시 해야되는 것은 아니다.

59. 다음은 커피장비의 관리 지침이다. 월간 확인 사항은?

① 필터 및 개스킷의 마모상태 ② 보일러의 압력
③ 물의 온도 체크 ④ 분사홀더 및 필터의 청소

60. 다음 중 배전과정에서 가장 변화가 적은 것은?

① 수분 ② 당분
③ 부피 ④ 카페인

모의평가문제 (2)

01. 카페라떼와 카푸치노는 어떻게 다른가, 아래 예문 중 잘못된 것은?

① 카페라떼는 커피와 데운 우유로 만든 음료이고, 카푸치노는 데운 우유와 거품 우유를 함께 올린 음료이다.
② 카페라떼에도 거품을 올리기도 하는데, 이때 거품은 전체의 1/4을 넘지 않도록 한다.
③ 더블라떼라고 하는 것은 우유의 양은 그대로 하되, 투샷의 커피를 사용해서 만든 음료이다.
④ 카푸치노에는 반드시 계피가루를 올려야 된다.

02. 커피 카페인이 인체에 미치는 영향 중 잘못된 것은?

① 불면증을 치료한다.　　② 소화력을 돕는다.
③ 이뇨작용을 한다.　　④ 지구력을 증강시킨다.

03. 다음 중 홀빈(Whole Bean)에 해당하는 것은?

① 커피나무의 열매　　② 씨앗을 박피한 것
③ 생두를 볶은 것　　④ 원두를 분쇄한 것

04. 세계적으로 커피존(Coffee Zone) 혹은 커피벨트(Coffee Belt)라고 부르는 지역은?

① 남위 30。~ 북위 30。　　② 남위 25。~ 북위 25。
③ 남위 20。~ 북위 25。　　④ 남위 25。~ 북위 20。

05. 프렌치 로스팅(French Roasting)의 특징 중 잘못된 것은?

① 베리에이션 에스프레소 커피음료에 적합
② 전통적인 에스프레소용 커피
③ 쓴맛이 강조된 단맛의 조화
④ 신맛이 강하고 풍부한 맛이 적음

06. 에스프레소 커피(Espresso Coffee)를 추출하기 위한 알맞은 물의 온도는?

① 99℃~100℃　② 96℃~98℃
③ 92℃~96℃　④ 88℃~92℃

07. 모카(Mocha)가 가지고 있는 의미가 아닌 것은?

① 예멘(Yemen)의 홍해 남단에 있는 무역항이다.
② 예멘과 에티오피아의 최상급 커피를'모카(Mocha)'라고 부른다.
③ 쵸콜릿을 모카(Mocha)라고 불렀다.
④ 모카는 아프리카에서 생산되는 커피이다.

08. 다음 중 커피생산국가가 아닌 나라는?

① 멕시코 ② 에콰도르
③ 중국 ④ 일본

09. 다음 중 로부스타(Robusta) 커피의 설명 중 잘못된 것은?

① 천연 상태에서 로부스타는 10M 높이까지 자랄 수 있다.
② 로부스타의 열매는 주로 열등한 품질의 커피로 취급된다.
③ 카페인이 많이 들어 있어서 대부분 하급 원두나 인스턴트 커피로 제조된다.
④ 주로 케냐에서 많이 재배된다.

10. 다음 중 쓴맛이 가장 강한 배전도는?

① 이탈리안(Italian)　② 시나몬(Cinnamon)
③ 시티(City)　④ 하이(High)

11. 볶은 커피에서 느낄 수 있는 향기는, 휘발성 유기화합물들의 휘발성의 차이에 따라 아래의 네 가지로 분류할 수 있다. 이 중에서 가장 뒤에 느껴지는 특성은?

① 뒷맛 aftertaste
② 기체향기 dry aroma(볶은 커피 향기)
③ 증기향기 cup aroma(추출 커피 향기)
④ 입속향기 nose(마시면서 느끼는 향기)

12. 볶은 커피에서 느낄 수 있는 향기는, 휘발성 유기화합물들의 휘발성의 차이에 따라 아래의 네 가지로 분류할 수 있다. 이 중에서 가장 먼저 느껴지는 특성은?

① 증기향기 - cup aroma(추출 커피 향기)
② 뒷맛 - aftertaste
③ 기체향기 - dry aroma(볶은 커피 향기)
④ 입속향기 - nose(마시면서 느끼는 향기)

13. 볶은 커피에서 느낄 수 있는 향기는, 휘발성 유기화합물들의 휘발성의 차이에 따라 아래의 네 가지로 분류할 수 있다. 이 중에서 마시기 직전의 커피(잔커피)로부터 느낄 수 있는 특성은?

① 증기향기 - cup aroma(추출 커피 향기)
② 기체향기 - dry aroma(볶은 커피 향기)
③ 뒷맛 - aftertaste
④ 입속향기 - nose(마시면서 느끼는 향기)

14. 다음 중 커피의 기본맛이 아닌 것은?

① 쓴맛 ② 단맛
③ 신맛 ④ 떫은 맛

15. 바디(body)라는 말은 입 안에서 무엇인가 스치는 듯 느껴지는 촉감을 말하며, 섬유질과 지방질 등 불용성 성분들이 바디를 형성하는 중요한 원인물질들이라 할 수 있다. 아래 단어들 가운데 바디의 의미를 표현하기에 적절치 못한 말은?

① 양질감 ② 점도
③ 중후함 ④ 풍성함

16. 커피 생콩에는 탄수화물을 비롯하여 단백질, 지방, 카페인 외에 각종 산성 성분들이 포함되어 있다. 이들 성분들 가운데 가장 많은 비중을 차지하는 성분은?

① 탄수화물 ② 지방
③ 단백질 ④ 카페인

17. 커피 생콩에는 탄수화물을 비롯하여 단백질, 지방, 카페인 외에 각종 산성 성분들이 포함되어 있다가, 이를 볶으면 가공 정도나 가공 방식에 따라 나름대로의 다양한 맛과 향기를 낸다. 이들 가운데 볶는 정도에 따라 강하게 볶을수록 비중이 커지는 성분은?

① 카페인　② 탄수화물
③ 지방　④ 단백질

18. 볶은 커피의 다음 성분들 가운데 커피의 맛과 향기에 영향을 미치지 않는 성분은?

① 커피 추출 후에도 분쇄 커피의 모양을 유지하는 성분인 불용성 경질부분
② 비휘발성 액체 상태의 유기 성분
③ 지방질 같은 비용해성 액체와 수용성 고체 물질
④ 케톤이나 알데하이드 계통의 휘발성 성분

19. 볶은 커피의 다음 성분들 가운데, 마시기 전 커피의 향기를 느끼게 하는 성분은?

① 케톤이나 알데하이드 계통의 휘발성 성분
② 비휘발성 액체 상태의 유기 성분
③ 지방질 같은 비용해성 액체와 수용성 고체 물질
④ 커피 추출 후에도 분쇄 커피의 모양을 유지하는 성분인 불용성 경질부분

20. 볶은 커피의 다음 성분들 가운데, 커피를 마시는 순간 커피 추출액의 표면에서 생긴증기에 의해 입속에서 느껴지는 향기의 주된 성분은?

① 비휘발성 액체 상태의 유기 성분
② 케톤이나 알데하이드 계통의 휘발성 성분
③ 지방질 같은 비용해성 액체와 수용성 고체 물질
④ 커피 추출 후에도 분쇄 커피의 모양을 유지하는 성분인 불용성 경질부분

21. 영어로 fragrance는 향기라고 번역할 수 있는데, 이것은 아래에 예시한 향기의 분류 중 어느 종류에 속하는가?

① 볶은 콩 향기　② 뽑은 콩 향기
③ 입속 커피향　④ 잔류 커피향

22. 다음 냄새에 대한 원칙이다. 틀린 것은?

① 냄새는 기체 상태로만 느낄 수 있다.
② 향기에 대한 판단은 일반적으로 경험이나 훈련에 의해 쌓인 기억에 의존한다.
③ 커피의 향기는 원인요소에 따른 특징과 분자량에 따른 특징에 의한 이중 구조로 파악할 수 있다.
④ 분자량에 따른 특징은 일반적으로 분자 값이 작을수록 날카롭고 거칠게 느껴진다.

23. 다음 향기의 강도를 표현하는 영어 용어 중 맞는 것은?

① flat : 풍성하다. 풍부하고 강하다는 의미
② full : 풍부하다. 다양한 경우. 농도가 중요한 것은 아니다.
③ rich : 무난하다. 강하지도 다양하지도 않다.
④ rounded : 빈약하다, 약하다. 이도 저도 부족한 경우.

24. 커피에 원래부터 있던 향기로, 효소에 의해서 형성된 향기 성분들은 휘발성이 매우 강하다. 이것은 다음 중 어떤 향기들인가?

① 꽃향기, 과일 향기 등
② 고소한 향기, 땅콩 향기 등
③ 캐러멜 향기, 초콜릿 향기 등
④ 송진 향기, 향신료 향기 등

25. 다음 중 에스프레소를 추출할 때 패킹 과정 이전에 해야 될 동작이 아닌 것은?

① 잔 데우기
② 커피 분쇄
③ 필터바스켓의 건조
④ 태핑

26. 다음 중 패킹(packing)의 순서로 올바른 것은?

① 커피 담기 > 면고르기(태핑) > 필터바스켓 상부 털기 > 커피 고정(탬핑)
② 커피 담기 > 커피 고정(탬핑) > 필터바스켓 상부 털기 > 면 고르기(태핑)
③ 커피 담기 > 면 고르기(태핑) > 커피 고정(탬핑) > 필터바스켓 상부 털기
④ 커피 담기 > 필터바스켓 상부 털기 > 커피 고정(탬핑) > 면 고르기(태핑)

27. 다음 중 에스프레소 평가 기준으로 옳은 것은?

① 적절한 커피의 양, 크레마의 두께와 지속성, 크레마의 색깔, 향기의 질과 강약, 맛의 균형감
② 적절한 커피의 양, 전체의 1/3 이상의 크레마, 크레마의 색깔, 향기의 질과 강약, 맛의 강렬함
③ 적절한 커피의 양, 전체의 1/3 이상의 크레마, 크레마의 색깔, 톡 쏘는 강한 향기, 맛의 균형감
④ 적절한 커피의 양, 크레마의 두께와 지속성, 크레마의 색깔, 향기의 질과 강약, 맛의 강렬함

28. 다음 예문 가운데 가장 모범적인 에스프레소 추출의 모습은?

① 처음엔 천천히 똑똑 떨어지다가 나중엔 가늘고 고르게 나오면서 28초만에 22ml가 추출되었다.
② 처음부터 끝까지 고른 두께로 가늘게 나오면서 25초만에 25ml 정도 추출되었다.
③ 조금 굵은 줄기로 나오면서 8초 만에 추출이 끝났는데 거품이 1/2 이상으로 풍성하게 나왔다.
④ 처음부터 끝까지 고른 두께로 가늘게 나오면서 35초만에 30ml 정도 추출되었다.

29. 다음 예문 가운데 가장 모범적으로 추출된 에스프레소의 모습은?

① 30ml 정도 되는 커피에 약간 붉은 빛이 도는 고운 황금색 크레마가 고르게 덮여 있으면서 크레마의 중앙에 하얀 무늬가 1/3 정도 나타나 있다.
② 25ml 정도 되는 커피에 은은한 붉은 빛이 도는 고운 황금색 크레마가 전체 추출액의 1/7 정도 덮여 있다.
③ 30ml 정도 되는 커피에 검은 테두리가 엷게 깔린 황금색 크레마가 전체 추출액의 1/7 정도 덮여 있다.
④ 25ml 정도 되는 커피에 바깥쪽으로는 검은 테두리가 얇게 둘러싸고 있고 안으로는 하얀 무늬가 크레마 표면의 1/3 정도를 덮고 있다.

30. 에스프레소의 추출 액량을 결정할 때 가장 중요하게 고려해야 될 요소는?

① 머신의 컨디션　② 커피잔의 크기

③ 커피의 상태　④ 메뉴의 성격

31. 다음 단어들 중에서 커피의 질을 종합적으로 평가하는 기준 단어가 아닌 것은?

① IOC　② UGQ

③ FAQ　④ SHB

32. 커피를 수확한 후 건조 과정에서 환경이 나쁘면 생커피의 효소가 당분을 식초산으로 분해하면서 나타나는 향미의 결함은?

① 발효 냄새　② 흙 냄새

③ 누린내　④ 곰팡이 냄새

33. 커피를 볶을 때 너무 빨리 볶으면 캐러멜 화합물이 충분히 생성되지 않으면서 커피콩의 표면이 부분적으로 타면서 나타나는 결함은?

① 기름 냄새(hidy)　② 강한 탄내(scorched)

③ 탄냄새(tarry)　④ 나무 맛(woody)

34. 커피 추출액에서 소독내가 심하게 나는 맛의 결함으로, 커피열매가 나무에 달린 채 건조가 진행되어 미생물과 효소가 커피열매에 작용하여 생기는 향미의 결함은? (이런 결함은 브라질의 자연건조 아라비카 콩에서 주로 나타난다.)

① 요오드 향(rioy)　② 기름 냄새(hidy)

③ 풀냄새(grassy)　④ 나무 맛(woody)

35. 커피를 뽑을 때, 염소가 섞인 수돗물로 추출하였을 때 나타날 수 있는 향미의 결함은?

① 곰팡이 냄새　② 흙 냄새

③ 누린내　④ 발효 냄새

36. 추출한 커피를 오래 가열하면서 보관하면 커피콩의 단백질 성분이 변화하면서 나타나는 맛의 결함은?

① 탄냄새(tarry)
② 기름 냄새(hidy)
③ 강한 탄내(scorched)
④ 나무 맛(woody)

37. 커피를 뽑아서 잔에 담아 낼 때, 잔의 세척이 불완전하여 세제가 남아 있을 때 나타날 수 있는 향미의 결함은?

① 비린내
② 흙 냄새
③ 누린내
④ 곰팡이 냄새

38. 커피열매가 나무에 달린 채 건조되었을 때, 효소가 작용하여 나타날 수 있는 향미의 결 함이라고 볼 수 있는 것은?

① 나무 맛(woody)
② 기름 냄새(hidy)
③ 풀냄새(grassy)
④ 고무 냄새(rubbery)

39. 장기 저장한 생커피가 수년간의 숙성과정을 거치면서 유기화합물이 소실되어 나타나는 맛의 결함은?

① 풀냄새(grassy)
② 요오드 향(rioy)
③ 나무 맛(woody)
④ 고무 냄새(rubbery)

40. 커피를 볶을 때 너무 짧게 볶아서, 당과 탄소화합물이 정상적으로 생성되지 않았을 때 나타나는 맛의 결함은?

① 누린내(baked)
② 풋내(green)
③ 강한 탄내(scorched)
④ 고무 냄새(rubbery)

41. 에스프레소 추출 시 너무 진한 크레마(Dark Crema)가 추출되었다. 해결책이 될 수 없는 것은?

① 보일러 압력을 내린다.
② 펌프압력을 올린다.
③ 분사필터를 청소하고 점검한다.
④ 탬핑을 강하게 한다.

42. 추출시간을 짧게 잡아서 만든 농축된 커피로서 가장 농후하게 나오는 피크시점 직후에 서 추출을 끊어 만든 이탈리아식 커피는?

① 룽고 ② 에스프레소
③ 리스트레또 ④ 도피오

43. 배전의 단계 중 크림을 가미하여 마시는 유럽스타일 커피에 어울리며 에스프레소 커피 용의 표준이 되는 배전 단계는?

① 미디엄 로스팅 ② 풀시티 로스팅
③ 프렌치 로스팅 ④ 이탈리안 로스팅

44. 한잔의 에스프레소를 기준으로 다음 중 틀린 것은?

① 분쇄된 커피의 양 : 6.5±1.5g ② 물의 온도 : 70℃±5℃
③ 추출 압력 : 9±1bar ④ 25±5second

45. 커피 생두 생산국 중 가장 많은 물량을 생산하는 나라는?

① 브라질 ② 콜롬비아
③ 인도네시아 ④ 자메이카

46. 다음 ( ) 안에 들어갈 내용으로 알맞는 것은?

> 커피콩의 등급 분류 중 specialty coffee라(NYBT)함은 생두( )g 중 결점수 ( )이하 인 커피를 말한다.

① 300, 5 ② 300, 86
③ 500, 5 ④ 500, 86

47. 커피 생두의 평가기준 중 틀린 것은?

① 결점수가 적은 커피가 좋은 커피이다.
② 커피콩의 크기는 클수록 좋다.
③ 외기 온도가 생두에 직접 전달되지 않도록 한 것이 좋다.
④ 배수가 잘되고 유기질이 적당한 토양에서 생산된 생두가 좋다.

48. 분쇄되는 커피의 품질을 결정하는 요소가 아닌 것은?

① 배전 등급
② 배전두의 수분 함유량
③ 분쇄기 칼날의 간격
④ 분쇄기의 회전수

49. 커피를 추출하는 기구 중 원두를 가장 크게 분쇄하는 기구는?

① 에스프레소 머신
② 모카포트
③ 이브릭
④ 프렌치 프레스

50. 추출에 대한 설명 중 틀린 것은?

① 케이크(분쇄커피 입자의 집합체)를 통한 액체의 흐름이다.
② 입자간 액체 투과 현상도 일어난다.
③ 입자간 내부 확산을 통한 용출이다.
④ 추출은 커피의 가용성 물질 용출 현상이다.

51. 터키사람들이 커피를 끓여 마시는 커피도구를 무엇이라고 하는가?

① Kopel
② Fench Press
③ Ibrik
④ Siphon

52. 에스프레소 추출시 추출액 위에 덮이는 황금색 거품으로 커피의 아교질과 지방질 성분 때문에 나타나는 현상을 무엇이라고 하는가?

① 데미타스
② 크레마
③ 리스트레또
④ 라떼아트

53. 커피 맛의 평가기준 중 하나로 입안에서 느껴지는 커피 맛의 무게감과 농도에 대한 용어는?

① Flavor
② Acidity
③ After Taste
④ Body

54. 카페인을 제거하는 디카페인 커피에 대한 설명 중 틀린 것은?

① 카페인을 제거하는 방식은 일반적으로 스위스 워터, 압축 이산화탄소 방법을 사용한다.
② 가공하는 과정에서 약간의 커피 향 부분이 소실된다.
③ 스위스 워터 방법으로 만들어진 커피에는 SWP로 표기한다.
④ 카페인 제거는 100% 이루어진다.

55. 로스팅 후 일반적으로 커피를 가장 맛있게 즐길 수 있는 기간은?

① 로스팅 직후
② 로스팅 후 7일 정도
③ 로스팅 후 1개월 정도
④ 로스팅 후 3개월 정도

56. 다음 커피기구 중 진공여과방식을 사용하는 추출기구는?

① 드립
② 모카포트
③ 사이폰
④ 커피메이커

57. 우유거품을 만드는 작업을 표현하는 용어는?

① 스티밍
② 스토퍼
③ 에칭
④ 베리에이션

58. 습식법은 열매를 물속에서 발효시켜 각질과 펄프를 제거한 후 다시 건조시켜서 껍질을 벗겨내는 과정이며, 이 과정을 통해 질이 좋은 '세척커피'를 얻을 수 있는데 세계 최고 의 습식 커피를 생산하는 국가는?

① 브라질
② 케냐
③ 과테말라
④ 콜롬비아

59. 커피 전문점 운영시 매출액과 그 매출을 위해 소요된 모든 비용이 일치되는 점으로서, 투입된 비용을 완전히 회수할 수 있는 판매량이 얼마인가를 나타내어 주는 것을 무엇이라고 하는가?

① 목표매출액
② 고정비용
③ 변동비용
④ 손익분기점

60. 커피전문점 인테리어 계획 시 필요한 공간을 판단하여 공간별 규모를 측정하여 공간배 치를 하는 것을 무엇이라고 하는가?

① 인테리어 ② 조닝
③ 마감디자인 ④ 익스테리어

모의평가문제 (3)

01. 볶은 콩에서 가장 많이 발생하는 가스의 주성분은 무엇인가?

① 질소가스 ② 탄산가스
③ 산소 ④ 일산화탄소

02. 다음 중 커피등급(품질) 구분에서 혼입물(混入物)의 결점수가 가장 큰 것은?

① 흑 두 ② 사 두
③ 큰 돌 ④ 조개 두

03. 생두를 배전할 때 생기는 일반적인 현상이 아닌 것은?

① 부피의 증가 ② 수분의 감소
③ 중량의 감소 ④ 향기의 감소

04. 아래의 보기 중 쓴맛을 가지고 있는 것은?

① 사과산 ② 주석산
③ 카페인 ④ 구연산

05. 볶은 콩의 보관방법에서 산패하는 원인과 상관없는 것은?

① 온도 ② 기간
③ 산소 ④ 커피의 양

06. 커피의 포장방법에서 가장 오래 동안 보관할 수 있는 포장법은?

① 진공 포장 ② 질소가압 포장
③ 밸브 포장 ④ 지퍼 백

07. 커피 추출방법 중 게츠배 보통 이브리크를 이용해서 먹는 나라는?

① 이라크 ② 일본
③ 터키 ④ 베트남

08. 수프리모라 불리우는 커피의 생산 국가는?

① 멕시코 ② 자마이카
③ 콜롬비아 ④ 하와이

09. 커피 생콩(뉴크롭)의 일반 수분함량은?

① 6% ② 8%
③ 10% ④ 12%

10. 아프리카계 커피생산지가 아닌 곳은?

① 에티오피아 ② 탄자니아
③ 케냐 ④ 자메이카

11. 커피의 신선도를 저해하는 요인 중 가장 관계가 적은 것은?

① 산소 ② 햇빛
③ 불순물 ④ 수분

12. 아라비카 품종의 생육조건으로 부적합한 것은?

① 연평균 기온이 20℃정도이고, 연 강수량은 1,500mm~1,600mm 범위이다.
② 유기질이 풍부한 화산성 토양이 적당하다.
③ 동쪽이나 동남쪽 방향으로 약간의 경사가 있는 곳이 적당하다.
④ 저위도 지역이나, 고위도 지역이나 지표가 높을수록 최적지이다.

13. Parchment(파치먼트)에 대한 올바른 설명은?

① 커피 과실에서 외피와 과육을 제거한 상태를 말한다.
② 커피 생콩에 점질물 성분이 남아 있는 상태를 말한다.
③ 발효 종료 후, 수세(水洗)하여 내과피(內果皮)가 남아 있는 상태를 말한다.
④ 건조까지 마치고 탈곡기에서 마쇄(磨碎)하여 얻어진 생콩의 상태를 말한다.

14. 커피생콩을 장기 저장하였을 경우 콩의 색, 풍미 및 지질의 산기가 변화되는 현상 중 틀린 설명은?

① 커피생콩에 함유된 지질의 산기는 증가된다.
② 커피생콩의 색은 황색 내지 갈색에서 녹청색으로 변화된다.
③ 커피생콩의 산기의 변화는 lipase에 의한 지질의 가수분해 때문이다.
④ 커피생콩의 색, 풍미 및 산기의 변화는 저장조건과 밀접하다.

15. 커피의 쓴맛을 부여하는 알칼로이드 물질은?

① Theobromine(테오브로민)
② Naringenin(나린제린)
③ Caffeine(카페인)
④ Citric Acid(시트르산)

16. 신선한 커피를 추출할 때 표면이 부풀어오르거나 거품이 생기는 이유는 커피에 함유된 어떤 성분에 의한 것인가?

① 유기산 ② 탄산가스
③ 아미노산 ④ 당질

17. 커피에 우유 크림을 첨가했을 때 액체 표면에 작은 형태의 털 조각이 떠다니는 듯한 응고 현상이 일어나는 것을 우모현상(feathering)이라고 한다. 이 현상을 일으키는 우유 중의 성분은?

① 무기질 ② 유당
③ 카제인 ④ 비타민

18. 다음은 브라질에서 사용되고 있는 생두의 향미 평가 등급이다. 이 중에서 가장 우수한 향미를 나타내는 등급은?

① rio ② hard
③ strictly soft ④ soft

19. 다음 설명에 해당되는 커피 생산지는 어느 국가인가?

> "에티오피아와 국경을 접하고 있으며, 커피콩의 품질 관리가 뛰어나서 고급 아라비카 커피를 수출한다. 커피콩이 크고, 아름다운 청록색이며, 물세척법으로 가공한다. 신맛이 강하고 향기가 풍부하며 과실향과 꽃향기가 난다. 품질등급은 AA, AB, C로 나뉜다. 영화'아웃 오브 아프리카'의 무대이기도 하다."

① 케냐
② 예멘
③ 탄자니아
④ 콜롬비아

20. 로스팅에 대한 설명 중 틀린 것은?

① 로스팅은 생두를 선택하여 볶는 일련의 과정을 지칭하는 말로서 볶는 방식에 따라 직화식, 반열풍식, 열풍식으로 크게 나눌 수 있다.
② 로스팅을 마친 후 즉시 공기나 물을 이용해 가능한 빨리 냉각을 시켜주어야 한다.
③ 로스팅 과정 중 생두표면에 묻어 있던 은피는 열분해가 일어나면서 분리된다.
④ 로스팅 과정 중 생두는 화학적인 반응을 일으키는데 로스팅 초기에는 발열반응이 나타나며 점차 로스팅이 진행되면서 흡열반응이 순차적으로 진행된다.

21. 일반적인 에스프레소 머신에서, 중강배전(풀씨티로스트)의 커피를 대상으로 설정하는 물의 온도가 섭씨 92도라면, 다음 예문 중에서 추출물 온도의 적절한 조절 원칙은?

① 중강배전보다 약하게 볶아진 커피라면 일반적으로는 온도를 약간 높게 설정해 주는 것이 좋다.
② 중강배전보다 약하게 볶아진 커피라면 일반적으로는 온도도 약간 낮게 설정해 주는 것이 좋다.
③ 중강배전보다 강하게 볶아진 커피라면 일반적으로는 온도도 약간 높게 설정해 주는 것이 좋다.
④ 에스프레소 추출은 배전도에 상관없이 일정한 온도로 설정해야 된다.

22. 에스프레소 추출에서 추출 시간이 길어지면 맛은 어떻게 변화되는가?

① 쓴맛이 강해진다.
② 단맛이 강해진다.
③ 짠맛이 강해진다.
④ 바디가 풍부해진다.

35. 커핑시 이용되는 용어들이다. 부적합한 설명은?

① Taste - 혀로 느낄 수 있는 커피의 단맛, 신맛 및 쓴맛
② Aroma - 후각으로 느낄 수 있는 커피에서 증발되는 냄새
③ Flavor - 입속에 커피를 머금었을 때 후각과 입속에 느껴지는 맛과 향
④ Aftertaste - 커피가 입 안에 있을 때 지속적으로 느낄 수 있는 커피의 감도는 맛

36. 다음은 로스팅할 때 나타나는 변화를 설명한 것이다. 잘못된 것은?

① 당분이 증가한다.
② 커피콩의 수분 함량이 줄어든다.
③ 부피가 증가한다.
④ 쓴맛이 증가한다.

37. 에스프레소 한 잔을 뽑을 때 과소추출(Under extraction)의 원인이 아닌 것은?

① 기준량보다 원두량이 적을 때
② 탬핑이 약할 때
③ 분쇄 입자가 매우 작을 때
④ 분쇄 입자가 클 때

38. 일반적인 에스프레소에 대한 설명이다. 부적절한 것은?

① 에스프레소란 다양한 추출 방식 중의 하나이다.
② 패킹, 탬핑, 분쇄 입자의 유기적인 조절로 커피의 향미를 컨트롤 할 수 있다.
③ 강배전된 원두를 이용하고 20~30초 동안 1oz를 추출한다.
④ 50kg의 기계적인 압력으로 커피를 다진다.

39. 커피의 산패 대한 설명 중 바른 것은?

① 커피가 공기 중에 산소와 결합하여 맛과 향이 변화하는 것을 말한다.
② 산패를 막기 위해선 원두를 냉장고에 보관하고, 분쇄 후 즉시 추출하는 것이 좋다.
③ 강배전된 원두는 약배전된 원두보다 서서히 산화된다.
④ 멜라노이딘이 형성되면서 진행되는 과정이다.

40. 디카페인 공정 중'물 추출법'의 장점이 아닌 것은?

① 수증기 증류에 의해 용매를 제거하지 않아 경제적이다.
② 카페인의 97~99%가 제거된다.
③ 추출속도가 빠르기 때문에 카페인 순도가 높다.
④ 유기용매가 직접 생두에 접촉하지 않아 안전하다.

41. 커피콩의 건열 반응(Dry Distillation)에 의하여 생성된 향기 성분이 아닌 것은?

① 바닐라 향기(Vanila-like)
② 향신료 향기(Spicy)
③ 탄냄새(Carbony)
④ 송진 향기(Terpeny)

42. 커피콩을 배전하면 당의 갈변화(caramelization)가 일어나 향기 성분이 생성된다. 다음 향기 중에서 배전도가 가장 높은 단계에서 생성되는 향기는?

① 볶은 곡류 향기(Malt-like)
② 물엿 향기(Syrup-like)
③ 캔디 향기(Candy-like)
④ 초콜릿 향기(Chocolate-like)

43. 다음은 커피의 향기의 강도를 나타내는 영어 단어를 한글로 번역한 것이다. 이중에서 잘못 번역된 것은?

① 향기 있는 - flat
② 진한 향기 - rich
③ 부드러운 향기 - rounded
④ 풍부한 향기 - full

44. 다음 화합물 중에서 커피의 짠 맛을 나타내는 성분은?

① 캐러멜화된 당류　② 산화칼륨
③ 카페인　④ 카페인산

45. 다음은 커피의 세가지 기본맛을 온도에 따라서 다르게 느껴지는 것을 설명한 것이다. 틀리게 설명한 것은?

① 높은 온도에서는 달콤한 맛이 현저하게 느껴진다.
② 짠맛은 온도가 높아지면서 상대적으로 약해진다.
③ 신맛은 온도의 영향을 받지 않는다.
④ 단맛은 온도가 높아지면 상대적으로 약해진다.

46. 다음은 커피에 함유되어 있는 지방을 설명한 것이다. 틀리게 설명한 것은?

① 커피의 지방은 커피의 전체적인 향기와 맛을 나타내는 데 미묘하면서도 중요한 역할을 한다.
② 커피 추출액의 표면에 기름 방울이 뜨면 추출액의 표면장력을 감소시켜서 부드럽고 매끄럽게 느끼게 한다.
③ 커피내의 지방은 커피의 향기와 맛을 오염시키는 외부 변패물질들을 운반해오지 않는다.
④ 지방은 커피의 향기와 맛 성분들을 운반한다.

47. 추출한 커피를 가열하면 일어나는 현상을 바르게 설명하지 못한 것은?

① 가열이 계속되면 향기 성분이 더욱 증발되어 김빠진(vapid) 커피가 된다.
② 기체 성분들이 증발하여 고소한 향기(nutty)를 가진 커피가 된다.
③ 가열이 더 계속되면 유기 성분들이 분해되어 시큼한 맛(acerbic)의 커피가 된다.
④ 더 가열하면 짠맛(briny)에서 탄내(tarry) 그리고 불쾌한 금속 맛 등이 커피로 열화된다.

48. 커피를 구성하는 지방산 중에서 가장 많이 함유되어 있는 지방산은?

① 올레산 ② 스테아린산
③ 팔미트산 ④ 미리스트산

49. 다음 카페인에 관한 설명 중 틀린 것은?

① 아이스커피를 만들 때 뜨거운 커피에 얼음을 넣어 냉각시키면 백탁현상이 일어나는데 이것은 저온에서 잘 녹지 않은 카페인과 클로로겐산의 복합체가 응집, 석출하기 때문이다.
② 커피의 백탁현상을 방지하고 카페인과 클로로겐산의 복합체의 응집을 피하기 위하여 얼음에 뜨거운 커피를 넣어 냉각시킨다.
③ 카페인은 낮은 온도에서 잘 녹으며 커피의 쓴맛을 나타낸다.
④ 카페인은 융점이 섭씨 238도이며, 물에 잘 녹는다.

50. 다음은 커피에 쓴맛을 부여하는 트리고넬린에 대한 설명이다. 틀린 내용은?

① 카페인의 약 1/4정도의 쓴맛을 나타낸다.
② 트리고넬린은 N-methyl betaine이라고도 한다.
③ 로스팅 과정 중에 거의 분해되며 커피에 탄 냄새를 나타낸다.
④ 아라비카종보다 로부스타종의 생두에 더 많이 함유되어 있다.

51. 커피 생두에 가장 많이 함유 되어있는 성분은?

① Protein ② Carbohydrate
③ Mineral ④ Lipid

52. 고객에게 커피 제공 시 커피잔의 손잡이 방향이 옳은 것은?

① 12시 방향 ② 3시 방향
③ 5시 방향 ④ 9시 방향

53. 커피에 Suger, Cream을 넣을 경우 마시기에 적정온도로 알맞은 것은?

① 약 80~85℃ ② 약 70~75℃
③ 약 60~65℃ ④ 약 50~55℃

54. 고급의 커피를 블랙으로 마실 경우 커피의 맛을 음미할 수 있는 가장 적당한 온도로 알맞은 것은?

① 85℃ ② 75℃
③ 65℃ ④ 55℃

55. 레귤러 컵의 용량으로 알맞은 것은?

① 180~250cc ② 160~180cc
③ 100~150cc ④ 80~100cc

56. 커피의 맛을 결정하는 요인이 아닌 것은?

① Green Bean의 질 ② Roasting
③ Blending ④ Coffee Shop의 위치

57. 커피콩 보관방법으로 옳은 것은?

① 밀폐용기에 넣고 차고 어두운 곳에 보관한다.
② 공기와 습기가 있는 곳에 보관한다.
③ 햇볕이 적당히 들어오는 곳에 보관한다.
④ 커피를 한꺼번에 많이 갈아서 냉동 보관한다.

58. 음료의 분류 중 커피는 어디에 속하는가?

① 청량음료 ② 기호음료
③ 영양음료 ④ 혼성주

59. 커피 서비스 방법에 대한 설명 중 틀린 것은?

① 고객에게 커피를 서비스할 때 먼저 미소를 띠고 인사를 한다.
② 고객의 왼쪽에서 제공하고 여성에게 우선 서비스한다.
③ 고객의 오른쪽에서 제공하고 시계방향으로 서비스한다.
④ 커피를 제공할 때 커피가 흘러넘치지 않도록 한다.

60. 카푸치노나 카페라떼에 쓰는 스팀 밀크의 온도로 알맞은 것은?

① 약 83~87℃ ② 약 73~77℃
③ 약 63~67℃ ④ 약 53~57℃

모의평가문제정답

모의평가문제 1

1. ④	11. ③	21. ①	31. ①	41. ①	51. ④
2. ③	12. ①	22. ②	32. ③	42. ①	52. ③
3. ④	13. ③	23. ④	33. ①	43. ②	53. ①
4. ①	14. ①	24. ④	34. ①	44. ④	54. ③
5. ③	15. ④	25. ②	35. ①	45. ③	55. ②
6. ④	16. ③	26. ④	36. ①	46. ③	56. ①
7. ④	17. ①	27. ④	37. ①	47. ③	57. ②
8. ③	18. ①	28. ②	38. ①	48. ①	58. ③
9. ①	19. ①	29. ④	39. ④	49. ③	59. ①
10. ③	20. ①	30. ③	40. ①	50. ②	60. ④

모의평가문제 3

1. ②	11. ③	21. ①	31. ④	41. ①	51. ②
2. ③	12. ④	22. ①	32. ②	42. ④	52. ③.
3. ④	13. ③	23. ②	33. ③	43. ①	53. ③
4. ③	14. ②	24. ④	34. ③	44. ②	54. ③
5. ④	15. ③	25. ③	35. ④	45. ①	55. ③
6. ②	16. ②	26. ①	36. ①	46. ③	56. ④
7. ③	17. ①	27. ④	37. ③	47. ②	57. ①
8. ③	18. ③	28. ③	38. ④	48. ③	58. ②
9. ④	19. ①	29. ①	39. ①	49. ③	59. ②
10. ④	20. ④	30. ④	40. ②	50. ④	60. ③

모의평가문제 2

1. ④	11. ①	21. ①	31. ①	41. ④	51. ③
2. ①	12. ③	22. ④	32. ①	42. ③	52. ②
3. ③	13. ①	23. ②	33. ②	43. ③	53. ④
4. ②	14. ④	24. ①	34. ①	44. ②	54. ④
5. ④	15. ②	25. ④	35. ①	45. ①	55. ②
6. ③	16. ①	26. ③	36. ①	46. ①	56. ③
7. ④	17. ①	27. ①	37. ①	47. ②	57. ①
8. ④	18. ①	28. ②	38. ④	48. ④	58. ④
9. ④	19. ①	29. ②	39. ③	49. ④	59. ④
10. ①	20. ①	30. ③	40. ②	50. ③	60. ②

참고자료

- 김대철(2014). 『커피학개론』. 리빙스톤스쿨.
- 김일호 · 김종규 · 김지응(2011). 『커피의 모든 것』. 백산출판사.
- 김창진(2015). 『핸드드립커피』. 도서출판 한수.
- 도형수(2014). 『커피 브루잉』. 아이비라인.
- 어희지(2017). 『커피를 위한 물 이야기』. 서울꼬뮨.
- 최병호 · 권정희(2011). 『커피 바리스타 경영의 이해』. 기문사.
- 한국커피전문가협회(2011). 『바리스타가 알고싶은 커피학』. 교문사.
- 조영대(2018). 『커피바리스타마스터』. 한올.
- 한국외식음료연구회(2013). 『14주완성 커피 바리스타』. 신화.
- NCS/학습모듈. 『커피관리』. NCS.

저자 소개

| 김광우 |

- 관광학박사
- 현)국제대학교 교수

| 김기범 |

- 현)세종대학교 대학원호텔외식경영학과 재학

바리스타 **커피관리론**

초판 1쇄 인쇄 2021년 8월 25일
초판 1쇄 발행 2021년 8월 30일

저 자 김 광 우 · 김 기 범
펴낸이 임 순 재
펴낸곳 (주)한올출판사
등 록 제11-403호
주 소 서울시 마포구 모래내로 83(성산동 한올빌딩 3층)
전 화 (02) 376-4298(대표)
팩 스 (02) 302-8073
홈페이지 www.hanol.co.kr
e-메일 hanol@hanol.co.kr
ISBN **979-11-6647-135-3**

바리스타 커피관리론
Management of Coffee